Über dieses Buch

Jacques-Yves Cousteau, der mit seinen Meeres- und Tiefseeforschungen Weltruf erlangte, hat mit seinen Filmen Millionen von Fernsehzuschauern die Wunderwelt des Meeres nahegebracht.
In der Buchserie »Knaurs Geheimnisse und Rätsel des Meeres« berichtet der berühmte Meeresforscher über seine Fahrten mit dem Forschungsschiff »Calypso«. Das vorliegende Buch befaßt sich mit der Erforschung des Korallenlebens im Indischen Ozean und im Roten Meer.
Dabei stoßen die Männer auf gesunkene Schiffe, auf noch nie erforschte unterseeische Grotten und geheimnisvolle, vielleicht einmal bewohnte Inseln. Sie besuchen ein sozialistisches Sultanat und geraten in den Sechs-Tage-Krieg zwischen Israel und den arabischen Staaten.
Solche Erlebnisse bleiben jedoch, was sie sind — Begleitumstände einer Expedition in ein Reich von atemberaubender Schönheit, eine Zauberwelt voll phantastischer Formen und unvergleichlicher Farbenpracht. Die Korallen, diese wundersamen Gebilde, die wie Pflanzen aussehen, in Wirklichkeit aber eine dichtbevölkerte Tierkolonie aus winzigen, vielzelligen Organismen sind, bilden ganze unterseeische Landschaften mit einem unübersehbaren Reichtum an Lebensformen in vollkommen ausgewogenem biologischem Gleichgewicht.
Aber dieser faszinierenden Welt, deren Geheimnisse bisher nur einigen wenigen Menschen zugänglich waren, droht eine tödliche Gefahr durch die rapide zunehmende Verschmutzung der Meere.
In tiefer Besorgnis richtete Cousteau nach dieser Expedition einen leidenschaftlichen Appell an die Regierungen in aller Welt, ein internationales Programm zu entwickeln und der Wasserverseuchung und dem Korallentod sofort entgegenzuwirken.

Jacques-Yves Cousteau
und Philippe Diolé

KORALLEN

Bedrohte Welt der Wunder

Mit 89 meist farbigen Abbildungen

Droemer Knaur

Juli 1974
Vollständige Textausgabe

Originalausgabe: Life and Death in a Coral Sea

Ins Deutsche übertragen von Heidewig Fankhänel
Umschlaggestaltung: Atelier Blaumeiser, München
Gesamtherstellung: Richterdruck Würzburg
Printed in Germany
ISBN 3-426-00361-9

Inhalt

1 Calypso: Expedition ohne Ende 9

Die Korallen, ihr Reich und ihr Leben. Das Rote Meer: Drückerfische und Haie, Wale und Delphine. Die Finanzierung der Expedition. Das Musée Océanographique

2 Arche Noah im 20. Jahrhundert 27

Die hochspezialisierte Ausrüstung der Calypso. Das Rote Meer und seine Korallenbestände. Tod durch Verschmutzung. Auf dem Weg zu den Malediven. Begegnung mit einem japanischen Fischdampfer

3 Im Indischen Ozean: Erkundung der Malediven 45

Ein sozialistisches Sultanat. Korallen als Baustoff. Der Doktorfisch und andere Freunde der Korallen. Korallenfriedhöfe. Eine Unzahl von Atollen. Papageifische fressen Korallen. Die seltsamen Röhrenaale

4 Korallen und ihre Lebensgewohnheiten 65

Leben im Riff. Fangarme in der Nacht. Fächer und Bäume, Mauern und Räder aus Korallen. Fotoaufnahmen im Scheinwerferlicht. Der nahende Monsun

5 Labyrinth der Korallen im Roten Meer 89

Zwischen Barriere- und Saumriffen. Versunkene Schiffe, von Korallen überwuchert. Wiedersehen mit Precontinent II. Ein Riff stirbt in Öl, Müll und Abwässern. Gefangene des Sechs-Tage-Krieges. Ein Heißluft-Ballon

6 Das weißhaarige Wrack 115

Wir durchsuchen korallenüberzogene Schiffe. Vom Umgang mit Haien. Tauchexpedition im Salzsee

7 Rund um das Korallenriff 131

Wir erforschen die Gewässer um Coetlivi, die Glorioso-Inseln, Madagaskar und Sainte Marie. Spiegel-Experimente mit einem Zackenbarsch. Das ökologische Gleichgewicht im Korallenriff. Die Seeanemone und der Clownfisch. Die Seeflöhe

8 Tiefwasser:
Das Überschreiten der nächsten Grenze 155
Wir probieren unsere Seeflöhe aus. Ein Mannschaftswechsel. Ein sterbendes Korallenriff

9 Wirbelstürme 171
Die Calypso sucht Meeresschildkröten. Besatzungsmitglieder werden auf der Europa-Insel »ausgesetzt«, inmitten von Moskitoschwärmen und angreifenden Vögeln. Zwei Orkane brechen über die Calypso herein

10 Tauchvorstoß in die Vergangenheit des Meeres 185
Wir finden eine Stelle, an der Korallen anzeigen, wo sich in der Vorzeit der Meeresspiegel befunden haben muß. Das Tieftauchen. Der Galeazzi-Turm

11 Die unheimliche Insel 197
Ein »Totes Meer«. Die Eiablage der Meeresschildkröten auf Europa. Massaker unter den frisch geschlüpften Schildkröten durch Fregattvögel. Einige Bemerkungen zur Seeschildkrötenzucht. Abschluß der ersten Etappe unserer Expedition mit der Calypso

Nachwort 211
Dem Sterben der Meere durch Wasserverschmutzung und Störung des ökologischen Gleichgewichts muß Einhalt geboten werden

Anhang A 223
Grundfragen des Tauchens

Anhang B 229
Welt der Korallen

Anhang C 235
Die Korallenfische

Anhang D 241
Die Meeresschildkröten

Glossar 243

Bildnachweis 263

Register 265

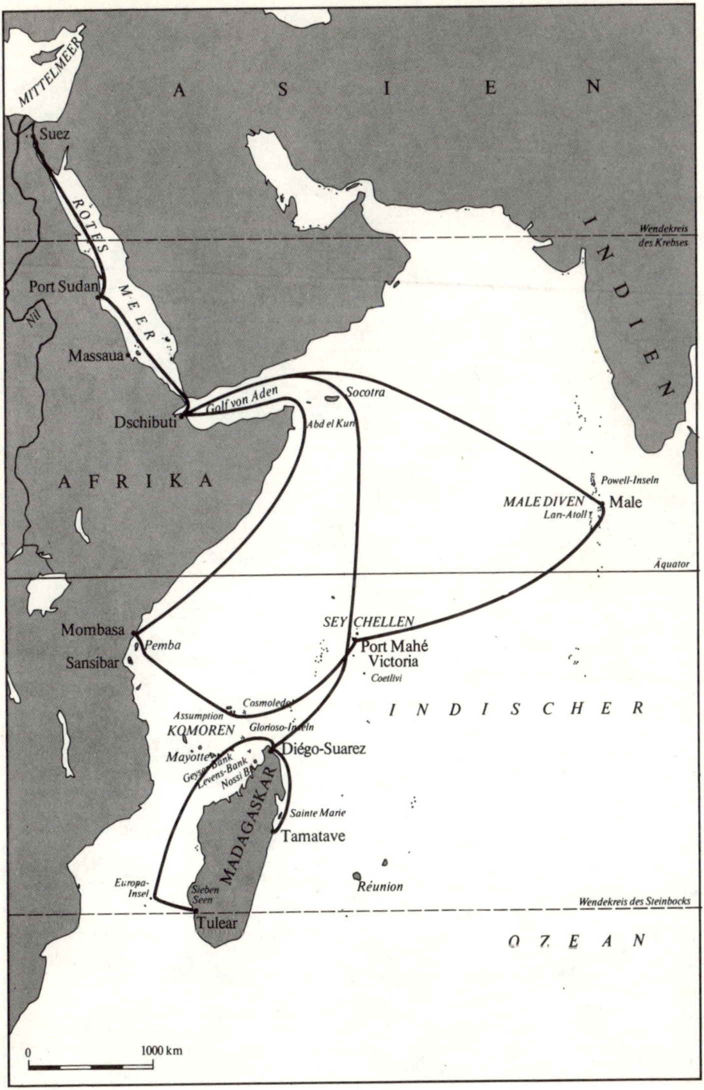
MITTELMEER
A S I E N
Suez
RÖTES MEER
Wendekreis des Krebses
I N D I E N
Port Sudan
Nil
Massaua
Dschibuti
Golf von Aden
Socotra
Abd el Kuri
A F R I K A
Powell-Inseln
MALEDIVEN
Male
Lan-Atoll
Äquator
SEYCHELLEN
Mombasa
Pemba
Sansibar
Port Mahé
Victoria
Coetlivi
Cosmoledo
Assumption
KOMOREN
Glorioso-Inseln
I N D I S C H E R
Mayotte
Diégo-Suarez
Geyser-Bank
Levens-Bank
Nossi Bé
MADAGASKAR
Sainte Marie
Tamatave
Réunion
Europa-Insel
Sieben Seen
Wendekreis des Steinbocks
Tulear
O Z E A N
0
1000 km

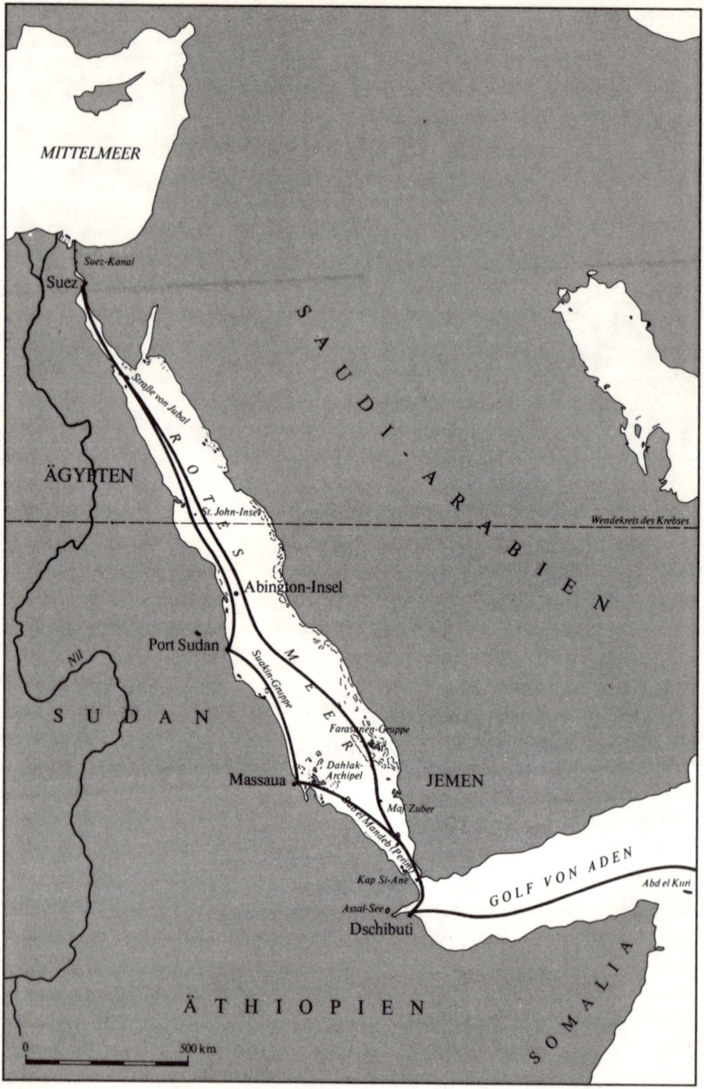
MITTELMEER
Suez-Kanal
Suez
SAUDI-ARABIEN
Straße von Jubal
ROTES MEER
ÄGYPTEN
St. John-Insel
Wendekreis des Krebses
Abington-Insel
Port Sudan
Nil
Suakin-Gruppe
SUDAN
Farasanen-Gruppe
Dahlak-Archipel
Massaua
JEMEN
Bab el Mandeb (Perim)
Kap Si-Ane
GOLF VON ADEN
Abd el Kuri
Assal-See
Dschibuti
ÄTHIOPIEN
SOMALIA
0
500 km

1 Calypso: Expedition ohne Ende

Die Korallen, ihr Reich und ihr Leben – Das Rote Meer: Drückerfische und Haie, Wale und Delphine – Die Finanzierung der Expedition – Das Musée Océanographique

Im Fenster meiner Tauchermaske habe ich eine Korallenwand vor mir, deren Oberfläche ein in das vertraute, transparente Blau der See getauchtes, lebendes Kaleidoskop von Purpurtupfen, Goldspritzern und rotgelben Streifen bildet. Getragen und umgeben von unbewegtem Wasser, schwebe ich am Rande eines Korallenriffs. Über mir ziehen rotgesprenkelte Fische, blau wie die See, träge ihre Kreise, und unter mir sehe ich das bleiche Geäst von *Acropora*-Geweihkorallen wie die Bäume eines versteinerten Waldes. Schmetterlings- und Fledermausfische sehen mir gleichgültig zu, während ich mich weiter an dem mit vielerlei Meerestieren bedeckten Felsen hinablasse. Aus den weitgeöffneten Schalen der Riesenmuscheln leuchtet smaragdfarben das Fleisch, an den Rändern gesäumt von einem Zickzackmuster aus Mitternachtsblau. Schwämme klammern sich wie Hände an den Fels, und ein Miniaturdickicht aus Schwarzen Korallen beherbergt ganze Kolonien winziger Schalentiere.

All dies ist seltsam unwirklich und doch so vertraut. Wen die See einmal verzaubert hat, den hält sie für immer in ihrem Netz voller Wunder. Dies ist keineswegs meine erste Begegnung mit dem unendlichen Reichtum an Leben in den Korallenriffen des Roten Meeres. Und doch: Jede neue Expedition, jeder weitere Taucheinsatz weckt in mir wieder dasselbe Staunen, dieselbe Erregung, wie ich sie empfand, als ich 1951 mit meinem alten Freund Frédéric Dumas und mit Professor Pierre Drach zum erstenmal hier war. Drach war der erste Wissenschaftler an Bord der *Calypso*, und Dumas hatte mich bei meinen ersten Taucheinsätzen begleitet; wir hatten das Meer gemeinsam erforscht, und Dumas hatte als erster die von Émile Gagnan und mir 1943 erfundene Aqualunge getestet.

Das war vor siebzehn Jahren gewesen. Nun bin ich wieder hier in diesem weichen, warmen Wasser, bei den gleichen Grotten, die erkundet werden wollen, und umgeben von den gleichen Fischarten, die sich vor dem ungewohnten Anblick dieses seltsamen Lebewesens Mensch fürchten und vor mir fliehen. Ich sehe dieselben

Ascidien, die mich immer wieder an winzige, prall gefüllte Weinschläuche erinnern, und bin auf der Hut vor dem Rotfeuerfisch *(Pterois volitans)*, denn hinter der Schönheit seiner wie Schleier schwingenden Flossen lauert das tödliche Gift in deren Spitzen.

Umgeben von allen Farben des Regenbogens, sinke ich langsam dem Fuß des Korallenfelsens entgegen. Leuchtendblau gestreifte Drückerfische starren mit ihren ewig neugierigen Fernandel-Augen auf Schmetterlingsfische und majestätische Fledermausfische und sehen aus, als seien sie einem von Farbenrausch besessenen Maler begegnet. Ich sehe Doktorfische in seriösem Dunkelblau mit goldenen Tupfen und ihren Stiletten zu beiden Seiten des Schwanzes. Und natürlich gibt es auch Haie. Die Haie sind überall und kreisen langsam wie Wachtposten über dem sandigen Grund.

Da dieses Buch der Welt der Korallen gewidmet ist, beginne ich am besten mit einer Beschreibung der Szenerie, der Landschaft. Es ist eine Welt von atemberaubender Schönheit. Schauplätze meines Berichtes sind das Rote Meer und der Indische Ozean, und es handelt sich bei dem, was wir hier erleben werden, weit mehr um tierisches als um pflanzliches Leben, auch wenn ich Wendungen wie Korallen-»Dickicht« oder »Geäst« gebrauche. Zwar liegt eine Analogie zwischen Korallen und Pflanzen wegen der äußeren Ähnlichkeit der beiden auf der Hand; es sei jedoch nochmals betont, daß diese »Pflanzen« in Wirklichkeit dichtbevölkerte Tierkolonien aus vielzelligen Organismen sind, die einen Verdauungsapparat besitzen und ihn mit Hilfe ihrer winzigen, aber wirksamen Waffen füllen. Wir wollen aber auch nicht vergessen, daß wir noch längst nicht alles über die Korallen wissen.

Wir wissen jedoch, daß die Koralle Beute macht, diese als Nahrung aufnimmt, daß sie lebt und, wie wir noch sehen werden, auch stirbt. Ihr Kollektivleben ist oft grausam, aber für den Beobachter immer faszinierend. Dieses Leben in seiner Vielfalt und Komplexität ist, soweit unsere noch unvollständigen Kenntnisse reichen, Gegenstand dieses Buches. Die oft riesigen Stöcke der Korallen bilden ganze Landschaften im Meer, die wir nun gemeinsam besuchen wollen, denn der Neuling braucht hier, wie in jedem fremden Land, die Hilfe eines erfahrenen Führers. Es dauert sehr lange, bis man die Welt der Korallen wirklich kennt, und jeder Teil davon ist einmalig, jedes Riff unterscheidet sich ein wenig vom anderen.

An der ersten dieser Landschaften im Roten Meer hängen für mich zahllose Erinnerungen an bestimmte Ereignisse, aber auch an Tiere aller Art – vor allem an Haie – und besonders Erinnerungen an alte Freunde. Pierre Drach ist einer von ihnen. Seit unseren gemein-

Ein Mitglied unserer Tauchermannschaft beim Sammeln von Korallenproben für spätere biochemische Untersuchungen.

samen Erlebnissen im Roten Meer hat er sich durch seine Arbeiten über die Archäologie des Mittelmeers einen Namen gemacht. Er ist auch auf dieser Expedition wieder mit von der Partie.

Als ich 1951 mit Drach und Dumas zum ersten Male hier war, hielt sich in dem Gebiet, in dem wir tauchten, ein großer Wichtigtuer von einem Hai auf. Eines Tages beschloß das Biest, aus Drach eine gute Mahlzeit zu machen, ohne daß dieser es irgendwie provoziert hätte – es sei denn durch seine bloße Gegenwart. Ich war im Wasser ganz in Drachs Nähe und sah, wie der Hai auf unseren guten Professor zuschoß. In jeder seiner Bewegungen lag nackte Mordlust – ich schrie, so laut ich konnte, um Drach zu warnen. Drach jedoch

ist Wissenschaftler vom Scheitel bis zur Sohle, und wenn er sich konzentriert, dann ist er ganz Konzentration, und nichts vermag ihn abzulenken. Er steckte gerade mitten in einer Beobachtungsreihe im Rahmen seines Unterwasserlabors (wie er es nannte). Mit zwei hektischen Schwimmstößen hatte ich ihn erreicht, schlug ihm auf die Schulter und deutete auf den Hai, der ihm schon bedrohlich nahe war. Drach warf erst mir, dann dem Hai einen vernichtenden Blick zu, zuckte mit echt gallischer Nonchalance auf Teufel komm raus die Schulter und widmete sich wieder ganz seinen Untersuchungen an einem Stock *Polyzoa*-Moostierchen. Angesichts von so viel Kaltschnäuzigkeit kreiste der Hai noch ein Weilchen vorsichtig um Drach, schwamm dann fort – und ward nie mehr gesehen.
Während derselben Expedition, ja sogar bei demselben Taucheinsatz, tauchten wir auch so tief, daß sich bei uns die ersten Symptome jener Bewußtseinsausfälle einstellten, die jeder Taucher als »Tiefenrausch« kennt. Es ist dies ein Zustand, in den man bei einer Tiefe zwischen 60 und 80 Metern verfällt: Eine merkwürdige Euphorie erfaßt einen, während Einbildung und Wirklichkeit in einem äußerst gefährlichen, manchmal sogar tödlichen Ausmaß miteinander verschmelzen[1]. Bei dieser Gelegenheit sahen wir eine Unzahl weißer Ästchen von Seefedern wie Hunderte von Blindenstöcken aus der Korallenwand ragen. Seltsame Lebewesen, halb wirklich, halb wie ein Alptraum, umgaben uns, während wir immer tiefer in eine Traumwelt sanken und zahllose Fächerkorallen mir im Vorbeigleiten wie Straußenfedern das Gesicht streichelten. Wir waren inzwischen auf 80 Meter Wassertiefe angekommen – so weit das Auge reichte, konnte ich unter mir eine unsagbar verlockende Tiefe sehen und ahnen, die für mich eine Stille und eine tiefschwarze Schönheit besaß, daß ich glaubte, alle Geheimnisse des Kosmos offenbarten sich mir dort unten, wenn ich nur etwas tiefer ginge . . .
Glücklicherweise kehrten damals Einsicht und Selbsterhaltungstrieb zurück, bevor es zu spät war. Doch diese Gratwanderung am Rande des Jenseits oder der Unterwelt blieb nicht ohne Folgen für mein Leben. An diesem Tage überkam mich die Erkenntnis, daß eines meiner Lebensziele dort unten lag, in dem Bereich, den man »die Tiefen« nennt. Zu jener Zeit bestand jedoch das große Problem, daß man noch kaum über die technischen Mittel verfügte, die es ermöglichten, lebend in diese Tiefen vorzudringen. Daher schwor ich mir an jenem Tag, alles zu tun, um die Geräte zu bauen, die man für

[1] Vgl. Anhang D

das Überschreiten dieser zweiten Schwelle zur »Welt des Schweigens« braucht. Dank der Aqualunge hatten wir damals schon beträchtlich tief unter die Wasseroberfläche gehen können; doch an jenem Tag wurde mir klar, daß wir eine weitere Schwelle zu überschreiten hatten, für die unsere Aqualungen nicht mehr ausreichten. Ich entwarf daher die »Tauchende Untertasse«, ein Miniatur-U-Boot, und ließ es nach meinen Plänen bauen. Bei unserer derzeitigen Expedition haben wir es dabei. Das Erproben und der Einsatz dieser Untertassen ist eine der Hauptaufgaben, die wir uns gestellt haben, und so soll dies auch eines der Themen dieses Buches bilden.

Seit jener Zeit bin ich oft ins Reich der Korallen zurückgekehrt. 1963 wählten wir das Rote Meer als Schauplatz für den Bau unserer Unterwasser-Behausung im Rahmen des Projekts *Precontinent II* – eines völlig neuartigen, wissenschaftlichen Experiments, das dem Menschen die Möglichkeit gibt, eine volle Woche in einer Tiefe von mehr als 30 Metern zu verbringen. Ein daran anschließender Versuch verlängerte diesen Zeitraum auf einen ganzen Monat bei einer Wassertiefe von etwas mehr als 15 Metern.

Und nun bin ich also wieder hier. Diesmal jedoch bin ich gekommen, um einen seit langer Zeit gehegten Plan zu verwirklichen. Die Voraussetzungen dafür sind günstiger als je zuvor; ich verfüge über weitaus größere Erfahrung und über Ausrüstungen für die Tauch- und Forschungsunternehmungen, wie ich sie mir an jenem Tag des Jahres 1951 kaum zu erträumen gewagt hätte. Darüber hinaus komme ich mit dem festen Entschluß ans Rote Meer, als inzwischen gereifter Mann all die ehrgeizigen Pläne meiner Jugend zu verwirklichen.

Am 17. Februar 1967 ging die *Calypso* von Monaco aus zu der längsten Expeditionsreise in See, die ich jemals in die Wege geleitet hatte; ja, es wurde eine Expedition ohne zeitliche oder räumliche Begrenzungen daraus – eine permanente Expedition. Dies zeigt sich daran, daß sie jetzt, drei Jahre später, noch immer andauert, während ich diese Zeilen schreibe. Unser Vorhaben ist endlos – endlos wie die See.

Bisher hatten die Fahrten mit der *Calypso* immer einen ganz bestimmten, klar umrissenen Zweck gehabt. Bei einer von ihnen hatten wir uns beispielsweise die Aufgabe gestellt, die unterseeischen Gebirgszüge des Atlantischen Ozeans zu fotografieren. Diesmal ist unserer Expedition keinerlei thematische oder zeitliche Grenze gesetzt. Wir werden jahrelang unterwegs sein und in dieser Zeit die

Geheimnisse des Meeres erforschen, gleichgültig, welcher Art diese Geheimnisse sind oder wo immer sie sich verbergen mögen. All dies bedeutet jedoch nicht, daß wir etwa ziel- und planlos ins Blaue fahren – ganz im Gegenteil: Diese Expedition, die vom *Musée Océanographique* in Monaco wissenschaftlich betreut wird, ist wohl das bestorganisierte und am sorgfältigsten geplante Unternehmen, das wir je in Angriff genommen haben. Ihr Ziel ist im wesentlichen das eine, uns zu Meeresbewohnern oder doch zu Nomaden der See werden zu lassen, damit wir neue Erkenntnisse suchen und finden können, wo immer sie sich anbieten und solange die *Calypso* uns trägt.

Es läßt sich denken, daß eine Expedition eine Unmenge von Vorbereitungen erfordert. Dies gilt ganz besonders für unser derzeitiges Unternehmen, da es sich hier um eine Reise ohne bestimmte Fristen handelt. Auch nach der fieberhaften Betriebsamkeit, die das Auslaufen eines Expeditionsschiffes mit sich bringt, gibt es an Bord noch alle Hände voll zu tun. All unsere Vorräte und Ausrüstungsgegenstände müssen überprüft, richtig gestaut und instand gehalten werden; allein dies war mehr als genug, um uns bis zum Erreichen des Suezkanals, der im Frühjahr 1967 noch passierbar war, voll und ganz zu beschäftigen. Wir brachten den Kanal ohne Zwischenfälle hinter uns und gingen kurze Zeit später an der für unsere Arbeit ausgewählten Stelle vor Anker.

Ich konnte es eigentlich erst bei meinem ersten Taucheinsatz auf dieser Expedition wirklich glauben, daß ich wieder hier war im glasklaren Wasser des Roten Meeres, unter den aufmerksamen Kugelaugen der Drückerfische und dem eisharten Blick der Haie umherschwamm. Es waren dies Augenblicke vollkommener Seligkeit, und das um so mehr, als es noch im letzten Augenblick vor dem Auslaufen aus dem Hafen von Monaco so ausgesehen hatte, als müßte die ganze Expedition auf unbestimmte Zeit verschoben werden. Ich hatte kurz vor unserer Abfahrt einen Verkehrsunfall, bei dem ich mir zwei Wirbel verletzte. Unsere Crew war in heller Aufregung – nahezu alle meinten, unsere Abfahrt müsse unbedingt verschoben werden, bis es mir besser gehe. Meine Rückenwirbel und ich fanden jedoch, daß das Baden im Roten Meer die bestmögliche Therapie sei – höchstwahrscheinlich hatten wir recht damit. Trotzdem gab es Tage, an denen, selbst im Wasser, jede Bewegung zur Qual wurde. Im Grunde bin ich bis zum heutigen Tag noch immer wie ein kleiner Junge, der seine Kräfte noch nicht einzuschätzen vermag und nicht weiß, welche Anstrengungen ihn überfordern. Ich kann tauchen – soviel weiß ich; aber bis zu welcher Tiefe meine

Eine Muräne in ihrem Korallenversteck.

Kräfte ausreichen, bleibt abzuwarten. Fürs erste gehe ich mit mir um wie mit Meißner Porzellan, denn die einzige Alternative wäre, die Verwirklichung des Traums meines Lebens aufzuschieben, meinen Freunden an Bord der *Calypso* eine bittere Enttäuschung zu bereiten und die Gelegenheit für eine Reise um die Welt zu versäumen, eine Seefahrt mit neuen Schiffsmaschinen, neuen Techniken und einer neuartigen Taucherausrüstung, die nie zuvor bei meereskundlichen Expeditionen eingesetzt war. Unter diesen Umständen fiel mir die Wahl nicht schwer.

Der erste Taucheinsatz dieser Expedition fand bei Shaker statt, einer Koralleninsel, vor der wir eines Morgens gegen acht Uhr vor Anker gingen. Ich ließ alle an Bord wissen: »Das ist ein harter Brocken. Zuerst wollen wir einmal sehen, was sich hier überhaupt machen läßt, und dann nichts wie ran an die Arbeit.« Wir begannen damit, zwei Teams in Beibooten auszusenden. Jedes dieser Teams bestand aus einem »Modell«, wie wir es nannten, d. h. einem besonders fotogenen Taucher, einem Kameramann und einem Mitarbeiter, der die Unterwasserscheinwerfer bediente. Sie sollten den Meeresgrund erkunden, um uns ein Thema für den ersten Film unserer Expedition zu liefern.

Während die beiden Teams das Terrain erkundeten, hoben wir die SP-300 (unsere »Tauchende Untertasse«) aus ihrer Halterung und brachten sie an Deck. Laban, ein Ingenieur, und Barsky, ein Kameramann, hielten sich bereit, um damit zu tauchen. Um zehn Uhr war die Untertasse im Wasser. Ich konnte von der Kommandobrücke aus beobachten, wie ihr runder, gelber Deckel sich im Meerblau verlor, und hatte in diesem Augenblick das Gefühl, daß die Expedition jetzt wirklich im Gange war. Alle an Bord empfanden es so, glaube ich.

Die meisten meiner Kameraden an Bord der *Calypso* kamen geradewegs aus dem winterlichen Frankreich und von den jetzt nicht einladenden Gewässern des Mittelmeeres. Nun konnten sie wieder die seidige Wärme dieses herrlichen, blauen Wassers genießen, in dem die Strahlen der Tropensonne funkelten. Für mich war dieser Augenblick jedoch noch wichtiger, denn er leitete das größte Abenteuer meines Lebens ein und war das Startsignal für ein Unternehmen, auf das ich mich jahrelang gefreut hatte. An diesem Tag sollte der erste Taucheinsatz in einer Art neuer Lebensweise unter Wasser stattfinden.

Genaugenommen sollte das heutige Vorhaben nur eine Generalprobe sein. Trotz allem war unsere Aufgabe so vielseitig, daß wir unsere Tauchergruppen so bald wie möglich einsetzen mußten, um aus diesem ersten Unterwasserausflug entsprechende Schlüsse für die weiteren zu ziehen.

Wir arbeiteten daher den ganzen Tag über im Wasser und unter der brennenden Sonne. Die einzige Unterbrechung war das Mittagessen in der Offiziersmesse, das uns Gelegenheit zu leidenschaftlichen Diskussionen über die Vorzüge und Schwächen unserer Ausrüstung bot. Interessante Beobachtungen wurden ausgetauscht und alle möglichen Vermutungen und Spekulationen angestellt. Falco war beispielsweise von den Geräten, die er getestet hatte, hellauf begei-

stert und schwor auf die neuen Sauerstofftanks der von außen unabhängigen Taucheranzüge, weil sie ein viel längeres Tauchen erlaubten als die alten. Auch über den Taucheranzug selbst zeigte er sich sehr befriedigt. Auf der anderen Seite stellte sich heraus, daß sich die von den Beleuchtern bedienten Unterwasserscheinwerfer nur sehr schwer auf das einstellen ließen, was gerade gefilmt wurde. Nach einigem Hin und Her kam ich auf die Idee, die Lampen direkt an der Kamera anzubringen und ihre Batterien am Sauerstoffgerät des Tauchers zu befestigen. Dieses Verfahren wenden wir seitdem mit dem größten Erfolg seit fast drei Jahren an.
Mit einem Rückschlag allerdings werde ich mich wohl abfinden müssen. Nach meinem etwas anspruchsvollen Plan hatte der Kameramann nach jeder Einstellung zum Unterwassertelefon zu greifen und zu berichten, was er gerade gefilmt hatte. Seine Beschreibung der betreffenden Szene wurde an Deck auf Tonband festgehalten. Der Sinn dieser Übung lag darin, daß wir durch den Kommentar zusätzliches Informationsmaterial zu dem Filmstreifen bekamen, da es sich ja um die unmittelbaren Beobachtungen des Kameramannes handelte. Leider waren (und sind) die Tonbandaufnahmen völlig unverständlich, wenn der Kameramann sich in einer Tiefe von 30 Metern oder mehr befindet. Die Luft, die man in dieser Tiefe zu atmen bekommt, ist so dicht, daß sich die menschliche Stimme in eine Donald-Duck-Imitation verwandelt. Daran hat sich bis heute nichts geändert.
Zu einem weiteren Fiasko – und einem noch viel schwerer wiegenden, da die technischen Mittel komplizierter waren – wurde ein Verfahren, das ich für eine elektronische Filmmontage entworfen hatte. Zu diesem Zweck hatte ich auf der Kommandobrücke der *Calypso* ein elektronisches Gerät aufgestellt (genauer gesagt: die Vorstufe eines Computers), das mit einer Schreibmaschine gekoppelt war. Theoretisch – und *nur* theoretisch, wie sich später herausstellte – konnten wir die einzelnen Filmszenen mit Zeichen und Ziffern versehen. B 17 etwa bedeutet einen einzelnen, von links nach rechts schwimmenden Hai, und Z 64 heißt, daß ein Hai und ein Taucher im Bild sind, die sich beide von rechts nach links bewegen. Angenommen, man benötigte beim Schnitt eine Szene mit einem einzelnen, von links nach rechts schwimmenden Hai; in diesem Fall hätte man dann nur auf einen Knopf zu drücken ... Die Sache hat überhaupt nur einen einzigen Haken – nichts von alledem klappte. Erst kamen wir mit dem Programmieren des Computers nicht zurecht, dann hatten wir die größten Schwierigkeiten damit, das mühsam Programmierte auch zu verwenden, und dann – dann türmten

sich die Schwierigkeiten zu einem unüberwindlichen Gebirge. Wir rauften uns die Haare und ließen das ganze Projekt fallen, zumindest vorübergehend.
Am Ende des ersten Tages, den wir vor Anker lagen, war ich trotz einiger Fehlschläge wieder einmal sehr beeindruckt von dem Können und der Souveränität, mit der jeder einzelne Mitarbeiter dazu beigetragen hatte, einen ganzen Komplex verschiedenster Arbeiten zu einem guten Ende zu führen. Ich bin immer wieder verblüfft und glücklich darüber, daß die gesamte Besatzung der *Calypso* drei Dinge auf einmal bewältigen kann. Vielleicht sind es morgen gar vier. Für heute jedenfalls haben wir mit unseren beiden Taucherteams und der SP-300 gute Arbeit geleistet, wenn man noch dazu bedenkt, daß wir eigentlich nur unsere Geräte ausprobieren wollten.
André Laban, der mit der Tauchenden Untertasse auf über 100 Meter Tiefe gegangen war, schwieg sich über die Schönheiten des Meeresgrundes aus. Er redet ohnehin nicht viel und behält seine Meinung prinzipiell für sich. Außerdem gab es für ihn keinen Grund für lange Erzählungen, da die Untertasse mit Kameras bestückt und Laban ein hervorragender Kameramann ist. Er wischte sich das Wasser von seinem kahlgeschorenen Schädel und sagte: »Schöne Schwarze Korallen da unten. Ihr seht es auf dem Film.«
Seine trockene Bemerkung machte uns sehr neugierig, denn wir wissen, wie reich an Überraschungen der Grund des Roten Meeres ist. Ich muß gestehen, daß ich die glücklichsten Stunden meines Taucherlebens dort verbracht habe. Das Rote Meer ist eine Quelle immer neuer Wunder, von denen keiner etwas ahnt, der es nicht selbst gesehen hat, und wir kennen fast jedes einzelne Korallenriff darin. Hier konnten meine Freunde und ich nach und nach die Welt der Korallen erkunden – eine Welt, die wie kein anderes Gebiet der Erde von einem unfaßbaren Reichtum an Lebensformen erfüllt ist. Als wir zum erstenmal im Meer tauchten, waren wir geradezu überwältigt von all dem Überfluß, der Vielfalt und der Komplexität dessen, was wir sahen. Es gab so unendlich vieles, daß wir glaubten, wir könnten uns niemals einen Reim darauf machen. Dann aber begannen wir, die Bedeutung dieses dem Menschen so fremden Universums Schritt für Schritt zu enthüllen. Von Jahr zu Jahr haben wir ein wenig besser gelernt, in dieser Welt zu leben, Seite an Seite mit den Haien, den letzten der großen Raubtiere, die der Mensch noch nicht unter seine Herrschaft gezwungen hat. Sie sind geheimnisvoller, selbst durch moderne Waffen weniger in Schach zu halten und weitaus gefährlicher als die Raubtiere des Dschungels. Wir

haben in langen Jahren gelernt, mit ihnen zu leben, und das Rote Meer war und ist Schauplatz unserer bewegendsten Erlebnisse und unserer größten Freuden.

Nach der Überprüfung unserer Ausrüstung, die sich als sehr zufriedenstellend erwies, nahm die *Calypso* den Anker auf und fuhr durch das Labyrinth der Farasanen-Inseln, das sich über 300 Seemeilen Länge und 30 Seemeilen Breite an der Küste von Hedschas und des Jemen erstreckt. Mit Ausnahme des Großen Barriere-Riffs von Australien ist dieser Archipel das größte Korallengebiet der Erde. Vor einigen Jahren ließen wir bei unserem Vorhaben, die Entwicklung und die biologischen Funktionen der Koralle zu entschlüsseln, eine Gruppe von Wissenschaftlern für einen Monat auf der Insel Abu Latt zurück. Doch selbst mit diesem Projekt hatten

Ein Prachtexemplar einer verzweigten Schwarzen Koralle.

wir kaum die Oberfläche des Rätsels angeritzt. Nun aber, im März des Jahres 1967, durchfuhren wir dieses Gebiet auf unserem Weg nach Süden; später sollten wir hierher zurückkommen. Im Augenblick aber waren wir in erster Linie damit beschäftigt, unsere neue Ausrüstung zu erproben und einen zweckmäßigen Einsatzplan für unseren Mitarbeiterstab zu erstellen. Wir mußten unsere a priori an Land entwickelten Methoden nun an den Wirklichkeiten messen und außerdem, wie bei jeder derartigen Expedition, unserem Team die Möglichkeit geben, »zusammenzuwachsen«, bevor wir ernsthaft mit der eigentlichen Arbeit begannen, zu der unter anderem der Einsatz neuester technischer Errungenschaften bei der Erkundung der Tiefe gehört.

Die *Calypso* ist kein gewöhnliches Schiff, und ihre Expeditionen sind keine Vergnügungsreisen. Wenn wir gerade auf der Suche nach einem bestimmten Meerestier sind oder ein besonderes Stückchen Meeresboden zu erkunden haben, müssen wir oft unter den ungünstigsten Bedingungen vor Anker gehen und Taucher hinabschicken. Es gibt in der See und unter ihrer Oberfläche weit mehr, als man sich im Salon eines Ozeandampfers träumen läßt. Dies ist der Hauptgrund, weshalb jedes der dreißig Besatzungsmitglieder der *Calypso* ständig »auf dem Sprung« ist, was immer es gerade tun mag, und sich fortwährend zum Einsatz bereit hält.

Eine der Hauptgefahren unseres Berufes ergibt sich aus der Notwendigkeit, Tiere aus nächster Nähe zu beobachten, deren Reaktionen völlig unberechenbar sind. Dies gilt natürlich besonders für den Hai, den wir inzwischen schon als alten Bekannten empfinden. Es gilt aber auch für die Lebewesen aus der Ordnung der *Cetacea,* die größten Säugetiere der Erde, die Wale, Delphine und Tümmler. Als Studienobjekte für diese Expedition haben wir uns besonders den Pottwal und den Schwertwal (oder Mordwal) vorgenommen, die beide zu Recht als sehr gefährlich gelten. Keines dieser großen Säugetiere ist bisher systematisch beobachtet und erforscht worden. Weitere Gefahrenquellen liegen in der Notwendigkeit, bei Wind und Wetter in kleinen Booten unterwegs zu sein und die Tauchende Untertasse zu Wasser zu lassen. Auch sollte man die Tücken der herrlichen Korallenriffe nicht unterschätzen, denn die leichten Boote zerschellen gelegentlich an einem Riff, wobei die Taucher erheblichen Gefahren ausgesetzt sind.

All die Lebewesen, die die Natur mit Stacheln, Giftdrüsen und Nesselbatterien bedacht hat, bergen in diesen tropischen Gewässern zusätzliche Risiken für uns, seien es nun Seeanemonen, Feuerkorallen, Quallen und Staatsquallen.

Ich muß gestehen, daß ich mit einem Anflug von Stolz daran denke, welches Maß an Training, Erfahrung und körperlichem Durchhaltevermögen unsere Mitarbeiter erworben haben, um unter den genannten Bedingungen eine solche Fülle von Vorhaben durchführen zu können. Die Vielfalt und Qualität unserer Ausrüstung findet in unserer Schiffsbesatzung ein würdiges Gegenstück. Wenn die Geschichte der *Calypso* mir wegen ihrer wissenschaftlichen Bedeutung und ihres technischen Niveaus auch sehr wichtig erscheint, so bedeutet sie doch in erster Linie ein großes menschliches Abenteuer. Ich kann mir viel leichter den Kameraden ins Gedächtnis rufen, mit dem ich irgend etwas auf See unternahm, als das, was wir dabei getan haben. Unsere Entdeckungen waren das Ergebnis gemeinsamer Arbeit, gemeinsamen Lebens und gemeinsam gemeisterter Schwierigkeiten und Gefahren, die uns über einen ganzen Zeitraum hinweg Tag für Tag gemeinsam betrafen.

Bei meinen ersten gefährlichen Begegnungen mit Haien war ich denn auch mit Frédéric Dumas, meinem Sohn Philippe und Albert (»Bébert«) Falco zusammen; Falco stammt aus Marseille und wurde mit 16 Jahren Mitglied unserer Besatzung. Auf dieser Fahrt sind wir wieder alle vereint und hoffen auf noch größere und schönere Abenteuer.

Während ich hier sitze und dies schreibe, kann ich die Silhouetten von Albert und Philippe schimmern und in langen Schwimmbewegungen durchs Wasser gleiten sehen. Ich sehe auch, wie die Haie um Canoë Kientzy kreisen, einen unserer wagemutigsten Taucher, der ein Stück Fleisch am ausgestreckten Arm hält und die Tiere damit anlockt.

Ich möchte so vieles vom Alltagsleben unserer Expeditionsgemeinschaft an Bord erzählen, doch dies ginge weit über den Rahmen dieses Buches hinaus. Es wäre die Geschichte einer oft über die Grenzen der Erschöpfung hinausgehenden Arbeit, die Geschichte von Taucheinsätzen bei Tag und Nacht und bei jeder Witterung, oder die Geschichte der Taucher an sich, denn unsere Arbeit verlangt Männer, die sich der See und ihren Lebewesen mit einer fast monomanen Hingabefähigkeit verschrieben haben und sich voll und ganz für unser Vorhaben einsetzen. Unser Projekt ließe sich niemals durchführen, gäbe es an Bord der *Calypso* nicht einen ganz besonderen »Korpsgeist«; unsere Aufgaben gehen weit über das hinaus, wozu jedes einzelne Mitglied des Teams von Berufs wegen verpflichtet und seinen persönlichen Interessen nach geneigt ist. Jeder einzelne von uns ist – zumindest am Anfang – für alles und jedes an Bord verantwortlich, und von jedem wird erwartet, daß er über-

Ein Taucher unter Geweihkorallen. Die Korallenwand im Vordergrund ist mit den für diese Umwelt typischen Lebensformen bevölkert.

all einspringt, wo Not am Mann ist, und das tut, was an Deck oder im Wasser gerade getan werden muß.
Die Tatsache, daß unser Team ein so intensives Zusammengehörigkeitsgefühl besitzt, ist um so erstaunlicher, wenn man bedenkt, welch zusammengewürfelter Haufe wir im Grunde sind. Unsere Mannschaft besteht aus Tauchern, Kameraleuten, Schriftstellern, Ingenieuren und vor allem aus Wissenschaftlern, Biologen, Zoologen, Geologen. Gleichgültig, welcher Nation sie angehören – unsere Wissenschaftler haben sich nie gescheut, auch »niedere« Arbeiten an Bord zu tun, wenn sie sahen, daß es für das Ganze nötig und hilfreich war. Dies wurde möglicherweise dadurch erleichtert, daß wir derartige Aufgaben auf Frédéric Dumas' Anregung hin »angewandte Feldstudien« nannten. Männer wie Professor Richard Edgerton vom Massachusetts Institute of Technology oder Professor Pierre Drach von der Sorbonne haben bei uns schon das Deck geschrubbt und Taue geschleppt, um nur einige zu nennen.
Von den äußerst wenigen Vorschriften, die wir an Bord der *Calypso* haben, betrifft keine die Art, wie man sich anzieht oder nicht anzieht und in welchem Aufzug man herumläuft. Jeder genießt uneingeschränkte Freiheit in der Gestaltung seines Äußeren. Natürlich lassen sich viele an Bord einen Bart wachsen, und einige tragen das Haar lang. Wir haben auch einen Kahlkopf unter uns: Der Schädel meines Freundes André Laban wird jeden Tag hingebungsvoll glattgeschoren. Alles in allem lassen sich alle Vorschriften an Bord zu dem einen Prinzip verdichten: Wir dürfen nie aufhören, etwas dazuzulernen. Unsere Aufgabe besteht darin, das Meer, seine Probleme und seine Erforschung zu erlernen. Unter diesem Vorzeichen versuchen wir immer wieder neue Variationen auf alte Themen, experimentieren wir fortwährend mit neuen Mitteln und neuen Anwendungsmöglichkeiten für unsere Ausrüstungsgegenstände. Jedes Thema, das wir uns etwa für einen Filmstreifen stellen, ist ein Kapitel für sich, ein Rätsel, das sich uns aufgibt und dessen Lösung bestimmte Erfahrungen und Fähigkeiten, körperliche Anstrengungen und häufig das Entwerfen und Anfertigen entsprechender Ausrüstungsgegenstände erfordert. All dies gilt für die Erforschung der Haie ebenso wie für die der Seeigel, Wale oder Seesterne, und daher fallen Tag für Tag zahllose neue Erfahrungen und eine Fülle verschiedenster Arbeiten an. Dies meine ich, wenn ich vom »Abenteuer auf der *Calypso*« spreche.

Die Öffentlichkeit möchte immer wieder wissen, wie wir unsere Forschungs- und Entdeckerarbeit überhaupt finanzieren. Die mei-

sten glauben, wir erhielten große Zuschüsse aus öffentlichen Mitteln oder von privater Seite, was jedoch leider keineswegs zutrifft.
Die *Calypso* gehört einer Stiftung, die ich 1950 ins Leben rief und deren Präsident ich bis heute bin: die *Campagnes Océanographiques Françaises.* Diese Organisation bezieht ihre finanziellen Mittel aus Autoren-, Fernseh- und sonstigen Honoraren sowie Forschungszuschüssen.
Das Musée Océanographique de Monaco, das von Fürst Albert I. gegründet wurde und dessen Direktor ich bin, finanziert den wissenschaftlichen Teil unserer Expeditionen, ist jedoch nicht in der Lage, die Kosten für die Expeditionen an sich zu tragen. Die *Calypso* ist in wissenschaftlicher Hinsicht völlig darauf angewiesen, vom *Musée* mit qualifizierten Forschern versorgt zu werden. Die Planung unserer biologischen Forschungsarbeiten obliegt beispielsweise Professor Raymond Vaissière, der stellvertretender Direktor des *Musée* und Professor an der Universität von Nizza ist. Er gehörte zu den »Aquanauten« von *Precontinent II* und war der erste Wissenschaftler, der einen Monat lang unter der Oberfläche des Roten Meeres Forschungsarbeit geleistet hat. Dabei sammelte er natürlich große Erfahrungen mit dem Tauchen als einer Methode in der Ozeanographie und der Meeresbiologie. Meine Verbindung mit dem *Musée*, die ersten finanziellen Zuschüsse für die *Calypso* und deren Ausrüstung, ja die gesamte Richtung, die mein Leben und meine Arbeit genommen haben, verdanke ich den Bemühungen und der fachmännischen Beratung meines verstorbenen Freundes Professor Louis Fage. Als Fachmann für Probleme der Geologie und Geophysik steht uns Dr. Gunther Gierman zur Seite; er gehört der Intergovernmental Oceanic Conference der UNESCO an und berät uns seit Jahren in geologischen Fragen. Auf dem Gebiet der Geophysik haben wir mit Dr. Oliver Leenhardt einen weiteren Experten zur Hand, der in Zusammenarbeit mit Kommandant Alinat die seismischen Messungen vornahm, durch die wir Einblick in den Aufbau der Ablagerungen in verschiedenen Meeresbecken gewannen und Informationen über den Gesteinsaufbau in großen Meerestiefen erhielten.
Das *Musée Océanographique* ist in zwei Sektionen unterteilt, den Verwaltungsrat und den Exekutivausschuß, dessen Mitglieder ausnahmslos Wissenschaftler sind. Die Hälfte davon sind Franzosen, die anderen Angehörige aller möglichen anderen Nationen, unter ihnen die bedeutendsten Meeresforscher Frankreichs, Amerikas, Italiens, Deutschlands, Norwegens und Schwedens. Selbst die Sowjetunion ist vertreten, und zwar in der Person von Lew Sienke-

witsch, Professor für Meeresbiologie am Institut für Meereskunde der Moskauer Akademie der Wissenschaften. Die Erforschung des Meeres erfordert so weitgespannte Fähigkeiten und so viel Fachwissen, daß wir auf eine enge internationale Zusammenarbeit unter den Wissenschaftlern nicht verzichten können. Ganz abgesehen davon, gehen die Fahrten der *Calypso* und unsere Aufgaben weit über die Grenzen Europas und europäischer Interessen hinaus. Dieses internationale Gremium ist für alle wissenschaftlichen Fragen des Projekts zuständig, während sich der Verwaltungsrat mit der Finanzierung des Ganzen und allgemein mit allen verfahrenstechnischen Problemen befaßt.

Wie ich schon sagte, verfügt das *Musée Océanographique* über keine finanziellen Mittel. Sein Gründer, Fürst Albert I. von Monaco, vermachte dieser Institution zwar eine beträchtliche Geldsumme, aber die mehrmalige Abwertung des französischen Franc hat diesen Betrag praktisch zum Verschwinden gebracht. Das *Musée* ist heute völlig auf die Einnahme von Eintrittsgeldern angewiesen, die glücklicherweise die wichtigsten Unkosten decken. Für die eigentliche wissenschaftliche Arbeit benötigen wir jeweils Forschungsaufträge der französischen Regierung und vor allem Aufträge von der CNEXO, dem Nationalen Institut zur Erforschung der Meere (Centre National pour l'Exploration des Océans).

Auch wenn wir hinsichtlich der Finanzierung unserer Expeditionen und Forschungsarbeiten nicht vom *Musée* abhängig sind, halten wir uns doch sehr genau an die von Prinz Albert geschaffenen Traditionen dieser Institution. Fürst Albert war selbst ein namhafter Meeresforscher und machte sich durch zahlreiche Expeditionen an Bord seiner vier Forschungsschiffe *Hirondelle I, Princesse Alice I, Princesse Alice II* und *Hirondelle II* einen Namen. Er beschäftigte sich vorwiegend mit dem Mittelmeer und dem Atlantik, vor allem dem Gebiet um die Azoren, und brachte es bis zu seinem Tod auf über 4500 meereskundliche Stationen[1]. (Ich glaube kaum, daß die hauptberuflichen Meereskundler jeweils eine ebenso stattliche Anzahl aufzuweisen haben.)

Die Fahrten der *Calypso* durch die Weltmeere setzen dieses Werk des Fürsten Albert in seinem Sinne fort und sind von dem gleichen Geist getragen, der auch seine Arbeit beflügelte.

[1] Eine »ozeanographische Station« ist eine vorher festgelegte, irgendwie bedeutungsvolle Meeresstelle, an der ein Forschungsschiff vor Anker geht und eine ganze Reihe wissenschaftlicher Untersuchungen vornimmt, wie etwa Echolot-Messungen über die Wassertiefe, die Erkundung der Beschaffenheit des Meeresgrundes, Analysen über den Salzgehalt des Wassers etc.

An Bord der *Calypso* auf dem Roten Meer.

2 Arche Noah im 20. Jahrhundert

Die hochspezialisierte Ausrüstung der Calypso – Das Rote Meer und seine Korallenbestände – Tod durch Verschmutzung – Auf dem Weg zu den Malediven – Begegnung mit einem japanischen Fischdampfer

Kurz vor dem Auslaufen der *Calypso* hatten uns Fürst Rainier und Fürstin Gracia von Monaco an Bord einen Besuch abgestattet und uns einen Hund als Maskottchen geschenkt, der auf den Namen Zoom hörte. Mit seiner Größe und seiner wilden Energie war er, so schien es zunächst, nicht so recht mit dem Platzmangel an Bord in Einklang zu bringen. Nach einiger Zeit aber hatte er uns mit seinem unwiderstehlichen Augenaufschlag, seinem um Liebe bettelnden Blick, seinen drolligen Hängeohren und seinem zottigen Fell restlos für sich eingenommen. Wir lernten, ihm seine Übergröße nachzusehen. Schließlich war Zoom ein Saint-Hubert – und das ist eine alte, vornehme, in Frankreich sehr geschätzte Rasse von Jagdhunden. Zoom war bald unser aller Liebling, und sogar die Seelöwen, die wir eine Zeitlang an Bord hatten, freundeten sich sofort mit ihm an – und das, obwohl Zoom anfangs rasend eifersüchtig auf sie war. Wie gesagt – wir hatten nicht viel Platz an Bord, denn die *Calypso* ist kein sehr großes Schiff. Dazu kommt, daß sie mit all den Vorräten, Ausrüstungsgegenständen und Menschen – etwa 30 an der Zahl – beladen war, mit denen wir normalerweise auf Expedition gehen; außerdem haben wir immer, zumindest vorübergehend, eine ganze Menagerie an Bord, bald Robben, bald Seeotter, Albatrosse oder Meeres-Pelikane – und natürlich Zoom. Unsere Besucher wunderten sich immer wieder darüber, daß wir mit einem Fahrzeug um die Welt fahren, das nicht mehr zu sein scheint als ein besserer Kahn.

Die *Calypso* ist zwar klein (ca. 350 Tonnen), aber unseren Zwecken äußerst dienlich. Als Philippe Tailliez, Frédéric Dumas und ich in den Jahren 1947 und 1948 darüber debattierten, welche Art von Schiff für die Meeresforschung wohl am zweckmäßigsten sei, hätten wir gar kein Schiff finden können, das für unser Vorhaben geeigneter gewesen wäre als die *Calypso*.

Die *Calypso* ist ein ehemaliges Minensuchboot, 1942 für die Engländer in den Vereinigten Staaten gebaut. Ich konnte das Schiff nach dem Krieg aus britischen Militärbeständen in Malta aufkaufen und brauchte es nicht einmal umzutaufen. Die Engländer hatten das Schiff nach der Nymphe *Calypso*, der Tochter des Meeresgottes höchstselbst, benannt. Dies war – wenn man an solche Dinge glaubt – ein »gutes Omen«, und so heißt es noch heute *Calypso*. Wir verdanken das Schiff der großzügigen Unterstützung durch Loël Guinness, der mir Kauf und Umbau der *Calypso* ermöglichte.

Ein Minensuchboot ist – seinen Aufgaben entsprechend – der Gefahr von Explosionen unter Wasser besonders ausgesetzt. Die *Calypso* ist daher ein außerordentlich stabiles Zweihüllen-Schiff aus Holz mit doppelter Beplankung und besonders engstehenden Spanten. Ihre beiden Maschinen erlauben ihr eine Geschwindigkeit von zehn bis zehneinhalb Knoten. Sie läßt sich hervorragend manövrieren, und ihr geringer Tiefgang hat sich bei unseren Fahrten durch die gefährlichen Korallenriffe hervorragend bewährt.

Bis aus einem Minensuchboot ein ozeanographisch-meeresbiologisches Laboratorium wurde, waren natürlich eine Reihe von Veränderungen nötig. Die *Calypso* erhielt unter anderem einen zusätzlichen Außenvorsteven und einen Beobachtungsraum, der knapp drei Meter unter die Wasseroberfläche reicht und mit acht Luken versehen ist. Von dort aus können wir beobachten und filmen, was im Wasser geschieht, auch wenn sich das Schiff in voller Fahrt befindet. An Deck wurde ganz vorn ein Doppelmast aus Leichtmetall angebracht, der uns als Radarantenne dient, von dem wir wie von einer zusätzlichen Brücke aus bei schwierigen Passagen besser Ausschau halten und manövrieren können und den wir als Ausguck benutzen, wenn wir größere Meerestiere, wie etwa Wale, beobachten wollen.

Abgesehen von diesen Veränderungen in den Aufbauten, wurde die *Calypso* nach den modernsten Gesichtspunkten der Meeresforschung ausgerüstet. (Ich meine damit nicht die mehr oder weniger klassischen Geräte dieser Wissenschaft, denn wir sind schließlich Taucher und wollen erkunden, was unter der Meeresoberfläche liegt.)

Diese Ausrüstungsstücke sind wahrscheinlich auch der Grund für den schon erwähnten Platzmangel an Bord. Während der ersten Tage nach dem Auslaufen war es praktisch unmöglich, sich an Deck zu bewegen, ohne über irgendeine Kiste zu stolpern. Wir hatten monatelang Werkzeug und Instrumente angeschafft, die praktisch bis zum Auslaufen des Schiffes an Bord geliefert wurden, so daß wir einen Teil unseres Materials noch nicht einmal gesichtet und überprüft hatten, als wir Monaco verließen.

Auf dem Hinterdeck der *Calypso* (von links nach rechts): Jacques-Yves Cousteau, dessen Sohn Philippe, Michel Deloire (der Kameramann) und Canoë Kientzy (der Leiter unserer Tauchermannschaft).

Die schwersten und sperrigsten Ausrüstungsstücke waren der Galeazzi-Turm (»Tourelle Galeazzi«), den man in eine Tiefe von über 300 Metern hinablassen kann, und die SP-300, die »Tauchende Untertasse«, die wir zuvor schon einmal im Roten Meer eingesetzt hatten.

Die Tatsache, daß die *Calypso* so voll beladen war, hatte eigentlich wenig mit der Dauer unserer Expedition zu tun, sondern war eine Folge der vielen verschiedenen Projekte, die wir uns vorgenommen hatten und von denen jedes eine bestimmte Art von Ausrüstung notwendig machte. An dieser Stelle sei ein kurzer Überblick über die mitgeführte Ausrüstung gegeben, die wir bei der Erforschung der See, so wie wir sie verstehen, für unerläßlich halten.

1. Da ist zunächst unsere umfangreiche Tauchausrüstung. Es handelt sich um die modernsten Geräte, die es gibt und die vom CEMA angefertigt wurden. Dieses »Centre d'Études Marines Avancées« habe ich 1953 in Marseille gegründet und gehöre ihm bis heute als Präsident an. CEMA entwirft und baut die Prototypen für all unsere Instrumente. Auf dieser Expedition hatten wir einen neuartigen, stromlinienförmigen Taucheranzug, der von jeder Versorgung von außen völlig unabhängig ist. In den Helm sind eine Filmkamera und

ein Telefon eingebaut. Die Anzüge selbst sind schwarz mit einem gelben Streifen an der Seite und so elegant, daß wir es kaum erwarten konnten, sie auszuprobieren. Wir haben auch eine Druckausgleichskammer und einige ganz neuartige Unterwasserfahrzeuge bei uns. Außerdem gibt es noch einen Spezialkompressor, mit dem wir alle unsere Atemluftgeräte – notfalls zur gleichen Zeit – auffüllen können, und Behälter mit einer Helium-Mischung, die wir beim Tauchen in größeren Tiefen verwenden, um Stickstoffvergiftungen sowie Unfälle beim Druckabfall zu vermeiden. (Im Notfall kann man auch den Galeazzi-Turm als Druckkammer verwenden.)

2. Wir haben zahlreiche kleinere Wasserfahrzeuge an Bord, die wir alle zum Erkunden unserer Umgebung, für Entdeckungsfahrten und zur Beobachtung und Sicherung unserer Taucher benötigen. Diese Boote müssen ständig einsatzbereit, leicht zu manövrieren und für den Einsatz auf hoher See geeignet sein. Außerdem müssen sie leicht und schnell genug sein, damit wir zum Filmen nahe genug an die großen Meerestiere herankommen können, etwa an Wale, Delphine, Robben etc. Wir führen daher Kleinstboote, aufblasbare Flöße, Schlauchboote und eine ausgezeichnete Sammlung von leistungsfähigen Außenbordmotoren mit. Unsere sinksicheren Leichtmetallboote haben mehr als einmal Aufgaben erfüllt, an die ihre Hersteller wohl kaum gedacht haben dürften: Auf dem Achterdeck aufgestellt und mit Wasser gefüllt, geben sie prächtige Schwimmbecken für unsere Fische, Robben und Seeotter ab.

3. Die Tauchende Untertasse macht zu ihrer Bedienung besondere Apparaturen notwendig, vor allem einen kräftigen Kran, der das Fahrzeug vom Achterdeck ins Wasser und wieder zurück an Bord hieven kann. Wir haben auch einen hochqualifizierten Elektroingenieur auf unserer Expedition, dessen Aufgabe es ist, die Untertasse technisch zu betreuen und klar zum Einsatz zu halten.

4. Für unsere Filmvorhaben über und unter Wasser sowie von der Tauchenden Untertasse aus brauchen wir 15 Unterwasserkameras, 6 handelsübliche Filmkameras und eine Reihe von automatischen Spezialfilmgeräten für die Unterwasseraufnahmen. Die letzteren erfordern einen großen beleuchtungstechnischen Aufwand, so daß wir unzählige wasserdichte Filmscheinwerfer, Lampen und kilometerlange Spezialleitungen benötigen. Diese filmtechnische Ausrüstung wird von unseren fünf Kameraleuten und deren Assistenten bedient und instand gehalten.

5. Wir haben ein batteriegespeistes Fernsehsystem, mit dessen Hilfe wir alles beobachten können, was an Bord oder im Wasser vor sich geht.

Der blau und gelb gestreifte Pfauenkaiserfisch *(Pygoplithes diacanthus)* gehört zur Familie der Borstenzähner *(Chaetodontidae)*. Daneben ein Clownfisch *(Amphiprion percula)* und im Hintergrund ein *Chromis*.

6. Ein Ultraschalltelefon, das ERUS, hält die Zentrale in Sprechkontakt mit der Tauchenden Untertasse und mit den Tauchern im Einsatz und gewährleistet die ständige Verbindung der Taucher untereinander.
7. Wir haben eine Reihe von Tonbandgeräten an Bord, mit denen wir Geräusche und Stimmen an Bord und unter der Wasseroberfläche aufzeichnen können, vor allem die Laute, die die Delphine und Wale von sich geben, sowie die gesamte Geräuschkulisse dieser »Welt des Schweigens« im Meer – die eigenartig klagenden Laute, die manche Fische von sich geben, die klirrenden, schabenden Geräusche, die von den Krustentieren ausgehen, und vieles andere mehr.
8. Schließlich wäre noch auf all die hochmodernen Navigationsgeräte der *Calypso* hinzuweisen, wie automatische Kurssteuerung, Radaranlage, Sonar-Echolot und eine Spezial-Sonaranlage für den Gebrauch in sehr tiefen Gewässern.
Diese wirklich bemerkenswerte Kollektion von Ausrüstungsgegenständen haben wir aufgrund jahrelanger Erfahrungen mit viel Liebe und Mühe zusammengestellt. Dies bedeutete, vor allem für mich, eine beträchtliche technologische Forschungsarbeit und eine schwere finanzielle Belastung. Nun aber war die Zeit gekommen, unser Material auch einzusetzen – genauer gesagt: zu sehen, ob und wie unsere Geräte funktionierten.

Am 4. März näherten wir uns der Insel Seil Makawa. Die Zufahrt erwies sich als sehr schwierig, denn das Wasser war trotz seiner herrlichen, sonnendurchfluteten Bläue unruhig und seicht. Ich meinte, daß sich ein Taucheinsatz hier nicht lohnte, und schickte daher Barsky und Bernard Delmotte, einen unserer besten Taucher, an Land. Sie sollten erkunden, ob es auf der Insel etwas Filmenswertes gab.
Während ihrer Abwesenheit hatten wir Zeit, eines unserer Ausrüstungsstücke auszuprobieren, die Wasserrutsche, die kurz vor unserem Auslaufen aus Monaco geliefert worden war. Das Gerät sieht aus wie die Rutschbahnen, die man auf jedem Kinderspielplatz finden kann, und es ist im Prinzip auch nichts anderes: Am Hecküberhang der *Calypso* haben wir es zu dem Zweck angebracht, daß ein Taucherteam so rasch wie möglich ins Wasser gehen kann, einer nach dem andern. Die Montage der Rutsche nahm außerordentlich viel Zeit in Anspruch, ansonsten aber bewährte sich das Gerät glänzend, und es war ein sehr komischer Anblick, ausgewachsene Männer in wilder Hast Rutschbahn fahren zu sehen, als wäre der

Teufel hinter ihnen her. Zoom allerdings war davon gar nicht begeistert. Er heulte und bellte jämmerlich, als er seine Freunde Mann um Mann im Meer verschwinden sah. Die einzige Schwierigkeit dabei war, daß die Taucher in ihren neuen Anzügen beim Hinunterrutschen den Helm verloren, aber Falco versicherte, er könne auch dafür noch eine Lösung finden.

Als nächstes testeten wir unser neues Unterwasserfahrzeug, ein verbessertes Modell des »Unterwasser-Scooters« oder »Seerollers«. Der Fahrer des Scooters trägt einen Taucheranzug mit Atemgerät und ist nach vorn durch einen konvex gewölbten Plexiglasschild geschützt. Angetrieben wird der »Roller« von einem Elektromotor. Wir kamen bei der Probefahrt auf eine Reihe von »Macken«, die noch beseitigt werden mußten. Das Gerät war erstens viel zu leicht und hatte zweitens zu schwache Haltegriffe, von denen einer meinem Freund Canoë in der Hand blieb (Canoë weiß allerdings auch manchmal nicht, welche Bärenkräfte er hat!). Unsere Mechaniker machten sich sofort an die Arbeit, um diese Mängel möglichst rasch zu beheben.

Schließlich ließen wir auch unsere Segel-Wellenreiter erstmals ins Wasser. Sie funktionierten großartig und sind auf dieser Expedition zur großen Freizeitattraktion geworden.

Barsky und Delmotte berichteten bei ihrer Rückkehr, daß sie auf der Insel eine Gruppe von jungen Arabern zwischen 13 und 25 Jahren angetroffen hatten, die für einen Monat in dieser Gegend mit ihren Booten auf Fischfang gingen. Diese im arabischen Raum üblichen Wasserfahrzeuge, *boutre* genannt, sind kleine Boote mit rotbraunen Segeln. Die jungen Araber benutzten die Insel, um ihren Fang einzusalzen und zu trocknen und um hier zu schlafen. Der Himmel über der Insel war natürlich schwarz von kreisenden Möwen, die auf die Gelegenheit lauerten, sich Fische zu stehlen. Die Araber verwendeten als Vogelscheuchen lebende Möwen, die sie auf Pfählen festnagelten – mit ihrem Flügelschlagen und Geschrei sollten sie ihren in der Luft kreisenden Artgenossen Angst einjagen und sie vielleicht warnen.

Das entbehrungsreiche, völlig einsame Leben dieser jungen Fischer ist ganz und gar vom Meer und von der Sonne abhängig. Der Sand, auf dem sie schlafen, ist ihnen Bett und Wohnung zugleich, ihr einziger Besitz ein kleiner Gebetsteppich. Die See liefert ihnen nicht nur den Fisch, sondern auch das Salz für ihre primitive Pökeltechnik.

Die völlig ausgedörrte Insel, der beständige heiße Wind und die grausigen Vogelscheuchen machten die Szene zu einem Alptraum.

Am 5. März passierten wir – wie gewöhnlich bei schlechtem Wetter – die Straße von Bab el Mandeb und liefen am 6. März im Hafen von Dschibuti ein, wo wir Dr. Leenhardt, unseren Geophysiker vom *Musée Océanographique*, und unseren deutschen Fotografen Ludwig Sillner an Bord nahmen. Wir fuhren noch am gleichen Morgen weiter, gelangten nach wenigen Stunden zur Sandbank des Shab Arab und setzten dort zwei Bojen aus.
Das »Gedränge« an Bord der *Calypso* war größer denn je, so daß keiner von uns auch nur kurze Zeit für sich allein hatte. Ludwig Sillner löste dieses Problem zumindest für seine Person, indem er sich aus grünen Zeltbahnen und ein paar Schnüren auf dem Spardeck eine Unterkunft baute, deren ganze Einrichtung aus einer Luftmatratze bestand. Abends, wenn es regnete, stand darin natürlich das Wasser, doch der Regen war warm, und ihm schien es nichts auszumachen. Besser ein regennasser Einzelmensch als eine Ölsardine im Trockenen, meinte er. Er verbrachte seine Freizeit in der »Sillnerhütte«, wie wir die Behausung nannten, umgeben von Kisten und Kasten (denn wir verstauten auf dem Spardeck alles, was wir anderswo nicht unterbringen konnten), und beschäftigte sich wie alle Fotografen, wenn man sie allein läßt, mit irgendwelchen mysteriösen Basteleien.
Sillner, der mit Leib und Seele Fotograf ist, hat merkwürdigerweise einen ganz anderen Beruf: Er ist Vertreter einer Kugelschreiberfirma für die arabischen Länder. Während seiner Reisen im Rotmeergebiet begann er mit dem Tauchen und später, ebenfalls als Hobby, mit dem Fotografieren unter Wasser. Ich hatte ihn drei Jahre zuvor in Port Sudan kennengelernt, und als ich für diese Expedition einen Fotografen brauchte, dachte ich sofort an ihn. Ich habe es keinen Augenblick bereut. Ganz abgesehen von seinem fotografischen Talent kam uns seine Kenntnis der arabischen Sprachen und Dialekte sehr gelegen. Sillner ist darüber hinaus ein leidenschaftlicher und origineller Segelpartner.
Das Wasser vor Shab Arab war so unruhig und die Luft so neblig, daß wir mit der Kamera nicht arbeiten konnten. Da es nicht so aussah, als würden sich die Wetterverhältnisse in den nächsten Tagen bessern, entschlossen wir uns zu einem Besuch des Goubet, dem Golf im Roten Meer. Vor dem Auslaufen aus Dschibuti hatte ein Besatzungsmitglied unseres Schiffes einen arabischen Taucher nach Goubet gefragt. »Das ist eine unheimliche Gegend«, bekam er zur Antwort. »Das Meer ist dort endlos tief und voll von Ungeheuern, die so riesengroß sind, daß sie 200-Liter-Fässer an den Leinen in die Tiefe ziehen können. Außerdem war der Kommandant Cousteau

1963 mit Frédéric Dumas und seinen besten Tauchern dort; sie waren so entsetzt von dem, was sie da zu sehen bekamen, daß sie sofort die Flucht ergriffen.«

Es reizte uns natürlich sehr, den Ort zu besuchen, an dem wir dem Lokalklatsch zufolge ein so jämmerliches Schauspiel gegeben haben sollten. Ich muß jedoch sagen, daß Goubet recht enttäuschend war. Es ist eine Art Haff oder Binnensee, den eine schmale Rinne mit einer starken Strömung von sieben Knoten mit dem Roten Meer verbindet. Die Umgebung ist wunderschön und urwüchsig und wird von Vulkanen beherrscht.

Im Goubet selbst angekommen, ließen wir unsere Tauchende Untertasse auf eine Tiefe von über 200 Metern hinab, ohne auch nur auf das kleinste Ungeheuer zu stoßen. Dann machten sich auch die Taucher einsatzbereit und stiegen hinunter, bekamen aber nichts Aufregenderes zu sehen als ein paar große Seeigel. Es schien hier überhaupt sehr wenig Fische zu geben. Ich vermute, daß das »Ungeheuer von Goubet« ursprünglich eine große Manta, ein Teufelsrochen, war, den irgendein Schäfer vom nächsten Hügel aus gesehen hat. Diese Tiere sind nämlich in dieser Gegend sehr zahlreich, und so verirren sich gelegentlich sicher einige Exemplare in den Goubet. Da die Rinne sehr schmal ist und die Manta kein sonderlich intelligentes Tier, dürfte es ihr schwerfallen, den Weg zurück ins Meer wiederzufinden.

Am Sonntag, dem 12. März, gingen wir westlich der Insel Abd el Kuri vor Anker. Auch hier trafen wir auf eine wilde, fast feindliche Landschaft. Ein rot-schwarzer Gebirgszug erhob sich wie geschmolzenes Blei aus dem Meer und war vom Licht der untergehenden Sonne wie in Blut getaucht. Am Ufer zog sich ein etwa 25 Meter hoher weißer Grat hin, der offenbar aus Salzablagerungen oder Vogelmist bestand – vermutlich aus beidem. Durch die Berge zog sich ein kleines Rinnsal, und ich überlegte, ob wir nicht ein Boot an Land schicken sollten. Doch dann drehte der Wind auf Südost, so daß wir schleunigst den Ankerplatz wechseln mußten. Wir fuhren, die Untiefen sorgfältig vermeidend, zur nördlichen Landzunge.

Wir hatten insgesamt kaum länger als eine halbe Stunde vor Anker gelegen und während dieser Zeit das Gefühl gehabt, daß uns zwei Menschen von der Rückseite eines kleinen Hügels her aufmerksam beobachteten. Jetzt, da wir abdrehten, sahen wir in der Tat zwei Männer, die zum Strand liefen. Es tat ihnen offenbar leid, daß sie vorher zu scheu gewesen waren, sich uns zu zeigen, denn auf Abd el Kuri gibt es selten Besuch, und es leben nur etwa 150 Eingeborene dort.

Gegen 21 Uhr erreichten wir unseren Ankerplatz, von wo aus ich zwei Erkundungsmannschaften an Land schickte, eine davon mit Fotografen, die andere mit Filmleuten. Während wir auf ihre Rückkehr warteten, beschlossen Falco und ein weiterer junger Taucher, Bonnici, selbst auf Suche zu gehen. Sie tauchten mehrmals und beförderten nach und nach einen ganz besonderen Schatz an Deck – etwa 75 Pfund Hummer.

Abd el Kuri ist eine außerordentlich schöne und reiche Insel, hat aber sehr wenig Trinkwasser, wie wir von fünf Eingeborenen erfuhren, die bald in zwei kleinen Booten bei uns eintrafen. Sie waren jedoch weit mehr daran interessiert, sich unser Schiff anzusehen, als uns von ihrer Insel zu erzählen, so daß ich sie nach einer Tasse Tee auf der *Calypso* herumführte. Sillner, unser Dolmetscher, war mit seinen Kameras unterwegs, und ich gab meine Erklärungen daher vorwiegend in der Gebärdensprache. Sie ließen durch nichts erkennen, daß sie auch verstanden, was ich ihnen da auseinanderzusetzen versuchte, waren aber ganz begeistert, als unser Toningenieur Marcellin die Fernsehkamera laufen ließ und ihnen ihr Konterfei auf dem Bildschirm zeigte. Währenddessen erschien Sillner und begann sofort eine angeregte Unterhaltung auf arabisch mit ihnen, das er perfekt beherrscht. Die fünf Männer – vier davon kohlschwarz, einer mit typisch »nordischem« Aussehen – boten eine köstliche Szene. Sie bewarfen einander geradezu mit semitischen Gutturallauten, so daß unsere *Calypso* sich ausnahm wie ein Bazar im alten Arabien. Schließlich verabschiedeten sich unsere Gäste, strahlend wie glückliche Kinder und mit Wasser, Zucker, Brot, Konserven und Tauen beladen.

Kurz darauf kehrten unsere Erkundungsteams zurück, und ihre Fotos und Filmaufnahmen bestätigten die rührenden Prahlereien der Eingeborenen über die Schönheit ihrer Insel voll und ganz.

Am 13. März erreichten wir die Insel Socotra, die der südarabischen Küste vorgelagert ist; sie ist etwa 150 Kilometer lang und hat 15000 Einwohner. Die Bevölkerung lebt hauptsächlich von der Perlenfischerei, die allerdings für die Eingeborenen selbst offenbar nur spärlichsten Profit abwirft. Die Menschen leben in Dörfern aus primitiven Hütten und haben eine geradezu steinzeitliche Gesellschaftsordnung, an deren Spitze, wie wir erfuhren, ein Sultan steht.

Um Socotra gibt es bemerkenswert viel Hummer. Wir stießen in zwei bis drei Meter Tiefe überall auf diese Tiere und hatten im Nu, ohne jede Anstrengung, anderthalb Zentner davon gesammelt. Es war gerade die Zeit, in der sich die Panzer der Tiere erneuern, so daß die Schalen noch ganz weich waren. Es ist dies auch die Zeit, in der sich die Hummer vermehren. Während der nächsten Tage gab es immer Hummer zum Mittag- und Abendessen, da unser Schiffskoch seinen ganzen kulinarischen Genius mobilisierte, um uns eine Delikatesse nach der anderen aufzutischen. Wir speisten Hummer von der klassischen Form bis zur *bisque*, der köstlichen Suppe aus Hummerköpfen.

Inzwischen hatten sich die Fesseln, die uns psychisch an das feste Land banden, spürbar gelockert. Allmählich verloren wir sogar das Interesse an der Meeresoberfläche selbst und warteten mit wachsender Begeisterung auf die Gelegenheit, den starren Horizont von Socotra mit den fließenden Konturen der Unterwasserwelt zu vertauschen. Für uns, deren Leben sich um das Meer dreht, ist das Wasser zur zweiten Natur geworden. Das Tor zu dieser Welt beginnt am Achterdeck der *Calypso*, und diese Welt ist geprägt von Farben, Konturen und Lebensformen, die uns durch die jahrtausendelange Festlandexistenz des Menschen und vor allem durch jahrhundertelange Gleichgültigkeit gegenüber dem Leben im Meer so fremd sind. Nun war es an der Zeit, an den Ursprung des menschlichen Lebens, ja des Lebens überhaupt zurückzukehren: zurück zum Meer.

Wir verließen noch in der gleichen Nacht unseren Ankerplatz vor Socotra. Es war ein wunderbar stiller und klarer Abend; das Sternenlicht fiel in einer Intensität und Reinheit auf die See, wie es sich der Bewohner einer verpesteten Großstadt kaum vorstellen kann. Ich legte mich fast sofort schlafen, wurde aber gegen zwei Uhr von Laban geweckt, der mich ganz aufgeregt an Deck zitierte. Ich sah, daß die *Calypso* durch eine Meeresstelle fuhr, die von Abertausenden schwimmender Kugeln erleuchtet war. Ich ließ sofort die Bugscheinwerfer einschalten und lief nach unten, um unseren Kameramann Barsky zu holen. Als wir zurück an Deck kamen, waren die seltsamen Kugeln jedoch spurlos verschwunden. Wir wendeten, aber ohne Erfolg. Vermutlich werden wir nie erfahren, worin dieses Naturschauspiel bestand. Vielleicht waren es Quallen gewesen, vielleicht auch nicht. Dieser Vorfall ist deswegen so interessant, weil er zeigt, mit welchen Schwierigkeiten wir bei der Beobachtung der Dokumentation des Lebens auf See zu kämpfen haben. Immer wieder stoßen wir auf Phänomene, deren Erforschung unendlich lohnend wäre, und müssen dann feststellen, daß sie verschwunden sind, bevor wir uns ihrer auch nur optisch bemächtigen konnten, und dies trotz der Tatsache, daß wir uns die größtmögliche Geschwindigkeit beim Einsatz unserer Geräte antrainiert haben. Ohne zu übertreiben kann ich sagen, daß auf jeden Erfolg, den wir beim Filmen oder mit sonstigen Aufzeichnungen eines interessanten wissenschaftlichen Objektes verbuchen konnten, zehn Fehlschläge kommen.

Die Reise, auf der wir uns derzeit befinden, ist–zumindest im Vergleich zu früheren Expeditionen–kein rein meereskundliches Unternehmen. Wir haben einen ungewöhnlichen Auftrag, eine Mission, zu deren Erfüllung wir–in aller Bescheidenheit–bestens qualifiziert sind. Sie besteht darin, festzustellen, welche Zukunft die Welt der Korallen hat.

Ich erwähnte bereits, daß die Koralle ein Organismus ist, ein Lebewesen. Wie alle Lebewesen können auch die Korallen krank werden und sterben. Taucher wie wir sind sich mehr als alle anderen Menschen bewußt, welche Gefahr die Zivilisation des Menschen für das Leben im Meer bedeutet. Die Umweltverschmutzung bedroht das marine Leben genauso wie das menschliche. Die Öltanker, die die Korallengebiete des Roten Meeres und des Indischen Ozeans durchfahren, sind für die Meeresfauna eine tödliche Gefahr. Es ist möglich – wenn nicht wahrscheinlich –, daß eine große Katastrophe bevorsteht, wenn in nächster Zukunft nicht umfangreiche Änderungen eintreten. Und der Mensch wird nicht nur Ursache dieser Katastrophe sein, sondern auch eines ihrer Opfer.

Wir wollen mit dieser Expedition feststellen, wieweit das Leben im Meer schon geschädigt ist und wodurch. Ich habe 30 Jahre Erfahrung als Taucher – 16 Jahre davon im Roten Meer und im Indischen Ozean – und bin daher wahrscheinlich in der Lage zu beurteilen, ob das Unheil, das die Technik unter den Lebewesen der tropischen Gewässer und vor allem unter den Korallen angerichtet hat, unwiderruflich oder unwesentlich oder aber von einem Ausmaß ist, das zwischen diesen beiden Extremen liegt. Der Grund für meine Besorgnis liegt auf der Hand. Ich habe der See mein Leben gewidmet und werde gewiß nicht zusehen, wie sie verschmutzt, vergiftet und entwürdigt wird, ohne daß ich leidenschaftlich dagegen protestiere.

Bis zu dem Zeitpunkt, an dem ich diese Zeilen schreibe, sind drei Jahre vergangen, seit wir Monaco verlassen haben, um die Wahrheit zu erfahren – gleichgültig, wie unangenehm diese Wahrheit sein mag. Damals ließ sich noch kaum jemand von dem Begriff »Umweltverschmutzung« beunruhigen, und noch weniger Leute regten sich über die Verschmutzung der Meere auf. Seither jedoch beginnt sich die öffentliche Meinung, vor allem in den Vereinigten Staaten, angesichts der Verbrechen des Menschen an der Natur zu regen, denn diese Verbrechen haben sich in jüngerer Zeit vervielfacht und potenziert. Man fängt an, Programme für eine »Wiedergutmachung« zu entwerfen – ich kann nur hoffen, daß der bisher angerichtete Schaden überhaupt wiedergutzumachen ist. Allerdings richtet sich die Aufmerksamkeit der Öffentlichkeit fast durchweg nur auf die Verpestung der Städte, der Luft und des Trinkwassers. Dies ist verständlich, denn es sieht auf den ersten Blick so aus, als gehe dieses Problem den Menschen sehr viel mehr an als der Verschmutzungstod der Meere. Es gibt jedoch einige Menschen, die auch die Gefahr für das Meer sehen und wissen, daß die Verunreinigung der See katastrophale Folgen auch für das Leben an Land nach sich zieht, denn die Meere sind biologische Regulatoren für unseren Planeten als Ganzes.

Während der Vorbereitungszeit für die jetzige Expedition faßte ich im Januar 1967 den Entschluß, einen Bericht über die Verschmutzung der Meere anzufertigen, dessen Sinn und Zweck der ist, so viele Menschen wie irgend möglich aufzurütteln und ihnen die Ungeheuerlichkeit des Risikos vor Augen zu führen, das der Mensch eingeht, wenn er das empfindliche Gleichgewicht der Natur stört. Dieses Buch soll unter anderem ein solcher Bericht sein, soweit es das Leben der Korallen betrifft. Man kann sich um die Schlußfolgerungen aus den gemachten Beobachtungen nicht herumdrücken: *Die Welt der Korallen, ein Zauberreich der Schönheit und Farbenpracht, ist zum Sterben verurteilt.*

Die Frage nach dem Grund dieses Sterbens ist sehr schwer zu beantworten. Es gibt verschiedene Gründe. Einer davon ist natürlich das auslaufende Öl von Tankschiffen oder aus Ölquellen unter dem Meeresspiegel. Ein anderer liegt vermutlich in der Veränderung des biologischen Gleichgewichts, die der Mensch auf vielfältige Weise verursacht. Auf der ganzen Welt beschäftigen sich die Biologen damit, mehr und Genaueres über diese Vorgänge in den Weltmeeren zu erfahren, denn wir stehen hier noch vor vielen – allzu vielen – Fragezeichen. Immerhin ist es gut zu wissen, daß überhaupt etwas geschieht, daß der Mensch *noch* Abhilfe schaffen kann, wenn er die Ursachen der Gefahr erkennt und – noch wichtiger – wenn er den Willen und die Bereitschaft aufbringt, auch etwas dagegen zu tun.

Damals waren wir gerade dabei, unsere Beobachtungen an den Korallen mit einem Besuch der Atolle im Indischen Ozean vor Ceylon und Indien zu beginnen. Es war die erste Stufe unseres Vorhabens.

Auf dem Weg zu den Malediven begegneten wir am 14. und 15. März einer großen Zahl von Pottwalen. Alle an Bord wurden von einer Welle der Begeisterung für diese riesigen Tiere erfaßt; einige kletterten auf unseren Beobachtungsstand, andere begaben sich nach unten in die »falsche Nase« der *Calypso*, um die Wale sofort zu filmen. Rings um uns bliesen diese Säugetiere ihre Fontänen in die Luft, und ihre ungeheuren Leiber glänzten unter Wasser im gedämpften Sonnenlicht. Trotzdem waren sie viel zu weit von uns entfernt, als daß wir sie richtig auf den Film bekommen hätten.

Fast zur gleichen Zeit hatten wir noch eine überraschende Begegnung, diesmal mit einem japanischen Fischdampfer, was im Indischen Ozean nicht allzu häufig vorkommen dürfte. Im Licht der Abenddämmerung sah er der *Espadon*[1] sehr ähnlich – allerdings war der eiserne Rumpf von Bug bis Heck mit Rost bedeckt. Irgend jemand hatte uns in Dschibuti erzählt, daß sich ein meereskundliches Schiff aus der Sowjetunion in diesem Gebiet befand, und so glaubten wir anfangs, wir hätten zufällig den gleichen Kurs eingeschlagen wie unsere russischen Kollegen. Wir drosselten die Maschinen und liefen näher an das Schiff heran. Nun sahen wir, daß es sich um ein Fischereifahrzeug handelte, und bemerkten, daß seine Besatzung uns von Deck aus zuwinkte und Zeichen machte. Bei allem Gestikulieren schienen sie eifrig damit beschäftigt, Bojen von der gleichen Art an Bord zu ziehen, die uns eine halbe Stunde zuvor schon im Wasser aufgefallen waren. Bald sahen wir auch einen riesigen Thunfisch auf ihrem Deck herumschnellen.

Ich ließ ein Boot aussetzen, und Falco überquerte mit Maurice Léandri, der verkörperten Neugierde, die schmale Wasserrinne, die die *Calypso* noch von dem japanischen Fischdampfer trennte. Man lud sie ein, an Bord zu kommen. Sie befanden sich kaum an Deck, als drei Fischer auch schon einen Schwertfisch und einen Thunfisch ins Boot warfen und Kurs auf die *Calypso* nahmen. An Bord angelangt, schossen sie auf dem Schiff hin und her und besichtigten jeden Zentimeter vom Maschinenraum bis zur Radarantenne, wobei es ihnen unsere Tauchende Untertasse besonders angetan hatte. Ihre Inspektionstour war von ununterbrochenem Geschnatter begleitet, doch da keiner von uns Japanisch sprach, begnügten wir uns damit, den Schwertfisch und den Thunfisch unter höflichen kleinen Verbeugungen anzunehmen. Ansonsten standen wir etwas hilflos herum, während die drei Japaner ihre Neugierde über die unerforschlichen Abendländer befriedigten.

Auf dem Fischdampfer wurde der japanische Kapitän jedoch lang-

[1] Die *Espadon* (der Name bedeutet »Schwertfisch«) ist ein umgebauter Fischdampfer des Centre d'Études Marines Avancées in Marseille und dient als Versorgungsschiff für ein Unterwasserlabor, das vor der Küste von Toulon verankert ist.

Steuerbords ist die Welle der Schiffsschraube gebrochen, so daß sich die Schraube mit dem Steuerruder verkeilt hat. Die *Calypso* fährt im Kreise. Unsere Taucher legen das Steuerruder frei und sichern die 450 Pfund schwere Schiffsschraube.

sam ungeduldig und begann in einem selbst uns klar verständlichen Ton zu brüllen, es sei höchste Zeit, sich wieder an die Arbeit zu machen. Wir beschenkten unsere drei Gäste mit Brot, Zucker und Wein, worauf sie, fröhlich schnatternd wie eine Gänseherde, auf ihr Schiff zurückkehrten. Der japanische Kapitän bat seine beiden Gäste höflich, aber bestimmt, sich auf den Rückweg zu machen. Die Besuchszeit war zu Ende.

Diese japanischen Fischer waren außerordentlich eindrucksvolle Persönlichkeiten, die Alten ebenso wie die Jungen. Ihre Gesichter waren klar und offen und spiegelten, wie die von Kindern, deutlich jedes Gefühl, das in ihnen vorging. Alles in allem sahen sie aus wie wild entschlossene, aber äußerst liebenswerte Piraten.

Wir wunderten uns sehr über ihr Durchhaltevermögen, vor allem im Hinblick auf ihr Leben auf diesem vom Rost zerfressenen Kahn. Sie mußten sich bei ihrer Ernährung mit nichts als Fisch und Reis begnügen und schliefen alle zusammen in einem schlafsaalähnlichen Raum unter Deck. Ihre Kleidung bestand lediglich aus Gummihosen und -handschuhen. Unwillkürlich mußten wir den Mut und den Unternehmungsgeist dieser Männer bewundern. Wenn ihnen

die See gehört, so deshalb, weil sie gelernt haben, sich das Meer zu verdienen. Ich könnte mir vorstellen, daß die Fischer aus der Bretagne oder in den Neuenglandstaaten des 19. Jahrhunderts Männer dieses Schlages gewesen sind. Wenn Melvilles Helden noch leben, dann in Japan.
Der einzige an Bord, der die allgemeine Bewunderung nicht teilte, war Zoom, unser Hund. Er faßte eine spontane Abneigung gegen die kleinen Japaner und mußte mit Gewalt davon abgehalten werden, sie auf der Stelle zu fressen.

Am 16. und 17. März fuhr die *Calypso* durch heftige Monsunregen. Am 18. gegen zwei Uhr morgens brach die Welle der Steuerbordschraube mit einem Knall, der durch das ganze Schiff dröhnte. Ich glaube kaum, daß zwischen dem Wetter und diesem bedauerlichen Vorfall ein kausaler Zusammenhang bestand, bin aber davon überzeugt, daß – einer Art Naturgesetz folgend – ein Unglück selten allein kommt. Durch den Bruch der Schraubenwelle war auch das Steuerruder blockiert, so daß sich die *Calypso* hilflos im Kreis drehte. Wir waren nicht weniger als 1800 Meilen vom nächsten Hafen entfernt.
Als ich an Deck kam, versammelte sich dort bereits die gesamte Besatzung – Falco trug schon seine Tauchermaske, ansonsten den Schlafanzug –, und es wurde aufgeregt debattiert. Ich ließ sofort die Maschinen stoppen. Sobald wir keine Fahrt mehr hatten, ließ sich Falco als Leiter des Taucherteams am Heck hinab, um den Schaden zu inspizieren. Er tauchte sofort wieder auf und berichtete, daß die Welle gebrochen sei und sich mit dem Steuerruder verkeilt habe. Die Schraube müsse samt Welle abmontiert werden, bevor sich das Schiff überhaupt wieder von der Stelle rühren könne. Christian Bonnici und Raymond Coll warfen sich in ihre Taucherkluft und stiegen zu Falco hinunter. Wir ließen den Anti-Hai-Käfig hinab, der die Taucher nicht nur bei der Arbeit sichern, sondern ihnen mit seinen starken Scheinwerfern auch Licht geben sollte. Trotzdem machte ich mir Sorgen. Es ist kein angenehmes Gefühl, drei Freunde als einzige, hell erleuchtete Objekte in einem nachtschwarzen Ozean voller blutrünstiger Haie zu wissen.
Nach vierzig Minuten Schwerarbeit der Taucher und ebenso lange anhaltender Nervosität der an Bord Gebliebenen wurden mit dem Hebezeug Schraube und vordere Halterung so lange nach vorne gezogen, bis die Welle freikam. Dann laschten die Taucher die Schiffsschraube mit Leinen an der achterlichen Halterung fest, worauf die Welle an Deck gehievt werden konnte. Um 3.45 Uhr wurden

die Maschinen angeworfen, und die *Calypso* ging wieder auf Kurs. Unsere Lage war reichlich prekär, und ich war mir, wie alle anderen an Bord, völlig darüber im klaren. Wir befanden uns mitten im Indischen Ozean auf halbem Weg zu den Malediven, so daß es wenig Sinn hatte umzukehren. Mit halber Maschinenkraft krochen wir bei fünf Knoten dahin – ein geradezu unerträglicher Zeitverlust – und waren nun nichts als ein winziger Fleck auf der Endlosigkeit eines feindlichen Elements. Doch dann dachten wir daran, daß die Zeit auf einer Fahrt ohne Fristsetzung eigentlich gar keine Rolle spielt. Was zählte, waren all die Dinge, die uns erwarteten, sobald wir erst einmal die Malediven erreicht hatten, und so faßten wir uns denn in Geduld und übten uns in dieser schönen Tugend! Nun erst fiel mir auf, daß mein Rücken wieder weh tat.

Kurz bevor wir die Malediven erreichten, bot sich uns am 20. März die Gelegenheit, ein Rudel Haie zu filmen, das sich um einen Delphinkadaver stritt. Wir benutzten für die Filmarbeiten zwei kleine Boote, und Michel Deloire ließ sich ins Wasser, während Delmotte als sein Leibwächter fungierte.

Unsere Methode für das Anlocken von Haien bestand darin, am Bug der *Calypso* einen Fischkadaver zu befestigen und ihn von dort aus im Wasser mitzuschleppen. Da unsere Taucheinsätze vom Achterdeck aus erfolgten, rechneten wir uns aus, daß den Tauchern dadurch reichlich Zeit zum Rückzug blieb, wenn die Haie zu aggressiv werden sollten. Dennoch gab es einige äußerst kritische Augenblicke. Die Haie schienen es ganz besonders auf Raymond Coll abgesehen zu haben, und der größte von ihnen – ein richtiges Monstrum – wurde schließlich ausgesprochen bösartig.

Ich hielt mich über unser Unterwassertelefon über alle Vorgänge auf dem laufenden und beorderte die Taucher sofort zurück an Bord. Delmotte kletterte als letzter die Leiter hoch. Als er schon auf halber Höhe war, machte der Monsterhai einen so gewaltigen und wohlgezielten Satz aus dem Wasser, daß Delmotte sicherlich zumindest ein Bein eingebüßt hätte, wäre er nicht geistesgegenwärtig genug gewesen, seine Beine um Haaresbreite vor den klaffenden Zahnreihen des Hais emporzuschnellen.

Nach diesem Vorfall blieben die Taucher und Kamerateams jeweils nur für kurze Zeit im Wasser, und es gab danach auch keine derartigen Zwischenfälle mehr, obwohl wir den ganzen Vormittag weiterfilmten. Wir bekamen dadurch trotz einiger Kameraausfälle eine Fülle wirklich ungewöhnlicher Filmszenen. Die Zuschauer, die sich diese Streifen ansehen, werden vielleicht nie wissen, was sich bei den Dreharbeiten alles abgespielt hat.

Eines der formschönen Segelboote von den Malediven.

3 Im Indischen Ozean: Erkundung der Malediven

Ein sozialistisches Sultanat – Korallen als Baustoff – Der Doktorfisch und andere Freunde der Korallen – Korallenfriedhöfe – Eine Unzahl von Atollen – Papageifische fressen Korallen – Die seltsamen Röhrenaale

Am Dienstag, dem 21. März 1967, sichteten wir kurz nach 17 Uhr das erste Atoll der Malediven, das Lari-Atoll. Es war seit Tagen das erste Mal, daß wir wieder Land zu sehen bekamen, und nun lag vor uns ein einladend glitzernder Strand mit Kokospalmen, die sich im Winde wiegten. Dann brach die Nacht herein.

Es widerstrebte mir, die *Calypso* in der wachsenden Finsternis durch die Riffe zu manövrieren. Bei Tageslicht kann man die Wassertiefe an der Farbe erkennen, doch in der Dämmerung irrt man sich nur allzu leicht und kollidiert mit irgendeinem vorstehenden Korallenblock. Ich ließ ein mit starken Scheinwerfern ausgerüstetes Kleinboot zu Wasser bringen, von dem aus das Riff erkundet wurde. Mit den Meldungen vom Boot aus konnten wir fast unmittelbar am Riff sicher vor Anker gehen.

Sobald die Maschinen standen, machten wir uns an die Arbeit. Die Tauchende Untertasse wurde für eine erste Erkundungsfahrt zu Wasser gelassen; wir folgten dem abfallenden Felsen bis in eine Tiefe von über 150 Metern. Die Sicht war jedoch so schlecht, die Strömung so stark und das Wasser so unruhig und trübe, daß wir an diesem Abend nicht mehr viel unternehmen konnten.

Am nächsten Tag hatte sich die Lage kaum gebessert, und da wir ohnehin Frischwasser brauchten, benutzte ich die Gelegenheit zu einem Ausflug an Land. Die Malediven liegen im Indischen Ozean südwestlich von Ceylon und waren einmal als Zwischenstation auf der historischen Gewürz-Route berühmt. Heute jedoch sind sie nichts als eine Gruppe von Inseln, ebenso abgelegen wie arm. Ihr wichtigstes – und einziges – Produkt sind Kokosnüsse. Ursprünglich portugiesische Kolonie, waren die Malediven seit 1802 britischer Besitz, dann Protektorat, und wurden 1965 ein unabhängiger Staat.

Wir umfuhren das Atoll, vor dem die *Calypso* ankerte, und gelangten in den Hafen von Male, der Hauptstadt des Archipels. Dort empfing uns die Kunde, daß die lieben Maledivianer gerade den zweiten Jahrestag ihrer Unabhängigkeit feierten und der Hafen während der dreitägigen Festlichkeiten außer Betrieb war. Wir erfuhren weiter, daß eigentlich das ganze Land außer Betrieb war.

Das war ein unerwarteter Rückschlag. Wir suchten alle möglichen Leute auf, von denen wir uns Hilfe versprachen: die Gesundheitsbehörden, die Polizei, den Zoll und einige Regierungsstellen. Überall war man außerordentlich höflich und gastfreundlich, konnte aber leider nichts für uns tun. Man bat uns zu warten. Also warteten wir. Es geschah gar nichts.

Am Donnerstag, dem 23., feierten die Maledivianer immer noch, und unsere Wasserknappheit begann uns langsam Sorgen zu machen. Zu diesem Zeitpunkt machte sich unser unternehmungslustiger Barsky auf den Weg, um zu sehen, was zu machen war. Kurze Zeit später brachte er jemanden an Bord, Herrn Faruk Ibrahim, der, wie sich herausstellte, Leiter des Maledivianischen Flughafenzollamts war. Ibrahim erwies sich als ein intelligenter und sympathischer Mann mit einem ausgeprägten Sinn für Humor.

Nach der üblichen Besichtigungstour durch die *Calypso* luden wir unseren Gast zum Mittagessen ein. Er freute sich sehr über diese Einladung und erzählte uns bei Tisch die erstaunliche Geschichte seines Onkels.

Dieser Onkel wurde »Didi« genannt – wie Ibrahim selbst und offenbar auch alle anderen Einwohner der Malediven. Während des Zweiten Weltkrieges war der Onkel gerade Mitglied der Eingeborenenregierung, als die Briten die Maledivianer um einen 99-Jahre-Vertrag für einen Marinestützpunkt ersuchten. Die Regierung lehnte dies auf Betreiben von Onkel Didi mit Nachdruck ab. Bald darauf wurde Onkel Didi an Bord eines britischen Schiffes geschleppt und verschwand. Wenig später meldeten die britischen Behörden den Maledivianern, das Schiff sei gesunken und Onkel Didi mit ihm untergegangen.

Diese mit großem emotionalem Engagement erzählte Geschichte machte uns verständlicher, warum die Maledivianer so überaus glücklich darüber waren, von diesen »perfiden Engländern« unabhängig zu sein.

Nach dem Essen lud uns Ibrahim zu einer Besichtigung der Insel mit dem Jeep ein. Wir sahen uns den Flughafen an, wo gerade eine neue, gänzlich aus Korallenkalkblöcken gebaute Landebahn für das eine Flugzeug fertiggestellt war, das die Malediven jeden Monat anfliegt. Auch die Häuser auf der Insel bestehen, wie die Landebahn, aus Korallengestein. Wir entdeckten, daß die Korallenriffe der Malediven den Eingeborenen seit Jahrhunderten als einziges Baumaterial

gedient haben – eine prächtige Einstellung für unsere Kameraleute: Maledivianer, die Korallenblöcke aus dem Riff meißeln und in ihre schnittigen kleinen Segelboote verladen.
Trotz der relativen Armut der Malediven leben die Insulaner hier weitaus besser als die Bewohner jener dürren Landstreifen im Roten Meer, die wir kurz zuvor besucht hatten. Es gibt Kokospalmen in Hülle und Fülle und reichliche Wasservorkommen in diesem Gebiet. Die Inseln liegen nur wenig über dem Meeresspiegel, haben aber eine üppige Vegetation. Der Strand besteht nicht aus Sand, sondern aus zerriebener Koralle. Es gibt hier keine Lagunen, aber ein Barriere-Riff, und wir erfuhren, daß sich bei Ebbe immer Trupps von »Steinmetzen« auf den Weg machen, um im »Korallensteinbruch« zu arbeiten. Der außerordentlich starke Gezeitenhub, d.h. der niedrige Wasserstand bei Ebbe, erlaubt dies. Das Wasser geht dann so weit zurück, daß die Steinkorallenbänke und die halb geöffneten Riesenmuscheln praktisch in Wasserspiegelhöhe liegen.
Der Archipel selbst besitzt eine riesige Ausdehnung, doch liegen die einzelnen Inseln ziemlich nahe beieinander, so daß man von Insel zu Insel mit simplen Sprechfunkgeräten in Verbindung bleiben kann. Viele dieser Eilande sind besiedelt. Überall, wo es Trinkwasser gab, hat sich um die Quelle ein Fischerdorf entwickelt.
Überall sahen wir unter Palmengruppen winzige Friedhöfe, deren Gräber samt Steinen und Kreuzen ebenfalls aus Korallenkalk bestanden. In dieser Gegend ist alles aufs engste mit der See verknüpft, auch Leben und Tod.
Die etwa 93000 Einwohner der Malediven leben auf einem Gebiet von annähernd 300 Quadratkilometern. Es ist ein gut aussehender Menschenschlag von eher indischer als arabischer Abstammung. Es sind jeweils zur Hälfte Moslems und Protestanten – letzteres dank des Eifers englischer Missionare, und in den Dörfern stehen Moscheen und Kirchen einträchtig nebeneinander.
Da die See den Maledivianern reichlich Nahrung bietet, ist der Lebensstandard nicht so niedrig, wie man vielleicht erwartet. Allerdings befindet sich ihre Wirtschaft noch auf der Stufe des Tauschhandels, und ihr einziges Exporterzeugnis Kopra, das Fruchtfleisch der Kokosnuß, wird nach Ceylon, dem nächsten größeren Nachbarstaat, ausgeführt. Aus diesem Grund ist auf den Malediven in allen Lebensbereichen der ceylonesische Einfluß deutlich spürbar. Ich war besonders beeindruckt von der Tatsache, daß die Malediven ein Beispiel für einen fortgeschrittenen Sozialismus bieten, vor allem im Hinblick auf das, was das Meer den Eingeborenen an Erzeugnissen gibt.

Da Faruk Ibrahim nicht in der Lage war, uns mit Paßstempeln und anderen offiziellen Ehrungen zu bedenken, kredenzte er uns zum Abschied ein wirklich köstliches Getränk – Kokosnußmilch.

An Bord der *Calypso* zurückgekehrt, beschlossen wir, den unfreiwilligen Aufenthalt und das Warten auf die Trinkwasserversorgung des Schiffs zu einer Entdeckungsreise auf dem Meeresgrund in Inselnähe zu nutzen. Falco fuhr daher mit einem kleinen Boot zur Nordseite des Atolls und mußte nach einer ganztägigen Erkundung berichten, daß das Wasser für unsere Zwecke noch zu unruhig war. Sillner bekam keine einzige Unterwasseraufnahme aufs Zelluloid.
Andere Besatzungsmitglieder beschäftigten sich anderweitig. Bernard Delmotte und Bonnici machten sich auf die Suche nach Zakkenbarschen und Aalen; Barsky, Deloire und Marcellin Naguy widmeten sich weiterhin ihren Filmaufnahmen von den Korallenquader schleppenden Maledivianern und leisteten dabei so gute Arbeit, daß wir zu diesen Aufnahmen nur noch einige Anschlußszenen brauchten. Wir hatten auf unserer Expedition inzwischen den Punkt erreicht, an dem wir gelernt hatten, alle unsere Aufgaben beinahe ideal zu koordinieren. Jeder an Bord war in sämtlichen Aspekten unserer Arbeit so versiert, daß wir eine Reihe von Dingen gleichzeitig tun konnten. So hatte ich es mir immer gewünscht; die Zukunft der Expedition war vielversprechend, ja geradezu rosig.
Falco, Delmotte und Deloire brachten an diesem Abend jedoch schlechte Nachrichten. Sie hatten den ganzen Tag nur trübes und daher für Filmaufnahmen ungeeignetes Wasser, einen wüstenähnlichen Meeresboden und tote oder absterbende Korallen zu sehen bekommen. Wir hörten uns ihren Bericht enttäuscht und schweigend an, mit Ausnahme von Jacques Roux, der aus irgendeinem unersichtlichen Grund von allen »Gaston« genannt wird. Er saß lässig da, mit einem breiten Grinsen auf dem Gesicht – ich kannte ihn gut genug, um zu erraten, daß er irgend etwas Brillantes auf Lager hatte. Da er von Beruf Elektroingenieur ist, beschränken sich seine Aufgaben an Bord der *Calypso* auf vorwiegend technische Fragen. Diejenigen von uns, die die Tauchende Untertasse benutzten, wußten seine Sorgfalt und unermüdliche Aufmerksamkeit bei der Wartung der Untertasse zu schätzen. Dieser hochqualifizierte Techniker hatte sich irgendwann in seiner Laufbahn ins Meer und seine Schönheiten verliebt und hielt sich seither bei jeder sich bietenden Gelegenheit aus purer Freude am Tauchen unter Wasser auf. Sobald er seine Arbeit getan hatte, konnten ihn keine zehn Pferde an Bord halten. Oft hörten wir mitten in der Nacht ein lautes Platschen – woraus man

In tropischen Gewässern bietet sich uns immer wieder der faszinierende Anblick von Kolonien festsitzender Tiere. Dieses Bild zeigt Lederkorallen *(Alcyonaceae)*, Dörnchenkorallen *(Antipatharia)*, Ringelwürmer *(Annelida)* und Steinkorallen *(Madrepora)*; das Ganze wird von Kalkalgen zusammengehalten.

mit Recht schließen konnte, daß sich Roux soeben mit einem kleinen Scheinwerfer auf den Weg gemacht hatte und nun zwischen den Korallen umherschwamm. Häufig schloß sich ihm dabei sein Freund Marcellin an, unser Toningenieur; bald konnten wir dann ein paar hundert Meter vom Schiff entfernt ihre Lampen unter Wasser leuchten sehen.

Ich hatte immer wieder versucht, Roux und Marcellin von den Gefahren solcher nächtlicher Abenteuer zu überzeugen. Die beiden nickten dann verständnisinnig, sagten: »Ja, sicher; Sie haben natürlich völlig recht« – und machten bei nächster Gelegenheit gleich wieder einen nächtlichen Tauchausflug. Ich brachte es nicht über mich, es ihnen zu verwehren, denn ich mochte beide viel zu gern, als daß ich ihnen ihren Lieblingssport genommen hätte; außerdem verstand und teilte ich ihre Leidenschaft für das Meer voll und ganz.

Bei dieser Gelegenheit saß Roux also mit einem so provozierend wissenden Lächeln in unserer Mitte, daß wir ihn bald alle erwartungsvoll ansahen. Dann ging er zur Reling, beugte sich hinüber und zeigte auf irgend etwas im Wasser, das wir nicht sehen konnten. Er lachte und gab keine weiteren Erklärungen ab, sondern meinte: »Seht doch selbst nach!« und sprang über Bord. Wir folgten und entdeckten direkt unter der *Calypso*, wonach wir die Inselgewässer den ganzen Tag abgesucht hatten: ein unterseeisches Paradies mit kristallklarem Wasser, einer Fülle von Fischen aller Art und nur wenigen Haien. Es war ebenso phantastisch wie unerwartet. In Anerkennung von Gastons Verdiensten als Entdecker dieser Pracht benannten wir die Stelle nach ihm, und ich brachte es fortan nie mehr übers Herz, ihm seine nächtlichen Ausflüge ausreden zu wollen.

Es läßt sich nicht einmal vermuten, weshalb in dieser vergleichsweise öden Umgebung eine so bezaubernde Oase des Lebens lag. Vielleicht muß man »Gastons Insel« einfach als eine jener geheimnisvollen Überraschungen hinnehmen, die das Korallenmeer uns so oft bereitet. Da gab es große rosa Fächerkorallen, an denen sich bronzefarbene Federsterne aus der Seelilienverwandtschaft festgesetzt hatten. Hellila Kalkalgen, rote, gelbe, violette und grüne Schwämme und vereinzelte Röhrenwürmer mit ihren wunderschönen Kiemenfächern bildeten mit den Gelb- und Blautönen der *Acropora*-Korallen ein farbenprächtiges Kunstwerk der schöpferischen Natur. Im Hintergrund bewegten sich tropische Fische in allen Farben des Regenbogens und verschwanden beim geringsten Anlaß in den Korallenritzen. Unser Erscheinen schien sie allerdings nicht weiter zu beunruhigen; sie beobachteten uns eine Weile und kehrten dann zu ihrer gewohnten Beschäftigung zurück. Unter ihnen sahen wir eine Fischart mit stark verlängerter, spitzer »Nase« – den erstaunlich langschnauzigen Pinzettfisch *(Forcipiger longirostris)* –, der zwischen den Korallen nach Nahrung suchte, und seinen Verwandten, den *Chelmon rostratus*, mit seinem »Pfauenauge« auf der Rückenflosse.

Bei »Gastons Insel« nahmen wir auch unsere ersten größeren Filmfolgen über die Welt der Koralle auf, vor allem die riesigen Schirme der *Acropora*, die so groß sind, daß man sich unter ihnen wie unter einem Baum bewegen kann. Thema und Objekt unseres Filmes war diese ungeheure Fülle der Meeresfauna, wie wir sie im Indischen Ozean nie zuvor gesehen hatten. Da war zum Beispiel der Schnepfenfisch, der ein so geselliges Tier ist, daß er sich oft einfach einem Schwarm von Fischen anschließt, die einer ganz anderen Art angehören. Wir sahen einige davon mitten in einem dichten Schwarm von Gelben Schnappern und Soldatenfischen.

Bei »Gastons Insel« machten wir herrliche Aufnahmen vom Doktorfisch, der seinen Namen den beiden skalpellartigen Stacheln beiderseits der Schwanzwurzel verdankt. Er kann plötzlich und ohne ersichtlichen Grund die Farbe wechseln. Normalerweise ist der Doktorfisch grün oder dunkelblau, doch im Schwarm kann man gelegentlich beobachten, daß sich ein einzelnes Exemplar plötzlich weiß färbt. Wir wissen nicht warum. Der Farbenwechsel vollzieht sich jedenfalls so schnell und unberechenbar, daß die Geduld unseres Kamerateams auf eine harte Probe gestellt wurde; man mußte ständig »am Drücker sein«, um diesen erstaunlichen Vorgang auf den Film zu bekommen.

Am Sonnabend, dem 25. März, fuhren Barsky und Dr. Leenhardt, denen ich wegen ihres großen diplomatischen Geschicks die Verhandlungen mit der maledivischen Regierung überließ, auf die Insel. Sie führten Abschriften von Briefen mit, die ich zuvor von der französischen Botschaft auf Ceylon erhalten hatte. Gegen Mittag zeigte es sich, daß ihre meisterhafte Diplomatie im wahrsten Sinne des Wortes Früchte getragen hatte. Ein mit Mangofrüchten und Zitronen beladenes Boot legte an der *Calypso* an, und im Laufe des Nachmittags schleppte ein Motorboot fünf Lastkähne zu uns herüber, auf denen sich die dringend benötigten fünf Tonnen Wasser befanden. Jean Philippe Adrien Plé, der mit einigen anderen Besatzungsmitgliedern an Land gegangen war, um Verpflegung zu besorgen, berichtete, die Eingeborenen seien so arm, daß er für wenig

Geld den gesamten Markt hätte aufkaufen können – doch dann wäre für die Maledivianer nichts übriggeblieben. Wir beglückwünschten ihn dazu, daß er der Versuchung widerstanden hatte, die Wirtschaftsmacht Frankreichs auf so vulgäre Weise zur Schau zu stellen.
Am Abend konnten wir einen maledivischen Regierungsvertreter an Bord begrüßen, der für die Dauer unseres Aufenthaltes in den maledivischen Hoheitsgewässern mit unserer Begleitung beauftragt war. Er hieß Hassan – Hassan Didi, versteht sich – und war ein bernsteinfarbener Aristokrat, ein Verwandter des Nationalhelden und politischen Reformators der Malediven. Ebenso würdevoll wie ernst, lächelte Hassan nur selten einmal; aber seine bedächtige Art, seine Jugend, sein einnehmendes Äußeres und seine hohe Intelligenz machten ihn uns sehr liebenswert. Ganz abgesehen davon leistete er uns so manchen Dienst.
Tags darauf, am Sonntag, fuhren wir am frühen Morgen nach Norden und erreichten mit aufgehender Sonne Gaha Faro, eines der Atolle im Malediven-Archipel. Gegen 6 Uhr schickten wir ein Team in nordöstlicher Richtung aus, um 8.15 Uhr eines nach Norden, um 8.30 Uhr ein weiteres nach Westen, und um 9 Uhr waren Laban und Barsky mit der Tauchenden Untertasse unterwegs. Kaum vier Stunden nachdem wir Anker geworfen hatten, waren alle unsere Teams im Einsatz und bei der Arbeit. Trotz einiger Schwierigkeiten mit der starken Strömung und dem unruhigen Wasser konnten einige lohnende Filmszenen von den Fischen in dieser Umgebung gedreht werden. Eines unserer Teams stieß auf ein interessantes Schiffswrack, das der österreichische Biologe und Unterwasserfotograf Hans Hass einige Zeit zuvor beschrieben und aufgenommen hatte.
Menschen, die noch nie auf See waren, ja selbst Seeleute können sich kaum eine Vorstellung machen, wie schnell sich unsere Arbeit in kürzester Zeit oft verändert und welch abwechslungsreiches Schauspiel ein Stückchen Meeresboden zu bieten vermag, von dessen Eigenart man erst dann eine Ahnung bekommt, wenn man selbst einmal einen Taucheinsatz erlebt hat. Natürlich kann sich der Taucher aus bestimmten Anzeichen, wie etwa der Färbung des Wassers, ungefähr ein Bild davon machen, was ihn in der Tiefe erwartet. Einmal gelangten wir aus einer hinreißenden Steinkorallenlandschaft mit herrlichen Farben und prächtigen, tropischen Fischen unvermittelt in ein Gebiet, dessen kümmerliche, graue Korallen teilweise mit jener grünen Schleimschicht überzogen waren, die für uns das Anzeichen für absterbende Korallen ist. Dieses Signal be-

Ein ungewöhnlich gefärbtes Exemplar der Feuerkoralle *(Millepora)*, an der sich ein grauer Schwamm festgesetzt hat. Die kleinen, gelben Verzweigungen an dem Schwamm sind Hydrozoen.

deutet, daß sich die betreffenden Korallen nicht mehr gegen das Eindringen anderer Lebensformen in ihre Organismen wehren können – in diesem Fall also gegen die Grünalgen, die das tote Geäst der Steinkorallen überzogen haben. Ganz offensichtlich kündigte sich hier eine biologische Katastrophe an. Eine der Aufgaben unserer Expedition bestand ja leider darin, derartige Korallenfriedhöfe aufzusuchen, um über das Leben und Sterben dieser Lebewesen soviel Wissen wie möglich zu sammeln.
Anhand unserer Erfahrungen und Beobachtungen im Malediven-gebiet muß ich sagen, daß eine tropische Fülle an Meereslebewesen hier nur noch selten anzutreffen ist. In dieser Gegend finden wir nicht jenen üppigen Reichtum an Leben aller Art, wie er für das Rote Meer so typisch ist – riesige Felsabbrüche unter Wasser, überwuchert von einem Korallendickicht, in dem die unterschiedlichsten Lebensformen einen lebenslangen Kampf gegen Übergriffe anderer Arten auf ihre Existenz führen. Wenn wir in den Malediven auch einige Stellen fanden, an denen es viel Leben gab, so waren es doch durchweg Gebiete, die von einer einzigen Korallenart oder anderen ihnen vergleichbaren Tieren beherrscht wurden. Es gibt ganze Felder mit Geweihkorallen, Fächerkorallen und kelchförmigen braunen Schwämmen, wobei jede Art ein Gebiet prägt, das oft nur zehn Meter vom »Revier« einer anderen entfernt ist. Fast überall stießen wir auf zahllose Riesenmuscheln, deren bei halbgeöffneten Schalen hervorschimmerndes Fleisch alle Farbtöne von Klarblau bis Dunkellila zeigt.

Am Montag, dem 27. März, kamen die zu den Malediven gehörenden Powell-Inseln in Sicht. Sie bestehen aus den Inseln Etingili und Alifuri. Hier wurden wir von den Eingeborenen auf geradezu einzigartige Weise empfangen: Kaum waren wir an der Nordspitze von Etingili vor Anker gegangen und hatten die Schiffsmaschinen gestoppt, als auch schon Segelboote mit eingeborenen Fischern an der *Calypso* festmachten. Wir wurden zunächst mit ausladenden Gesten begrüßt und willkommen geheißen. Als die Fischer sicher waren, daß wir ihre Gebärdensprache verstanden, änderte sich ihr Tonfall plötzlich – und nun gab man uns unmißverständlich zu erkennen, daß wir, bitte schön!, sofort verschwinden sollten. Die Eingeborenen wirkten weder feindselig noch unhöflich, jedoch sehr entschlossen. Glücklicherweise befand sich Hassan Didi, der maledivische Regierungsvertreter, noch bei uns an Bord; eilends erklärte er, daß wir Wissenschaftler auf einer Forschungsexpedition seien und nichts Böses gegen die Inselbewohner im Schilde führten. Die

Lage entspannte sich augenblicklich. Nun hieß man uns auf den Powell-Inseln willkommen und behandelte uns als Ehrengäste; Kokosnüsse, die traditionelle Willkommensgabe auf diesen Inseln, wurden an Bord gebracht, wofür wir uns mit Zigaretten revanchierten. Dann erfuhren wir auch, warum die Insulaner keine Fremden in ihrem Gebiet wollten. Ihre Gewässer waren kurze Zeit zuvor von Fischereifahrzeugen (vor allem aus Japan) heimgesucht und leergefischt worden, so daß man wenig Grund hatte, fremde Besucher mit offenen Armen aufzunehmen.

Auf den Powell-Inseln konnten wir sehen und filmen, wie die Eingeborenen den Bonito, einen Verwandten des Thunfischs, fangen. Es war ein bemerkenswerter Anblick, den wir – wenn auch mit einigen Schwierigkeiten – in einer Serie ungewöhnlicher Einstellungen auf Zelluloid bannen konnten. Um diese Jahreszeit, im Frühling, bedienen sich die Eingeborenen beim Thunfischfang recht origineller Methoden. Das Unternehmen beginnt schon in der vorangehenden Nacht, wenn die Fischer im seichten Uferwasser Krabben sammeln, die sie am nächsten Morgen aufbrechen und an ihren Handnetzen befestigen. Dann geht es wieder ins seichte Wasser, wo die Eingeborenen ihre Köderkrabben zum Fang von kleinen Fischen verwenden, die ihrerseits als Köder für die eigentliche Beute dienen. Die kleinen Fische werden lebend in die auffallend hochbordigen Fischerboote gebracht – hochbordig deshalb, damit man sie mit genug Wasser für die lebenden Köderfische füllen kann. Dadurch aber drohen die Boote ständig zu sinken, so daß immer zwei Mann zum Wasserschöpfen eingesetzt sind.

Gegen sieben Uhr morgens setzen die Fischer Segel und fahren in Gruppen von sechs bis acht Booten aufs offene Meer, bis sie auf eine größere Anzahl kreisender Seevögel stoßen – meist ein Zeichen dafür, daß ein Thunfisch-Schwarm in der Nähe ist. Sobald ein Schwarm ausgemacht ist, schütten die Fischer eine Handvoll Köderfische nach der andern vom Boden ihrer Boote ins Meer und machen sich dann an die Arbeit – mit vier Angeln je Boot, Bambusstöcken mit etwa vier Meter langer Angelschnur und einem verzinkten Metallhaken. Kaum ist ein Haken im Wasser, so wird auch schon, scheint es, ein Thunfisch an Bord gezogen. Die Männer nehmen sich nicht einmal Zeit, ihren Fang vom Haken zu lösen: Die Thunfische zappeln so heftig, daß sie meist ganz von selbst loskommen. In einer Viertelstunde kann ein einzelnes Boot mit Leichtigkeit 20 Fische fangen und es so auf einen Durchschnittsertrag von 600 Thunfischen am Tag bringen. Jeder Fisch ist eine Rupie wert. Abends am Strand wird der Fang dann verteilt; ein

Viertel bekommt die Regierung, ein Viertel der Bootsbesitzer und den Rest die Fischer.
Diese altüberlieferte Art des Aufteilens der Fangerträge dient dem sozialistischen Sultanat als Modell für alle anderen Wirtschaftsbereiche: 25 Prozent dem Staat, 25 Prozent dem Arbeitgeber und 50 Prozent dem Arbeitnehmer.
Wir arbeiteten den ganzen Morgen, um diesen ungewöhnlichen Fischfang zu filmen. Am frühen Nachmittag fiel mir plötzlich ein, daß es noch weit aufregender sein müsse, wenn wir neben den Szenen, auf denen die fischenden Eingeborenen zu sehen sind, auch noch das andere Ende der Geschichte zeigen könnten – die Gier und die ganze Dummheit der wild nach den Angelhaken schnappenden Fische. Ich fragte daher unseren Toningenieur Marcellin, ob man wohl eine automatische Fernsehkamera unter Wasser an einem kleinen Boot montieren könne. Marcellin meinte, das sei kein Problem. Also schraubten wir an die Unterseite eines leichten Bootes eine Unterwasser-TV-Kamera achteraus; mit zwei 9- bzw. 25-mm-Filmkameras verfuhren wir auf ähnliche Weise. In der folgenden Nacht arbeiteten wir fieberhaft, damit beim Drehen am nächsten Morgen alles funktionierte. Gegen drei Uhr waren wir soweit.
Hassan verschaffte uns die Erlaubnis, unser Aufnahmefahrzeug an eines der Fischerboote anzuhängen. Alles schien glänzend zu laufen. Die Fischerboote hatten einen Rekordfang, und das tolle Schauspiel war auf unserem Monitor deutlich sichtbar: Dreißig oder vierzig Thunfische, die wie rasend nach den Haken schnappten und daran in die Boote gezogen wurden. Mit den Thunfischen waren auch die Haie gekommen; sie verschlangen ebenso gierig die kleineren Fische. Es waren fast unerträglich grausame Szenen.
Dann aber meldete Laban sichtlich verstört, daß überhaupt nur die 25-mm-Kamera lief; das bedeutete, daß wir nur Nahaufnahmen hatten. Wir fingen noch einmal von vorn an. Jetzt allerdings waren nicht mehr so viele Thunfische zu sehen; wir drehten trotzdem zwei Filmspulen ab und waren mit unseren Aufnahmen sehr zufrieden.
Während wir den Thunfischfang filmten, war Falco mit der Tauchenden Untertasse an der Westseite der Insel unterwegs und bewegte sich durch einen Wald farbenprächtiger Fächerkorallen. Er traf auch auf einen dichten Schwarm von Halfterfischen *(Zanclidae)*, denen wir an Bord der *Calypso* den Spitznamen »Radiofische« gegeben haben, weil die langen Wimpel ihrer Rückenflossen wie Rundfunkantennen wirken. In einer Tiefe von 50 bis 60 Metern stieß Falco auf mehrere übereinanderliegende Felsbänder, jedes

Eine Schönheit unter den Riffbewohnern: der Gestreifte Kaiserfisch *(Holacanthus)*.

drei bis vier Meter tief ausgehöhlt; das Ganze machte den Eindruck einer riesigen Treppe. Vielleicht war sie vor Jahrtausenden von Kräften der Oberfläche in den Fels geschnitten worden, als der Wasserspiegel in diesem Gebiet noch 50 Meter tiefer lag als heute. Wenn das zutraf, dann mußten wir es hier mit einer »fossilen« Uferbank zu tun haben. Doch dies war natürlich bloße Vermutung; immerhin nahm ich mir vor, sie in anderen Gebieten des Indischen Ozeans nachzuprüfen.

Unsere nächste Aufgabe war das Sammeln von Korallen, die wir zum Bestimmen von Familie, Gattung und Art und zu sonstigen

Analysen nach Monaco schicken wollten. Ich bereitete daher einen Taucheinsatz im Norden der Insel vor. Zwei Teams von je zwei Tauchern gingen, einander ablösend, auf eine Tiefe zwischen 50 und 70 Metern hinab und lösten Korallenbrocken aus dem Fels. Sie machten sich genaue Aufzeichnungen über die Tiefe, in der sie die jeweiligen Proben entnommen hatten, damit man später im Labor durch Radiokarbonanalyse das Alter der Korallen aus verschiedenen Tiefen bestimmen konnte.
Nachdem wir unsere Korallenproben gesammelt hatten, konnten wir unserem maledivischen Begleiter Hassan Didi in aller Ruhe unseren Dank abstatten. Wir taten dies, indem wir ihn zu einer Fahrt mit der Tauchenden Untertasse einluden. Hassan kam hell begeistert zurück und gestand, daß dieser Tauchausflug für ihn eine Offenbarung gewesen sei – eine, wie wir meinten, dieses Aristokraten des Meeres durchaus würdige Erklärung.

Während der ersten Wochen unseres Aufenthaltes im Malediven-Archipel waren wir zwar nicht enttäuscht, aber sehr verwirrt von dem, was wir sahen. Von den Tauchern kamen natürlich keinerlei Klagen; wir waren mit einer einzigen Schiffsmaschine so weit gefahren, um uns an die Welt unter der Wasseroberfläche »akklimatisieren« zu können; unsere Teams nutzten den Aufenthalt hier auch entsprechend aus. Unsere Reaktion hing meiner Meinung nach eher mit dem riesigen Ausmaß der hier zu beobachtenden Phänomene als mit diesen selbst zusammen: Es war eine Frage des Maßstabs. Wenn wir die See auch einigermaßen zu kennen glauben, so beschränken sich unsere Erfahrungen doch auf einige klar umrissene Teilgebiete. Theoretisch wissen wir natürlich, daß die See und der Meeresgrund von einer Region zur anderen stark differieren, doch die unerklärliche Faszination eines jeden Tauchabenteuers entsteht vermutlich dadurch, daß man sich die Verschiedenartigkeit und Einzigartigkeit jeder einzelnen Meeresstelle im Vergleich zu allen anderen einfach nicht vorstellen kann, bevor man sie wirklich erlebt hat. So haben wir uns beispielsweise im Falle des Roten Meeres und des Mittelmeeres an vergleichsweise engumgrenzte Beobachtungen gewöhnt. Hier bei den Malediven schien die Natur jedoch unendlich, so daß wir einige Zeit brauchten, uns an diese Größenordnungen, an diese gewaltigen Dimensionen zu gewöhnen.
Die »Maledivengruppe« bedeckt ein riesiges Gebiet im Indischen Ozean; es besteht aus einer Unzahl von Atollen (über 2000), die sich über den etwa 40 Meter unter dem Meeresspiegel liegenden Boden erheben. Sobald man sich aus der unmittelbaren Nähe

der Riffe entfernt, findet man keine Korallen mehr und begegnet auch nur noch wenigen der farbenprächtigen Fische, die man in einem Tropenmeer erwartet. Statt dessen sehen wir etwas anderes: Haie natürlich, aber auch Mantas oder Teufelsrochen und sogar den Mörder- oder Schwertwal, der als besonders gefährlich gilt. (Falco versicherte uns jedoch, daß sich diese Tiere sehr leicht zähmen lassen; in Kalifornien habe er sich sogar mit einem anfreunden können.) Der Meeresgrund um die Malediven besteht aus weiten Sandflächen, über die die Großtiere der See dahinziehen.

Jedes einzelne Atoll ist geradezu eine Mühle, die Korallen zu feinkörnigem Sand zermahlt. Die Koralle wächst, indem sie Kalk aus dem Wasser aufnimmt und ihrem Organismus einverleibt. Dem Wachstum der Riffe wirken aber die Kräfte der Zerstörung entgegen, unter ihnen der Papageifisch, der sich von Korallen ernährt, oder die Eingeborenen, die die Korallen als Baumaterial verwenden. Langsam, aber sicher verringert sich dadurch der natürliche Schutz, den die Korallenriffe den Inseln gegen die See bieten, die unter der Wasseroberfläche liegenden Atollwände verlieren ihre Festigkeit, so daß die Inseln gefährdet sind. Was bei den Malediven geschieht, läßt sich durchaus mit dem Bild von jenem Menschen vergleichen, der fröhlich an dem Ast sägt, auf dem er sitzt. Eine Reihe von Inseln der Maledivengruppe haben auf diese Weise bereits ihre schützenden Korallenriffe eingebüßt und sind im Meer versunken.

Für jemanden, der die Entstehung des Meeressandes kennt, ist dies kaum verwunderlich. Ich erwähnte bereits, daß die Papageifische Korallen fressen. Sie »grasen« die Korallenstöcke ab wie Vieh eine Weide und scheiden die unverdaulichen Bestandteile in Form einer Sandwolke wieder aus. Ein einziger Papageifisch produziert auf diese Weise schätzungsweise fünf Tonnen Sand im Jahr. Der Sand, der aus zermahlenem Korallenkalk besteht, löst sich wiederum im Wasser auf, bis ein Grad von Sättigung erreicht ist, an dem der Kalk als kristallisierter »beachrock« ausfällt – und das ist nichts anderes als der verhärtete und gleichsam verkittete Kot der Papageifische. Unter diesen Massen von »beachrock« liegt Sand, nur da und dort unterbrochen von einem durch den unablässig niederrieselnden Sand glattgeschliffenen Felsabsturz.

Diese Unterwasserlandschaft wird überspült vom ewigen Strom der Gezeiten, der mit einer Geschwindigkeit von 2 Knoten erst in die eine und dann in die andere Richtung fließt. Mit der Flut gelangt das klare Hochseewasser in die weiten Insellagunen, während das bei Ebbe abfließende Wasser trübe ist und deutlich die Spuren all der Lebensformen trägt, die das Riff und die Mikro-Atolle erfüllen.

Im Norden und im Südwesten dieser Atolle findet man gewöhnlich die reichsten Fischvorkommen. Die Inseln und Riffe liegen zur Mitte der großen Atolle zu; auf der anderen Seite der Kanäle, durch die Ebbe und Flut ab- und auflaufen, haben sich gewöhnlich, wenn auch nicht immer, wahre Oasen des Meereslebens gebildet. Hier trifft man einen Reichtum an Lebensformen, wie er an keiner anderen Stelle der Erde mehr vorkommt.
Diesmal hatten wir die Nordseite der Insel allerdings vergeblich abgesucht. Bevor wir die Malediven verließen, kehrten wir daher noch einmal zu dem Paradies zurück, das wir »Gastons Insel« getauft hatten. Der Gezeitenstrom war aber inzwischen so stark und das Wasser so unruhig, daß wir jeweils nur während des einstündigen Stillwassers zwischen Ebbe und Flut arbeiten konnten.
Der Meeresgrund war hier fast eben und nur von einer Reihe von flachen Vertiefungen unterbrochen, von denen wir eine nach der anderen besuchten, als antichambrierten wir am Hof von Versailles. Das Sonnenlicht, das hier das Wasser durchflutete, verstärkte noch die Farbenpracht der Fische und ließ die Tönung der Korallenstöcke aufleuchten. Hier gab es wahrhafte Dickichte aus Lila, Hellrosa und Blau; aus riesigen Blöcken wuchsen zarte, goldene Zweige, und irgendwo kroch ein neugieriger Aal aus seinem Schlupfloch, um uns prüfend zu betrachten (verlor aber trotz Frédéric Dumas' freundlicher Annäherungsversuche sehr bald den Mut und floh).
Das Gesamtbild der in Reih und Glied um uns kreisenden Fische, die, Flosse an Flosse dahinziehend, einem geheimnisvollen Instinkt folgten und sich auf dem Weg zu einem unergründlichen Ziel befanden, setzte mich immer wieder in Erstaunen. Für das menschliche Auge wirken diese Fischformationen aus jeweils einer einzigen Art wie Flüsse im Meer. Gelegentlich beschleunigte ein Schatten auf der Wasseroberfläche oder eine vom Taucher herrührende Bewegung die Geschwindigkeit des Flusses, der dann zum Wasserfall oder zum reißenden Strom wurde. Wenn wir uns plötzlich auf die Tiere zu bewegten, stob der Schwarm in alle Richtungen auseinander, so daß die leuchtenden Farben der Fische sich wie ein Feuerwerk in das Weltraum-Blau der See ergossen.
Vor der Insel Oulele, auf der die Maledivianer ihren Flugplatz aus Korallen gebaut hatten, konnten wir noch die sonderbaren Röhrenaale der Art *Heteroconger longissimus* beobachten, die sich senkrecht in den Sand eingraben und sich über ihre Wohnröhren erheben. Wir waren dieser Aalart bei Madeira schon einmal begegnet, und Laban hatte in mexikanischen Gewässern ebenfalls einige zu sehen bekommen; nun trafen wir sie hier wieder. Ihre langen Lei-

Ein Drückerfisch-Weibchen bewacht seine Eier, die es in einer Korallenhöhlung versteckt hat.

ber balancierten wie dicke Schnüre über den sandigen Meeresgrund. (Der österreichische Meeresbiologe Hans Hass hat eine weitere Art dieser seltsamen Tiere entdeckt, die ihm zu Ehren von den Zoologen *Taenioconger* [= *Xariphania*] *hassi* benannt wurde.) Für die Filmaufnahmen der Röhrenaale von Oulele verwendeten wir die gleichen 9- und 25-mm-Kameras wie zuvor beim Thunfischfang. Wir koppelten sie mit einer Fernsehkamera, die als Monitor diente, und stellten eine Verbindung zwischen diesen Geräten und einem Boot an der Oberfläche her. Da die Röhrenaale in einer Tiefe von 30 bis 40 Meter leben, konnte die Bootsbesatzung auf diese Weise genau verfolgen, was im Wasser geschah.
Die einzige Schwierigkeit war, daß die Aale sofort im Sand verschwanden, sobald sich ihnen ein Taucher auch nur von weitem näherte. Ich ließ die drei Kameras daher in horizontaler Richtung auf dem Meeresboden aufstellen und beorderte danach alle Taucher an die Wasseroberfläche zurück.
Es verging geraume Zeit, bis die Röhrenaale schließlich auftauchten. Unendlich vorsichtig hoben sie sich zentimeterweise aus dem Sand, bis sie sicher waren, daß »die Luft rein« war und sie sich un-

gestört der weiteren Nahrungssuche widmen konnten. Auf dem Hinterende in ihrer Röhre balancierend, standen sie wie Fragezeichen auf dem Meeresgrund und wiegten sich in der Strömung. Sobald ich die Tiere auf dem Fernsehschirm sehen konnte, betätigte ich den Auslöser für die beiden Filmkameras, die nun die Szene aufzeichneten. Dies war offensichtlich die einzige Methode, mit der man den *Heteroconger* auf den Film bekommen kann.
Um ein wenig Abwechslung ins Spiel zu bringen, schickte ich einen Taucher nach unten. Als er auf die Kameras zu schwamm und sich den Aalen immerhin auf wenige Meter genähert hatte, verschwanden die Tiere sofort wieder im Sand. Von weitem betrachtet wirkte dies, als würde ein herrlicher Teppich in die Erde gezaubert.
Schließlich hatten wir alle gewünschten Filmaufnahmen im Kasten und beschlossen, einen Röhrenaal für unser Spezialaquarium zu fangen, damit wir die Lebensgewohnheiten dieser Aalart untersuchen konnten. Ein Taucherteam ging mit einem Absauggerät und einer Injektionsspritze voll MS-222 (einem auf Fische betäubend wirkenden Präparat) nach unten, während wir das Geschehen auf dem Monitor verfolgten. Die Aale verschwanden, wie erwartet, im Sand, sobald die Taucher sich ihnen näherten. Das Sauggerät wurde an der Stelle, an der eins der Tiere »untergetaucht« war, angesetzt und arbeitete vorzüglich – nur fing es leider nichts! Delmotte, einer der Taucher, fühlte mit der Hand nach und bemerkte, daß das Sandloch verstopft war, und zwar mit einer schleimigen Substanz, die das Tier durch die Haut ausgeschieden hatte. Von dem Meeraal selbst war keine Spur zu sehen.
Unser Schiffsarzt half uns, eine stärkere MS-222-Lösung zu brauen, die wir vor dem nächsten Absaugversuch in einige der Sandlöcher spritzen wollten. Da kam Frédéric Dumas auf eine weitaus bessere Idee. Er schlug vor, zwei oder drei Löcher mit einem Glassturz abzudecken und den Raum darunter mit einer starken MS-222-Lösung zu füllen. Die Aale müßten dann entweder in ihren Schlupflöchern einschlafen oder irgendwann hervorkommen und unter der »Käseglocke« das gleiche Schicksal erleiden. So oder so sollten wir einige Exemplare fangen können.
Diese von Dumas ausgeklügelte Methode wurde ein spektakulärer Erfolg. Als die Plexiglashauben eine Zeitlang aufgestellt waren, fühlten sich die Aale sicher genug, aus ihren Löchern hervorzukommen. Das Betäubungsmittel wirkte beinahe augenblicklich; wir brauchten die Tiere nur noch vom Boden aufzulesen. Unsere Beute steckten wir in ein flaches Aquarium, um die Aale beim Graben der Röhren zu beobachten; das Aquarium blieb jedoch unten

auf dem Meeresgrund, da wir die Tiere nicht aus ihrer natürlichen Umwelt reißen wollten.
Es stand uns eine große Überraschung bevor. Bisher hatten wir die natürlichen Feinde der Röhrenaale noch nicht gesehen. Jetzt plötzlich waren sie da und umringten im Nu das Aquarium: Kleine Lippfische und Drückerfische versuchten verzweifelt, sich durch die Glaswände des Aquariums hindurch auf die Aale zu stürzen.
Schließlich gaben wir unseren Gefangenen die Freiheit, während Deloire ihre wilde Flucht auf Film festhielt. Eins der Tiere schwamm sofort weg und verschwand in der Ferne. Ein anderes grub sich, so schnell es konnte, in den Sand ein, war jedoch nicht schnell genug. Ein Lippfisch schnappte sich das herausragende Ende und zog den Aal aus seiner halbfertigen Röhre; kurz darauf packte ein zweiter Verfolger das Opfer von vorn. Es schien, als hätten die Lippfische die Schlacht gewonnen, doch in der See ist kein Sieg von langer Dauer. Aus dem Nichts tauchte plötzlich ein Zackenbarsch auf und verschlang die Lippfische samt ihrer Beute.

Unser Aufenthalt in dieser Inselgruppe des Indischen Ozeans war für uns alle ein aufregendes Erlebnis und hatte sich in jeder Hinsicht gelohnt. Trotzdem mußte ich ständig daran denken, daß die *Calypso* nur noch mit halber Kraft manövrierte, und machte mir, wenn ich allein in meiner Kajüte saß und über dieses unser Hauptproblem nachgrübelte, die größten Sorgen, bis die Entscheidung schließlich getroffen war: Wir mußten unsere Beobachtungen hier leider abbrechen und uns auf den Weg nach der afrikanischen Ostküste machen, denn nur dort bestand die Aussicht, daß die gebrochene Welle unserer Schiffsschraube fachgerecht repariert wurde. Ich war nicht sonderlich entzückt von dem Gedanken, mit nur einer funktionsfähigen Maschine zu einer weiten Fahrt über den Indischen Ozean aufzubrechen, doch blieb mir kaum eine andere Wahl. Die Zeit des Monsuns stand unmittelbar bevor – dies vor allem mußte ich beachten, wenn ich unsere Lage überdachte.
Gleichzeitig fiel mir ein, daß wir seit unserem Aufenthalt in Dschibuti vor einem Monat keine Post mehr erhalten hatten und niemand an Bord wußte, wie es seinen Angehörigen in Europa ging. Die nächste Poststation, Diégo-Suarez auf Madagaskar, war frühestens in drei Wochen zu erreichen. Ich gab daher allen Besatzungsmitgliedern die Möglichkeit, nach Hause zu telegrafieren und Rückantwort an die *Calypso* funken zu lassen. Am 7. April lichteten wir dann die Anker und begannen unsere langsame Rückreise über die Weite des Indischen Ozeans.

Korallenbarsche *(Chromis)* im »Geäst« von Fächerkorallen.

4 Korallen und ihre Lebensgewohnheiten

Leben im Riff – Fangarme in der Nacht – Fächer und Bäume, Mauern und Räder aus Korallen – Fotoaufnahmen im Scheinwerferlicht – Der nahende Monsun

Auf dem Weg nach Dschibuti wollte ich als erstes den Seychellen-Archipel anlaufen. Um diese Inselgruppe zu erreichen, mußten wir mit südwestlichem Kurs ein beträchtliches Stück Indischen Ozean durchqueren, das kaum von Schiffen befahren wird. Wir versprachen uns in diesem Gebiet jedoch einige interessante Begegnungen mit den großen Meerestieren, denn ich wußte, daß man dort um diese Jahreszeit Pottwale beobachten kann. Diese Säugetiere halten auf ihren Wanderungen feste Zugstraßen ein.

Wir erreichten den Äquator, ohne die geringste Spur von diesen Tieren gesehen zu haben, ließen uns jedoch nicht entmutigen. Eine Zeitlang nahmen wir Kurs West und hofften, in dieser Richtung auf eine »Walstraße« zu stoßen, doch ohne Erfolg. Wir standen vor einem Rätsel, denn zur gleichen Jahreszeit waren wir früher schon einmal hier gewesen und hatten damals sehr viele Pottwale gesehen, ihnen tagelang folgen und sie beobachten können, wie sie in kleinen Familiengruppen von drei oder vier Exemplaren dahinzogen.

Der Pottwal wird zwar nicht so groß wie manche Bartenwale; dennoch ist er ein respektabler Fett- und Muskelberg. Wir wissen heute, daß diese Walart oft bis zu Tiefen von 600 Metern taucht, gelegentlich bis 1200 und vereinzelt sogar, als Tiefenrekord für Wale, bis 1400 Meter. Wenn sich auch leider kein Pottwal blicken ließ, bekamen wir doch eine Vielzahl von Schwertwalen und Delphinen zu sehen, von denen vor allem die letzteren immer große Aufregung an Bord auslösten. Wir drängten uns in unseren Unterwasserausguck und beobachteten und filmten die Tiere nach Herzenslust. Sie trieben offensichtlich ihr Spiel mit der *Calypso* und schwammen hart am Bug hin und her, um den durch die Schiffsbewegung erhöhten Sauerstoffgehalt des Wassers auszunutzen. Es schien ihnen großen Spaß zu machen, und ich möchte wetten, daß sie ihre Zuschauer genau gesehen haben und ihre Kunststücke ebensosehr unseretwegen wie zu ihrem eigenen Vergnügen aufführten.

Am 18. April erreichten wir Port Victoria, die Hauptstadt der Seychellen, auf der Insel Mahé.
Früher waren diese Inseln eine wichtige Zwischenstation auf dem Seeweg nach Indien. Heute liegen sie abseits der Schiffsrouten, und der Verkehr von und zu den Seychellen ist äußerst gering. Keine zivile Luftfahrtgesellschaft fliegt die Seychellen an. Der Archipel ist von den Portugiesen entdeckt worden und kam später in den Besitz der Franzosen; die Hauptinsel Mahé erhielt ihren Namen nach dem französischen Seefahrer Mahé de la Bourdonnais, der an der Gründung der Stadt auf dieser Insel beteiligt gewesen ist. Der Archipel selbst wurde nach Moreau de Séchelles benannt, einem französischen Gouverneur der Inseln. 1810, während der Napoleonischen Kriege, kamen die Seychellen in britischen Besitz; trotz aller Bemühungen der Engländer in den letzten anderthalb Jahrhunderten, dort ihre Sprache einzuführen, blieben die Eingeborenen beim Französischen.
Die Seychellen produzieren und exportieren Zuckerrohr, Kaffee, Tabak, Gewürze wie Vanille und Pfeffer und ätherische Öle für Parfums. Eine Zeitlang flossen die Produkte dreier Kontinente – aus Europa, Afrika und Asien – ins Land; der großartige Botanische Garten von Mahé erinnert noch an diese Zeiten blühenden Handels.
Wenn man aber ein wirkliches irdisches Paradies sehen will, muß man auf jene Inseln fahren, die nicht weit von Mahé entfernt liegen und doch so weit von jeder Zivilisation entfernt sind: Fregati, Silhouette und Praslin, die Insel der Kokospalmen und der schwarzen Papageien.
Unsere Zwischenlandung auf den Seychellen hätte sich schon aus einem einzigen Grund gelohnt: Deloire und Barsky gelangen äußerst interessante Filmaufnahmen vom »Schlammspringer« *Periophthalmus koelreuteri*, einen Verwandten unserer Grundeln. Dieser fast wie ein Amphibium wirkende Fisch kann lange Zeit außerhalb des Wassers verbringen; bei seinen Landausflügen trägt er stets einen Wasservorrat in der Kiemenhöhlung mit sich, schluckt aber gleichzeitig auch Atemluft. Man findet ihn häufig im schlammigen Watt und in den Mangrovesümpfen. An Land bewegt sich der Schlammspringer durch »Gehen« auf den Brustflossen vorwärts; wenn Eile geboten ist, vollführt er erstaunliche Sprünge, beinahe wie

Einer der schönsten Korallenfische, der *Pomacanthus imperator* oder Kaiserfisch, schwimmt hier über einer in vielen Schattierungen von Rot und Blau gefärbten Gruppe von Lederkorallen.

ein Frosch. Im Wasser jedoch schwimmt der Schlammspringer wie jeder andere Fisch. Seine Nahrung besteht aus Insekten und kleinen Krustentieren, auf deren Fang er durch seine hoch am Kopf sitzenden »Glotzaugen« bestens eingerichtet ist.

Wegen der herannahenden Zeit des Monsuns waren wir, wie bereits erwähnt, ziemlich in Eile und konnten uns deshalb hier nicht länger aufhalten. Außerdem wußte ich, daß es in der Nähe der Seychellen nicht besonders viele Korallenriffe gibt; andererseits waren die Inseln aber der ideale Ort, um die hier überreichlich vorkommenden Weichtiere und Krustentiere zu beobachten. Vielleicht konnten wir später einmal hierher zurückkommen und diese faszinierenden Studienobjekte eingehend untersuchen. Die Seychellen ruhen auf einem gigantischen und sehr alten Korallensockel, dessen Spitze nur etwa 50 Meter unter der Wasseroberfläche liegt. Das auf diese Weise entstehende Plateau bietet den Muscheln und Schnekken hervorragende Lebensbedingungen; es fällt in jähen Felsabbrüchen und fast senkrechten Wänden bis in eine Tiefe von 5000 Metern ab.

Noch vor Einsetzen des Monsuns wollte ich jedoch unbedingt unsere Beobachtungen über das Leben der Koralle fortsetzen. So vertiefte ich mich mit Falco und Dumas in unsere Seekarten, um günstige Plätze zu ermitteln. Schließlich fanden wir, daß die kleine Insel Cosmoledo die besten Tauchbedingungen zu bieten hatte. Cosmoledo liegt nordwestlich von Madagaskar und ist von den Briten verwaltungsmäßig den Seychellen angegliedert worden. Wir beschlossen, dort unser Glück zu versuchen.

Am 24. April gingen wir bei der Insel Menay an dem herrlichen Nordufer Cosmoledos vor Anker; hier wollten wir mit unseren Unterwasservorhaben beginnen. Das Ankermanöver war schwierig genug; wir ließen den Anker dreimal fallen, ohne daß er auf Grund kam. Ich wollte mich dem Ufer aber nicht weiter nähern, um genügend Spielraum zu behalten, falls der Wind umschlug. Beim vierten Versuch befanden sich bereits drei Tauchergruppen im Wasser. Ich sah dies nicht gerne, wußte jedoch, daß alle meine Taucher – vielleicht mit Ausnahme des deutschen Fotografen Sillner – große Erfahrung darin hatten, die Nähe der Schiffsschraube zu meiden. Dieses Mal hielt der Anker.

Eine halbe Stunde später kehrte eines unserer Boote mit fünf riesigen Fischen zurück, die unsere Leute vor einer der kleinen Inseln gefangen hatten. Die besten davon wanderten sofort in die Kombüse; der Rest wurde in Stücke gehackt und im Wasser an die Fische verfüttert (wir nennen dies »eine freundliche Atmosphäre schaffen«).

Dieses Vorgehen ist bei uns üblich und heißt an Bord der *Calypso* auch »das Fütterungszeremoniell«.
Unsere Taucherteams waren von früh bis spät im Einsatz. Es erstaunt mich immer wieder, wie stark die Arbeit unter Wasser von Persönlichkeit und Temperament der einzelnen Taucher geprägt ist. Unser langjähriger Tauchkamerad Albert Falco, dessen athletischen Körperbau man selbst unter Wasser erkennt, zeichnet sich durch seine Unerschütterlichkeit und Geistesgegenwart in schwierigen Situationen aus. Aufgrund seiner langen Erfahrung mit der See und ihren Bewohnern weiß er intuitiv, was in entsprechenden Situationen zu tun ist; vor allem vermag er ausgezeichnet mit Haien umzugehen, für deren Reaktionen und Verhaltensweisen er einen sechsten Sinn zu haben scheint. Sein Teamkamerad Bonnici ist jünger, noch anpassungsfähiger, sensibler als er und besitzt erstaunliche intuitive Fähigkeiten.
Falco – oder Bébert, wie wir ihn nennen – und Bonnici waren gerade dabei, mit Hilfe von Chinaldin (Quinaldine), einem Betäubungsmittel, interessante Fischexemplare zu fangen. Wenn die Fische fest eingeschlafen waren, setzten Falco und Bonnici sie in Plexiglasbehälter, die aussahen wie eine Aalreuse. Ihr Fang bestand aus gelb- und dunkelblau gestreiften Schmetterlingsfischen und – zu ihrem Stolz – aus einem *Forcipiger longirostris*, einem Pinzettfisch, dessen flacher, runder Körper mit blauen und goldenen Streifen geziert war. Diese Fischart hat einen schnabelförmigen Auswuchs am Kopf, an dessen Ende ein winziges Maul sitzt. Der lange »Schnabel« dient dem Tier dazu, kleinste, zwischen den Ritzen der Korallenstücke angeschwemmte Nahrungspartikel herauszupicken, die seine Hauptnahrung darstellen. Pinzettfische und Schmetterlingsfische zeichnen sich durch einzigartige Schönheit und durch ihr relativ seltenes Vorkommen aus. Gefangen hatten wir sie, um sie per Flugzeug ins *Musée Océanographique* nach Monaco zu schicken.
Ein zweites Team bestand aus Michel Deloire (unserem Kameramann), Bernard Delmotte und Yves Omer, die alle drei in jeder Wassertiefe und Lebenslage mit Meerestieren ebensogut umgehen können wie mit der Kamera. Diese Tauchergruppe führte das erste »Fütterungszeremoniell« durch, das für uns inzwischen zu einer selbstverständlichen Gewohnheit geworden ist.
Unser drittes Team mit Sillner und Dominique Sumian befand sich bei dieser Gelegenheit in etwa 40 Meter Wassertiefe und fotografierte im »Sillnerstil«. Nach einiger Zeit tauchte Sillner bei der *Calypso* auf, kam aber nicht an Bord. Offensichtlich hatte er noch nicht genug. Ich beobachtete ihn amüsiert; er ist kurz und dick und

schwimmt wie ein Frosch. Vielleicht erinnert er mich noch mehr an einen Igelfisch, der die Stacheln angelegt hat und sich ziellos treiben läßt, gleichzeitig aber bei aller scheinbaren Traumverlorenheit genau registriert, was um ihn vor sich geht. Sillner trug den »Rosenkranz des Fotografen« um den Hals: Fotoapparate, Filter, Belichtungsmesser, Objektive und Entfernungsmesser. Er sah, daß ich ihn beobachtete, grinste, winkte mir zu und verschwand dann unter Wasser. Bei der Arbeit vergißt er alles um sich her; wenn ein Hai nach ihm schnappte, würde er es gar nicht bemerken, es sei denn im Falle eines handfesten Bisses. Wir haben beim Tauchen sehr bald die Erfahrung gemacht, daß man ihm bei seiner Unterwasserarbeit nicht ungestraft stört: Bei der kleinsten Unterbrechung steigt ein empörter Schwall von Luftblasen an die Oberfläche.
Wenn Sillner seine Schnappschußjagd für den Tag beendet hat und wieder an Bord geklettert ist, verteilt er seine gesamte Ausrüstung gleichmäßig über das Schiff. Ob Bug oder Heck – man kann an Bord keinen Schritt mehr tun, ohne irgendwo auf Sillners Krimskrams zu stoßen. Kaum macht er sich für seinen nächsten Taucheinsatz fertig, erzittert das Deck von seinem Zornesschrei. »Ihr habt mir wieder alle meine Sachen verschlampt und mir alles kaputtgemacht. Das laß ich mir nicht länger bieten!« heißt es im Brustton der Entrüstung. Dann sammeln wir – denn wir mögen ihn alle sehr gerne – seine Siebensachen aus jedem Winkel des Schiffes zusammen und bringen sie ihm, worauf er unter allgemeinem Gelächter wie ein begossener Pudel dasteht.
Sillners Teamkamerad, Dominique Sumian, ist für ihn der ideale Gefährte. Dominique ist genau der richtige Mann, um unseren Fotografen vor den Haien und den Folgen seiner intensiven Konzentration auf die Arbeit zu schützen, denn Sillner vergißt beim Fotografieren alles um sich her.
Sumian, den alle an Bord der *Calypso* »Doumé« nennen (wie in seiner korsischen Heimat die Kurzform von Dominique lautet), ist ein hervorragender Taucher. Er verfügt über ungeheure Körperkräfte; es ist ein wahres Vergnügen, diesen großen, kräftigen Schwimmer im Wasser zu beobachten. Wie die meisten Besatzungsmitglieder ist Sumian ein ausgesprochen gutmütiger und geduldiger Riese. Wir können uns auf seine Fähigkeit, in den nerventötendsten Situationen die Ruhe und gute Laune zu bewahren, unbedingt verlassen. Dominique begann bei uns als einer unserer führenden Taucher und wurde später der »Pilot« unserer Tauchenden Untertasse. In absehbarer Zeit wird er als Kommandant unseres Forschungs-U-Boots SP-300 noch Aufgaben übernehmen.

Ein Taucher beobachtet Fische, die sich zwischen den Korallen versteckt haben.

Vor Cosmoledo entdeckten wir, daß die Tauchbedingungen in dieser Gegend nicht gerade ideal waren – doch ideal sind sie so selten, daß dies eher die Ausnahme als die Regel darstellt. Es gab starke Meeresströmungen, und das Wasser war aufgewühlt. Unser Abstecher hatte

sich dennoch gelohnt, denn noch nie zuvor hatten wir so viele Fische an einem Ort gesehen.
Auf dem Küstenstreifen vor der Insel herrschte bis 14 oder 15 Meter Wassertiefe ein unglaublicher Reichtum an tropischen Fischen aller Art, Form und Farbe. Bei 6 Meter Tiefe kamen drei große Zackenbarsche aus ihren Schlupflöchern und beäugten uns neugierig. Es gab spitzzahnige Lippfische, riesige Papageifische und jene »Flüsse« von Fischschwärmen, die wir bei Funidu im Malediven-Archipel gesehen hatten. Dies hier war ein vom Menschen völlig unberührtes unterseeisches Paradies.
Das Kliff, an dem wir uns hinabließen, fiel beinahe senkrecht in die Tiefe und war von mehr Lebensformen besiedelt, als ich selbst im Roten Meer gesehen habe. Überall in dieser Märchenlandschaft winkten riesige Fächerkorallen. Doch die Strömung drückte so stark, daß ich völlig außer Atem war, als ich wieder an Bord der *Calypso* kletterte. Meine Wirbelverletzung war überhaupt nicht mehr zu spüren.
Das eigentliche Wunder von Cosmoledo ist jedoch die Tatsache, daß dieses Fleckchen Erde und Wasser noch so unberührt und voller Fische, Schildkröten und Vögel ist, die noch nicht gelernt haben, den Menschen zu fürchten. Wie lange wird es wohl noch so sein? Ich habe das dumpfe Gefühl, daß wir mit dieser Fahrt der *Calypso* eine letzte Bestandsaufnahme machen – und daß das Ende wahrscheinlich nicht mehr weit ist. Diesem Cosmoledo droht das Schicksal aller irdischen Paradiese, die an der Berührung mit dem Menschen zugrunde gehen. Gewiß – man könnte einiges zu seinem Schutz tun. Doch es ist fraglich, ob man die dazu erforderlichen Mittel aufzubringen gewillt ist.
Es mag sein, daß ich den Ausdruck »Paradies« ein wenig leichtfertig verwendet habe. Cosmoledo mag ein Paradies sein. Aber es hat auch seine Schrecken. Die Gefahr – zumindest die Hauptgefahr – kommt nicht von den Haien; viele der kleineren Fischarten sind mindestens ebenso gefährlich. Einer davon ist der Rotfeuerfisch *(Pterois volitans)*, ein traumhaft schönes Tier, das beim Schwimmen einen Schleier von zartrosa und blauen Flossen um sich zieht. Diese Schleierflossen sind jedoch ebenso gefährlich wie schön, denn sie sind in Wirklichkeit furchtbare Giftwaffen. Der unglückliche Taucher, der dem Rotfeuerfisch zu nahe kommt, riskiert ein Ödem, Lähmungen oder gar sein Leben. Noch schlimmer als diese gefährliche Schönheit ist der Steinfisch *(Synanceja verrucosa)* mit seinem scharfen Giftstachel am Hinterrücken; sein Stich kann tödlich sein. Giftige Lebewesen findet man im Reich der Koralle häufig. Denn

nicht nur manche Tiere, die zwischen den Korallen leben, verwenden Gift als Angriffs- und Verteidigungswaffe, sondern auch die Korallen selbst. Der Stamm der *Cnidaria* oder Nesseltiere, zu dem die Korallen gehören, ist durch den Besitz von Nesselkapseln gekennzeichnet; es sind winzige, aber außerordentlich wirksame Waffen. Jede Nesselzelle bildet eine kleine Kapsel, deren Deckel aufspringt, wenn ein Reiz sie trifft, und einen klebrigen Faden mit feinen, stilettartigen Borsten freigibt. Der Faden klebt an dem Fremdkörper fest, während die Borsten in diesen eindringen und Gift injizieren. Nahezu alle nicht freibeweglichen Tiere des Korallenriffs besitzen solche Waffen, die in erster Linie zum Fang von Nahrung, aber auch zur Abwehr von Feinden dienen. Ein unvorsichtiger Taucher kann mit diesen Nesseltieren sehr schmerzhafte und gefährliche Erfahrungen machen. Aus diesem Grunde tauchen unsere Mitarbeiter in solchen Gebieten nur mit entsprechenden Schutzanzügen: Die Tropenmeere wimmeln von giftigem Getier.

So zahlreich die Fische in den tropischen Gewässern auch sein mögen – vor allem in der Nähe von Cosmoledo –, sind sie unter den Meereslebewesen doch keineswegs die am häufigsten vorkommenden Tiere. Hier haben die Korallen und die in ihrem Bereich lebenden festsitzenden Tiere die eindeutige Majorität. Ich möchte betonen, daß ich den Begriff »Koralle« im weitesten Sinn gebrauche und damit alle Hohltiere meine, die durch ein Außenskelett aus kalkigem Material gekennzeichnet sind[1]. Genaugenommen ist das Wort »Koralle« eigentlich nur auf die kostbare Edelkoralle *(Corallium rubrum)* des Mittelmeerbereichs anwendbar. Die Edelkoralle ist eine Art für sich; sie gehört zur zoologischen Ordnung der Rindenkorallen *(Gorgonaria)* und damit in die Verwandtschaft der Seemannshand *(Alcyonium)*. Die Rindenkorallen wiederum sind Achtstrahlige Blumentiere oder *Octocorallia*, während das, was wir gemeinhin als Korallen bezeichnen, von den Zoologen zu den Sechsstrahligen Blumentieren *(Hexacorallia)* gezählt wird. Anders ausgedrückt: Die Edelkoralle hat einen achtstrahlig symmetrischen Bau; ein Querschnitt durch den Körper eines Sechsstrahligen Blumentiers hingegen zeigt eine Gliederung, die strahlig sechsfach (meist sogar ein Vielfaches davon) ist. Zu den *Hexacorallia* gehören übrigens auch die Seeanemonen, Seerosen und Aktinien, die als Einzelpolypen leben, also nicht im Verband eines Stockes oder einer Kolonie, und die auch kein Kalkskelett besitzen.

[1] Siehe Anhang A

Hexacorallia, wie die Seeanemonen, sind aber auch die bereits genannten Steinkorallen *(Madreporaria)* mit ihrem oft mächtigen Außenskelett aus Kalk, das von den Polypen der Kolonie ausgeschieden wird. Die Steinkorallen sind in Gewässern mit einer Mindesttemperatur von 20 Grad Celsius, also in den Meeresgebieten zwischen dem 32. Grad nördlicher und dem 27. Grad südlicher Breite, die am häufigsten vorkommenden Riffbildner. Es gibt sie in vielen Farben, in Rot und Rosa, Blau, Violett, Gelb, Grün und Goldbraun, und in unzähligen verschiedenen Formen, die anscheinend von ihren jeweiligen Umweltbedingungen bestimmt werden. In ruhigem Wasser findet man sie in Gestalt von zarten »Zweigen« und »Ästen«; gibt es dagegen Wirbel und Strömungen, drängen sie sich zu massiveren Gebilden zusammen. Die äußere Erscheinung ist jedoch auch je nach der Art unterschiedlich, mit der wir es zu tun haben, und je nach der Wassertiefe, in der sie lebt. All diese Faktoren ergeben in ihrem Zusammenspiel die unglaubliche Vielfalt der Korallen.

Die relative Unbeweglichkeit des Wassers, die bei einer Tiefe von etwa 10 Metern innerhalb und außerhalb des Riffs beginnt, gestattet es der Koralle, so zarte und zerbrechliche Formen zu entwickeln, wie sie außerhalb des sie stützenden Wassers undenkbar wären, denn an der Luft würden diese Filigrangebilde unter ihrem eigenen Gewicht zusammenbrechen. In sehr großen Tiefen kann die Koralle jedoch ebensowenig leben, da sie auf eine Symbiose mit einzelligen Algen angewiesen ist, die ihrerseits zu der für sie lebenswichtigen Photosynthese Licht benötigen. Diese Algen leben im Körpergewebe der Polypen; die Wissenschaft bezeichnet sie als *Zooxanthellen.*

Die amerikanischen Forscher H. T. Odum und E. P. Odum haben entdeckt, daß bei den Steinkorallen noch ein weiteres pflanzliches Element eine Rolle spielt, und zwar in Gestalt »grüner Fäserchen«, die in den Poren des Kalkskeletts leben. Wenn man die Zooxanthellen und diese »grünen Fäserchen« zusammenzählt, kommt man zu dem verblüffenden Ergebnis, daß die Menge pflanzlichen Protoplasmas im Körper der Koralle dreimal größer ist als die tierische!

Die außerordentliche Gestaltenvielfalt in der Welt der Korallen ist dadurch bedingt, daß mancherlei Angehörige anderer Tiergruppen, die Seite an Seite mit der Koralle leben, ebenfalls am Bau eines Riffs teilnehmen. Da gibt es beispielsweise die *Hydrozoa*, zu denen die *Milleporidae* und *Stylasteridae* gehören; sie sind Nesseltiere, aber

Ein ebenso schönes wie gefährliches Tier, der Rotfeuerfisch *(Pterois volitans)*, dessen lange Rückenstacheln äußerst giftig sind.

keine Korallen, haben jedoch ebenfalls ein Außenskelett und bilden verzweigte Formen. Da gibt es als besonderen Schmuck des unterseeischen Tropendschungels die Röhrenwürmer, die zum Stamm der Ringelwürmer *(Annelida)* und zur Klasse der Vielborster *(Polychaeta)* gehören und wegen ihrer bunten, fächerförmig umgewandelten Parapodien, mit denen sie sich Atemwasser und Kleinstlebewesen zustrudeln, im Englischen den schönen Namen »Staubwedel« tragen. Da gibt es Weichtiere *(Mollusca)*, wie etwa die Riesenmuschel *(Tridaena gigas)*, ganze Dickichte heftig nesselnder Seeanemonen, und an Pflanzen gibt es verschiedene Arten von Grün- und Rotalgen, von denen einige als »Kalkalgen« die Rolle des Mörtels zwischen den riffbildenden Tieren spielen.
Der überquellende Reichtum an Lebensformen, die das Reich der Koralle bevölkern und eine uns so fremde Welt haben entstehen lassen, läßt es wohl begreiflich werden, welch wichtige Rolle die Koralle im Leben unseres Planeten spielt. Ihre Funktion ist weit bedeutender, als allgemein angenommen wird, denn schließlich findet sich diese Form des Tierlebens in einem Gebiet der Erde, das zwanzigmal so groß wie Europa oder fünfundzwanzigmal so groß wie die Vereinigten Staaten ist. Wir können diesen Lebensbereich nicht einfach ignorieren. Ein paar Zahlen mögen dies noch verdeutlichen: Ein einziges Atoll enthält im Durchschnitt 500 Kubikkilometer Feststoffe; dies entspricht etwa 250mal der Masse von New York oder 15000 der größten ägyptischen Pyramiden. Die Koralle ist, was das Bauen anlangt, ohne Zweifel weit leistungsfähiger als der Mensch!

Eines Abends, kurz nach sieben Uhr, ließ ich die Tauchende Untertasse zu Wasser bringen. In ihr blieb unser Team ungewöhnlich lange unten, zunächst bei Tiefen von 20 bis 50 Metern, um im Licht der Scheinwerfer Fächerkorallen und die zwischen ihnen schwimmenden Fische zu filmen. Zwischen 50 und 90 Metern hörten die Fächerkorallen auf, doch gab es auf sandigem Grund eine Vielfalt anderer Korallenarten. Mit wachsender Tiefe wurden die Korallenstöcke und -blöcke immer kleiner. Bei 115 Metern fiel die Felswand senkrecht ab; an dem scharfen Grat bewegten sich kastanienbraune Büschel. Es waren Medusensterne; sie gehören zu den Seesternen, doch ist bei ihnen die Körperscheibe sehr klein wie bei den Schlangensternen, die dünnen Arme aber bilden ein Gewirr von geradezu phantastischen Verästelungen und Verzweigungen. Ein überaus Geduldiger hat einmal die Zahl der letzten Ästchen gezählt und ist dabei auf 80000 gekommen. Was hier herumkroch, waren

schier unentwirrbar miteinander verfilzte Medusensterne; solche Ansammlungen können mehrere Meter lang werden.
Bei 130 Metern Wassertiefe stießen wir auf einen schmalen Felsvorsprung; 20 Meter darunter bemerkten wir verzweigte Schwämme und eine Vielzahl von winzigen Krustentieren, irrlichternd wie in Brownscher Molekularbewegung. Es handelte sich um die gleiche Art von Kleinkrebsen, die Laban auf einem früheren Taucheinsatz beobachtet hatte.
Der Felsabsturz endete in einer Tiefe von 190 Metern. Hier war der Boden mit Geröll, einem Sandhang und Schlamm bedeckt, in dem es von Seeigeln, und zwar Herzigeln aus der *Spatangus*-Verwandtschaft, wimmelte.
In 200 Meter Tiefe verlief eine starke Strömung in östlicher Richtung. Wir warfen Ballast ab und begannen mit dem Aufstieg an die Wasseroberfläche.

Den 25. und 26. April verbrachten wir bei der Insel Assumption. Noch bevor wir den Anker fallen ließen, schickte ich ein Boot mit einigen Besatzungsmitgliedern voraus. Sie teilten uns beinahe sofort über Funk mit: »Jojo ist nicht mehr da. Dafür aber jede Menge anderer Zackenbarsche. Der Boden hier ist unverändert.«
Gegen acht Uhr morgens gingen wir vor Anker. Es war eine Meeresstelle, die für ein Filmstudio unter Wasser geradezu ideal war; die Tiefe reichte hier von 6 Meter bis 50 Meter.
Jojo ist ein Zackenbarsch, der uns bei unseren Filmaufnahmen für »Die schweigende Welt« immer die Schau gestohlen hatte und in der angelsächsischen Filmfassung den stolzen »Künstlernamen« Ulysses erhalten hatte.
Er war mit der Zeit so »kamerasüchtig« und aufdringlich geworden, daß wir ihn bei allen Filmaufnahmen, für die wir ihn beim besten Willen nicht brauchen konnten, in einen Anti-Hai-Käfig sperren mußten, damit er nicht immer genau im falschen Moment vor dem Objektiv posierte. Für einen Zackenbarsch hatten wir diesmal allerdings nicht einmal eine Nebenrolle vorgesehen, doch wären wir unserem alten Bekannten gern wieder begegnet. Damit hatten wir jedoch kein Glück. Dafür gelang es uns aber, uns mit einem anderen Fisch anzufreunden, der einen denkbar schlechten Ruf hat.
Das kam so. Yves Omer und Dominique Sumian hatten das tägliche »Fütterungszeremoniell« übernommen und befanden sich mit einem großen Sack voller Fischstücke unter Wasser. Am Meeresgrund kletterte Sumian auf einen Felsen; André Laban stellte sich wenige Meter weiter auf, um die kommende Szene zu filmen.

Innerhalb weniger Minuten waren sie alle drei von Fischen jeder Größe umringt. Omer und Sumian hatten keine Ahnung davon, daß der Felsen, auf dem sie standen, von einer riesigen Muräne bewohnt war, die sich ebenfalls ihren Futteranteil holen wollte. Laban sah, wie erst der Kopf, dann ein Teil des Körpers hervorkam, während die beiden Taucher noch immer nichts merkten – bis die Muräne mit einigen raschen, schlängelnden Bewegungen auf die Öffnung des Fischsackes zuschoß. Das Tier war bräunlich gefärbt mit gelben Flecken und hatte wirklich riesige Ausmaße. Es kam heran, die Augen starr auf den Fisch gerichtet, während sein anderes Ende noch in seinem Schlupfloch steckte. Die Ähnlichkeit mit einer Pythonschlange und die Tatsache, daß man seine Größe noch nicht abschätzen konnte, machten sein plötzliches Erscheinen für die drei Männer genauso ungemütlich wie der Anblick eines Haies.
Yves Omer stieg von dem Felsen herunter und streckte der Muräne ein Stück Fisch entgegen, um sie ins freie Wasser zu locken, doch das Tier schlüpfte sofort in seine Höhle zurück. Der Fischgeruch lockte es aber bald wieder heraus zu Yves, der noch immer das verführerische Fischstück hielt. Die Muräne zögerte eine Weile und tauchte dann vorsichtig und mißtrauisch auf; jetzt zeigte sie ihren langen, muskulösen Leib, der sich in eleganten Schwimmbewegungen schlängelte.
Alle hielten den Atem an, während das Tier sich langsam Yves näherte und ihm das Stück Fisch aus der Hand nahm. Dies war fast ebenso sensationell wie der Erfolg, den wir bei Jojo gehabt hatten. Zuletzt gelang Yves noch ein Kunststück, das auszuprobieren er sich von Anfang an vorgenommen hatte: Er streichelte der Muräne den Kopf, ohne das Tier damit zu verscheuchen.
Wären uns noch ein paar Tage Zeit geblieben, hätte sich die Muräne sicher so an Yves gewöhnt, daß sie ihm wie ein Hund gefolgt wäre. Es schien noch leichter zu sein, mit einer Muräne Freundschaft zu schließen als mit einem Zackenbarsch.
Der Schwierigkeitsgrad beim »Zähmen« von Fischen richtet sich meines Erachtens zum größten Teil nach dem individuellen Temperament des betreffenden Exemplars einer Gattung oder Art. Wie die Menschen, so sind auch die Fische manchmal nervös, unberechenbar, ängstlich und werden – wie der Mensch – aus Angst feindselig und aggressiv. Mir ist aufgefallen, daß die »Wildheit« eines Tieres mit zunehmendem Alter und wachsender Größe abnimmt. Vielleicht kommt das daher, daß ein großes Lebewesen sich stark (oder »selbstbewußt«) fühlt und aus diesem Grund weniger anfällig für Angst ist. Eine Muräne dieser Größe beispielsweise fühlt sich in

Dominique Sumian und Philippe Cousteau bei der Arbeit.

ihrer unmittelbaren Umwelt vermutlich so sicher und unbesiegbar, daß sie sich »konziliantes« Verhalten leisten kann.
Andererseits fehlen uns aber alle Kenntnisse darüber, welche Größe eine Muräne oder ein Zackenbarsch maximal erreichen kann – ja, wir wissen noch nicht einmal, ob es bei diesen Lebewesen so etwas wie einen »Tod infolge von Altersschwäche« gibt; das Meer ist allerdings reich an eifrigen »Totengräbern« wie etwa Kraken, Krebsen und bestimmten Mollusken.
Wir waren zwei Tage lang mit Arbeiten in diesem Gebiet beschäftigt. Die *Calypso* hüpfte wie ein Stückchen Kork auf der Oberfläche des Ozeans, dort, wo sie sicher ankern konnte, oder sie umkreiste langsam das Tauchgebiet, wo dies nicht möglich war, während ein dreiköpfiges Team nach dem anderen zum Einsatz unter Wasser gebracht wurde. Ich hatte mir eine Liste von Tieren zusammengestellt, die wir hier beobachten wollten, darunter Meeresschildkröten, Zackenbarsche, große Seewalzen *(Holothuroidea)* und die »Vulkane«. Wir bekamen aber keine einzige Schildkröte und nicht eine Seewalze zu sehen. Die Zackenbarsche, die jetzt in Jojos Jagdrevier lebten, wären wohl zu zähmen gewesen, doch dies hätte mindestens vier bis fünf Tage in Anspruch genommen.
Eines aber gelang uns: Das »Rätsel der Vulkane« zu lösen, das mich seit Jahren beschäftigte.

Die Vulkane, von denen hier die Rede ist, haben nichts mit jenen feuerspeienden Bergen zu tun, wie man sie aus den Berichten über Katastrophen kennt. Ich verwende diese Bezeichnung (mangels einer besseren) lediglich für ein Phänomen, das mir lange zuvor immer wieder ein Rätsel aufgegeben hatte. Auf dem Meeresgrund fallen einem nämlich bei entsprechender Bodenbeschaffenheit gelegentlich kleine Erdhügel auf, die von Zeit zu Zeit Sand ausstoßen, wie ein Vulkan seinen Rauch. Es war mir klar, daß die Ursache dieser kleinen Eruptionen ein Tier sein mußte, das in diesen Sandhäufchen wohnt; wir hatten dieses Lebewesen jedoch noch nie sehen, geschweige denn fangen können.
Als wir 1955 an einer Meeresstelle tauchten, an der es eine solche »Vulkankolonie« gab, befand sich gerade ein guter Freund von mir aus Amerika, Louis Marden vom *National Geographic Magazine,* bei uns an Bord der *Calypso.* Er wollte unbedingt den »Ausbruch« eines dieser Vulkane fotografieren, doch das war gar nicht so einfach. Jedesmal, wenn er den Fotoapparat auf einen der Vulkane einstellte, hatte ein anderer gerade eine Eruption. Da diese Situation sich längere Zeit wiederholte, gewann sie für den Betrachter immer mehr an Komik und war schließlich so zwerchfellerschütternd wie ein alter Charlie-Chaplin-Film. Dann gab ich Louis durch Zeichen zu verstehen, daß ich einmal mein Glück versuchen wollte. Ich deutete mit dem Zeigefinger auf einen der Sandhügel, machte mit dem Mundstück meines Atemgeräts ein lautes, zischendes Geräusch – und siehe da: Der Vulkan spuckte prompt eine Sandwolke aus.
Marden war sprachlos. Er wollte unbedingt wissen, wie ich das gemacht hätte; ich antwortete aber, das sei eine geheime Spezialmethode, die ich nicht verraten könne. Das Komischste an der ganzen Geschichte ist, daß mein Freund Marden furchtbar böse auf mich war und mir kein Wort glaubte, als ich ihm – übrigens völlig wahrheitsgemäß – versicherte, daß es sich hier wirklich nur um einen dummen Zufall handelte.
Nun aber war ich fest entschlossen, die Sache mit den »Vulkanen« auf dieser Expedition ein für allemal aufzuklären. Falco und Bonnici machten sich daran, einige dieser sandspeienden Erdhügel zu filmen, und spritzten dazu etwas MS-222 in einen der Vulkane. Kaum hatten sie nachgegraben, präsentierten sie auch schon ihren stolzen Fund: ein kleines, sandfarbenes Krebstier.
Wir machten einige Großaufnahmen von dem kleinen Geschöpf und brachten das Tierchen anschließend an Bord der *Calypso* in das Aquarium, das wir auch für das Beobachten der Röhrenaale

Unsere Scheinwerfer haben schlafende Fische aufgescheucht, die nun unbeholfen zu fliehen versuchen.

benutzt hatten. Gespannt verfolgten wir, wie das Wesen sich im Sand des Behälters sofort einen Vulkan zu bauen begann und dabei mit den Vorderbeinen emsig wie mit kleinen Bulldozern arbeitete. Es war ein faszinierender Anblick. Leider entkam uns der kostbare Fang im Lauf der Nacht, als die *Calypso* in schwerer Dünung rollte, und ward nie mehr gesehen.
Einen ganzen Tag lang hatten Falco und Bonnici in den kleinen Erdhaufen gewühlt, bis sie endlich einen einzigen »Vulkanbauer« gefunden hatten. Die betreffende Filmszene jedoch ist nur ein paar Minuten lang.

Frédéric Dumas, Omer und Sumian kümmerten sich um das »Fütterungszeremoniell« und verwöhnten die Bewohner der Gewässer um Assumption mit riesigen Mengen von gehacktem Fleisch und Fisch. Dafür erfreuten sich unsere Taucher aber auch einer außerordentlichen Beliebtheit bei den größeren Tieren des Riffs. Zwei riesige Muränen kamen zögernd aus ihren Schlupflöchern gekrochen und fraßen Dumas zu dessen ganzem Stolz aus der Hand.
Michel Deloire entdeckte in einer Tiefe zwischen sechs und vierzehn Metern eine Kolonie von *Heteroconger*-Röhrenaalen. Sie waren größer und weniger scheu als die Exemplare, die wir bei den Malediven gesehen hatten; auch lebten sie in viel flacherem Wasser. Deloire gelangen einige ausgezeichnete Aufnahmen von diesen Tieren.
Falco und Bonnici waren wie immer damit beschäftigt, mit Hilfe von Quinaldine, einem eigens für Kaltblüter entwickelten Betäubungsmittel, Fische zu fangen. Sie bewahrten ihren Fang in kugelförmigen Plexiglasbehältern auf, doch die einheimischen Zackenbarsche ließen sich diesmal nicht dazu herbei, mit ihnen Ball zu spielen wie damals bei unseren Dreharbeiten zu dem Film »Welt ohne Sonne«.
Wir benutzten unsere »Scooter« zum Erkunden der Nordseite von Assumption. Diese Unterwasserfahrten wurden dank unserer praktischen Kleinfahrzeuge neben der Arbeit auch zum amüsanten Zeitvertreib. Die Ausflüge hatten etwas von dem Zauber eines Überlandrittes zu Pferde an sich, denn man hat Zeit genug, sich umzusehen und die Veränderungen der Landschaft und die Vielfalt der Lebensformen in sich aufzunehmen, die diese unterseeische Welt so unendlich viel reicher und bunter machen als die Landschaften an Land. Ich sah die unbeschreibliche Fülle der Geweihkorallen, die üppigen Schirme der Fächerkorallen, die aussahen, als hätte ein Bühnenbildner sie auf dem Meeresgrund aufgestellt – und einen großen, blau und gelb gezeichneten Schmetterlingsfisch, der unbeirrt vor mir her schwamm, langsamer, wenn ich die Fahrt verlangsamte, schneller, wenn ich beschleunigte. Ich hielt eine Weile an, um eine besonders große Seeanemone näher zu betrachten, die das Wasser im Bereich ihrer weit ausgestreckten Tentakeln nach Beute absuchte, und legte meine Hand auf die Schale einer Riesenmuschel, worauf diese mit einem hörbaren Klicken blitzschnell zuklappte. Ich sah Ringelwürmer, die so ganz anders sind als ihre so unscheinbaren Verwandten an Land, die Regenwürmer. Vor allem die *Spirographis*-Röhrenwürmer aus der Familie der Sabelliden verdienen wegen des einziehbaren, farbigen »Feder-

busches« am Ende der starren Röhre besondere Beachtung. Die ganze Unterwasserlandschaft hatte den Zauber eines Märchengartens aus Tausendundeiner Nacht.

Bei der Insel Assumption führten wir außerdem noch einen nächtlichen Taucheinsatz durch, mit dem wir unsere Ausrüstung bei Dunkelheit testen wollten. Gegen drei Uhr morgens befanden sich alle Taucher im Wasser. Im Schein unserer starken Lampen sahen wir zwar zahlreiche Fische, konnten aber nicht einen einzigen davon fangen, so daß wir schließlich unser Vorhaben aufgaben und uns damit begnügten, am etwa 40 Meter tiefen Meeresgrund »spazierenzugehen«.

Dicht um uns und außerhalb des Lichtkreises, den unsere Scheinwerfer ins Meer zeichneten, lag der Korallendschungel, dessen Bewohner, vom grellen Licht getroffen, erschraken und erstarrten, als hätte dieser plötzliche Helligkeitseinbruch in ihr gewohntes Dunkel sie völlig gelähmt. Und zwischen den Feuerkorallen schliefen Papageifische...

In dieser Zeit des nächtlichen Dunkels entfaltet die Koralle ihre ganze Aktivität. Man kann ihre Lebensvorgänge natürlich auch bei Tag beobachten, doch sobald es Nacht wird, suchen Milliarden von Tentakeln gierig nach Nahrung, verschlingen Millionen von Mündern ihre winzige Beute. Das Riff als Ganzes frißt und verdaut jetzt – ist ein aus zahllosen lebendigen und wachsenden Organismen bestehendes Wesen, an dem man die Lebensvorgänge gleichzeitig im Kleinen und im Großen studieren kann. Diese Millionen und Abermillionen von winzigen Lebewesen, die – Gefangene ihres eigenen Außenskeletts – mit Nesselkapseln, Borsten und Giftstoffen ihre oft noch winzigeren Opfer fangen, töten und auffressen, kann man sich nur mit Mühe vorstellen. Ihre Beute besteht nicht nur aus Krebstierchen, Larven und Plankton, sondern sogar aus Fischbrut. Ein Riff ist eine ganze Welt für sich, ein Mikrokosmos.

Wie viele dieser Kleinstlebewesen haben wohl den Steinkorallen und Hydrokorallen als Nahrung gedient, damit all die Mauern und Türme entstehen konnten, zwischen denen wir uns nun mit unseren Unterwasserfahrzeugen bewegten? In der Welt der Koralle gibt es jedoch noch eine andere Form des Daseinskampfes als den des Fressens und Gefressenwerdens: das unaufhörliche Ringen um Lebensraum im Meer. Die an sich unbeweglichen Tiere des Riffs befinden sich in ständiger Bewegung, drängen und schieben einander, weichen hier zurück, gewinnen dort an Boden, werden um

Millimeter zurückgedrängt und dehnen sich anderswo wieder um Millimeterbreite aus. Es ist ein unaufhörliches, stummes Ringen – ein Kampf, der die Bedürfnisse und die Gewalt der belebten Natur und das Leben in seiner ganzen Kraft und zugleich seiner ganzen Hinfälligkeit widerspiegelt.

Im Schein unserer Lampen tasten sich die Tentakel der Korallen durchs Wasser; wie eine Aura stehen sie um die Schirme der Fächerkoralle oder um das flaumige Geäst der Steinkorallen. Einige Seefederarten wie *Alcyonium* quellen im Dunkeln buchstäblich auf, vergrößern sich dabei oft um das Vierfache und bilden massige, rosa durchscheinende Fleischberge, an denen die vielen Mundöffnungen deutlich zu erkennen sind.

Je weiter man in die Tiefe vordringt, desto zarter werden die Formen der festsitzenden Tiere. Ab 35 Meter Wassertiefe stoßen wir kaum noch auf riffbildende Korallen, sondern begegnen weit zierlicheren Gebilden, wie etwa palmblätterartigen Geweihkorallen *(Acropora)* oder lamellenverzierten Pilzkorallen *(Fungia)*. Manche Korallenart kommt je nach Tiefe und Wasserbewegung in den verschiedensten Erscheinungsformen vor, bald verzweigt und in die Länge gezogen, bald zu einem festen Klumpen zusammengeballt. So viel dies auch zur Schönheit der Korallenwelt beitragen mag – die Arbeit des Beobachters wird dadurch nicht gerade erleichtert. Die Art *Madreporaria cladocora* gibt es beispielsweise in sieben verschiedenen Formen.

Diese nächtlichen Ausflüge in die Welt der Korallen sind für uns sehr lehrreich, denn sie zeigen uns das bei Tag Gesehene unter anderen Vorzeichen; das Leben unter der Meeresoberfläche gewinnt erst in jenen magischen Stunden des Dunkels die volle Pracht und Vielfalt seiner Formen.

Bei solchen Gelegenheiten ist die ganze Crew im Einsatz; vierzehn Mann befinden sich gleichzeitig im Meer, darunter sechs Taucher, die mit unseren neuen Tauchanzügen ausgerüstet sind und eingebaute Lampen im Helm tragen. Falco und Bonnici haben je einen 1000 Watt starken Unterwasserscheinwerfer bei sich. Maurice Léandri hat die Aufgabe, den Aufnahmebereich von der Seite her mit zwei 1000-Watt-Lampen auszuleuchten, während Dr. Leenhardt und René Le Bosco sich im Hintergrund mit all den Kabeln und Drähten beschäftigen. Die Bootsbesatzung, bestehend aus Raymond Coll und Amadio, ist für den ständigen Sprechkontakt mit der *Calypso* verantwortlich. Natürlich dürfen Grille, unser Regisseur, Deloire mit der 9-mm-Kamera und einem 350-Watt-Scheinwerfer, Dumas mit der TGA-Kamera und Laban mit seinem

Yves Omer füttert eine Muräne und lockt sie so weit ins Freie, daß er sie streicheln kann.

Fotoapparat nicht fehlen. Es war unser erster »Großeinsatz« bei den Filmaufnahmen dieser Expedition und eine ausgezeichnete Bewährungsprobe für all die Techniken und Pläne, die wir an Bord der *Calypso* ausgearbeitet hatten.

Am 29. April gingen wir vor der Insel Pemba bei Sansibar vor Anker. Unser Schiff war seit dem 18. März gewissermaßen auf einem Bein bei kaum 6 Knoten Geschwindigkeit durchs Meer gehinkt; ich wollte daher versuchen, ob wir die Schraubenwelle nicht vielleicht doch selbst auswechseln konnten. Vor unserer Ankunft in Mombasa waren freilich keine Ersatzteile aufzutreiben, doch ich wollte mir auf alle Fälle Klarheit darüber verschaffen, ob unsere Taucher die beiden Teile der gebrochenen Welle entfernen konnten, ohne ein Leck in der Schiffswand zu riskieren. Nach einem halben Tag intensiver Arbeit wußten wir, daß unser Vorhaben nicht durchzuführen war. Es war dennoch kein vergeudeter Tag, denn die unter dem Schiffsrumpf arbeitenden Taucher entdeckten einen wahren Schatz an unterseeischen Lebewesen, Fische mit Hörnern auf dem Kopf und eine ganz ungewöhnliche Art von rot-grauen Seesternen, die wie bemalte Holzschnitzereien wirkten. Sie sahen auch große Seegurken und ein grünes Krustentier von etwa 12 Zentimeter Länge, das wie eine Gottesanbeterin aussah und vierfach unterteilte Augen hatte. Außerdem trug das seltsame Tier noch zwei Augenflecken gleichsam als Attrappen auf dem Kopf. Omer brachte seinen Fund an Bord und steckte ihn in eins unserer Aquarien, so daß Barsky dieses ungewöhnliche Lebewesen in aller Ruhe filmen konnte.
Am gleichen Tag erlebten wir eine der vielen Überraschungen, die das Meer für seine Jünger bereithält – wir fanden uns plötzlich von einer wolkenbruchartigen Insektenflut überschwemmt. Es waren erschreckend große, schwarze und angriffslustige Fliegen, die unseren Schiffsarzt in fassungsloses Staunen versetzten, denn er hatte so etwas noch nie gesehen oder gehört.

Am 5. Mai erreichten wir Mombasa. Da die Monsunzeit unmittelbar bevorstand, mußten wir auf dem schnellsten Weg ans Rote Meer kommen. Ich habe um diese Jahreszeit schon einige unangenehme Erfahrungen mit dem Indischen Ozean gemacht, denn während des Monsuns müssen alle Arbeiten unterbrochen werden. Auch die *Calypso* hatte damals ihr Teil abbekommen, als wir 1954 und ein zweites Mal 1955 ein wenig zu lange im Bereich der Seychellen geblieben und böse »angeeckt« waren. Die Fahrt von diesen Inseln zum Kap Gardafuy gehört ebenfalls zu den Erlebnissen, auf deren Wiederholung wir keinen großen Wert legten.
Wir lagen zwei Tage im Hafen von Mombasa, bis die Steuerbordwelle ausgetauscht war, und nutzten die unfreiwillige Ruhepause zu einem Besuch in einem der Nationalparks von Kenia. Dann

lichteten wir mit neuem Schwung die Anker und waren heilfroh, daß wir jetzt wieder mit unserer normalen Fahrtgeschwindigkeit von $10\frac{1}{2}$ Knoten vorankamen. Wir waren mit nördlichem Kurs auf dem Weg zum Roten Meer. In diesen letzten Tagen vor dem Beginn des Monsuns sichteten wir schließlich doch noch einige Wale. Falco gelang es, eine Harpune in der Fettschicht eines der Tiere anzubringen, so daß wir, durch Funk geleitet, diesem den ganzen Tag lang folgen und seine »Unterhaltungen« mit den anderen Walen seiner »Schule« aufzeichnen konnten. Schließlich lockerte sich aber die Harpune; wir verloren daher unseren »Leitwal« schnell aus den Augen.
Unmittelbar darauf konnten wir in dem gleichen Gebiet einen Walhai *(Rhincodon typus)* beobachten und filmen. Es handelt sich hier um eine sehr seltene Haiart, die ich bis dahin erst zweimal gesehen hatte. Der Walhai ist die größte Art aus der Sippe der Haie und damit der größte Fisch überhaupt. Er wird bis 20 Meter lang. Dieses Monstrum hier maß an die 15 Meter und wirkte wie ein Wal, hatte aber ansonsten alle Merkmale eines Haies: die gleichen starren, runden Augen, die gleiche hohe Rückenflosse. Mein Sohn Philippe hat in unserem Buch »Haie – Herrliche Räuber der See« bereits von dieser Begegnung berichtet, so daß ich hier nur nochmals betonen möchte, welch großartigen und zugleich furchteinflößenden Anblick dieses Tier bietet, auch wenn es für einen Hai relativ harmlos ist, denn es ernährt sich nur von Plankton, kleinen Fischen und Tintenfischen: Ein wahrer Fleisch- und Muskelberg, den eine geheimnisvoll anmutende Lebenskraft bewegt, und doch so friedlich, daß er Raymond Coll sogar auf seinem Rücken reiten ließ.
Diese Begegnungen, so interessant und lohnend sie auch waren, hielten uns in einem Maße auf, daß der Monsun beinahe schon über uns hereinbrach. Der Indische Ozean war zu einem Meer aus Blei geworden, über dessen grauer Dünung ein tiefhängender Himmel lastete, als wir endlich in den Golf von Aden einfuhren (wo wir eine weitere »Schule« von Walen sichteten). Auch hier war das Wetter reichlich bedrohlich, und so blieb es auch bis zur Insel Perim, die der südarabischen Küste vorgelagert ist. Kaum hatten wir aber die Straße von Bab el Mandeb passiert und befanden uns im Roten Meer, nahm das Meer die gewohnte tiefblaue Färbung an, obwohl am Himmel drohende Wolken dahinjagten. Wir wußten, daß wir für die Dauer des Monsuns im Roten Meer gefangen sein würden, gefangen auch vom *Khamsin*, einem Wind, der den Sand der Wüste gleichmäßig auf alles zu verteilen scheint – von den Schiffsmaschinen angefangen bis zu unseren Mundschleimhäuten.

Ein Korallenlabyrinth, dessen Wände mit vielerlei Lebensformen bedeckt sind.

5 Labyrinth der Korallen im Roten Meer

Zwischen Barriere- und Saumriffen – Versunkene Schiffe, von Korallen überwuchert – Wiedersehen mit Precontinent II – Ein Riff stirbt in Öl, Müll und Abwässern – Gefangene des Sechs-Tage-Krieges – Ein Heißluft-Ballon

Am 26. Mai liefen wir aus dem Hafen von Dschibuti aus mit Kurs auf Port Sudan. Wir fuhren an der arabischen Küste entlang auf die Farasanen-Gruppe zu, die aus unzähligen Koralleninselchen mit der wohl dichtesten Meeresfauna der Welt besteht. Ich wollte das Farasanen-Gebiet zum Zweck einer Art Bestandsaufnahme wiedersehen, um beurteilen zu können, ob seine Korallenbestände ebenso wie all die Riffe, die wir im Indischen Ozean aufgesucht hatten, bereits von dem allgemeinen, unaufhaltsam scheinenden Verfall und Verschmutzungstod erfaßt sind. Wir hofften, daß uns der Anblick toter Korallenfelder, wie er sich uns bei den Malediven geboten hatte, erspart bleiben würde. Die weiten Strecken nackten Meeresbodens, der sich, grau in grau und allen Lebens beraubt, dahinzieht und nur noch von vereinzelten Steinkorallenruinen unterbrochen ist, wirken auf den Betrachter wie ein toter Wald ohne Vögel. Wenn man die See und ihre Bewohner liebt, ist diese Vorstellung ein schrecklicher Alptraum.

Die Korallenbildung im Roten Meer ist von der des Indischen Ozeans sehr verschieden. Bei den Riffstrukturen, die wir im Bereich der Malediven, der Seychellen und Cosmoledos gesehen hatten, handelt es sich vorwiegend um Atolle, Koralleninseln und Archipele. Im Roten Meer haben die Steinkorallen eine ganz andere Erscheinungsform; sie bilden vor der ganzen Küste sogenannte Saumriffe oder bei seichtem Wasser Wallriffe. Hier im Roten Meer haben wir auf engem Raum ein doppeltes Korallenfeld, denn an den Saumriffgürtel schließt sich ein parallel im Meer verlaufendes Barrierеriff an.

Man könnte mit einigem Recht sagen, daß es keinem halbwegs zurechnungsfähigen Schiffskapitän einfallen würde, sein Fahrzeug zwischen diese beiden Korallenwälle zu bringen. Andererseits besteht aber unsere Aufgabe unter anderem auch darin, zu tun, woran sonst niemand denkt. Wenn wir die Welt der Koralle erforschen wollten, mußten wir eben einige Risiken auf uns nehmen, und das

bedeutete in diesem Fall, zwischen Korallenformationen zu manövrieren, die jeden Moment ein Leck in die Schiffswände der *Calypso* reißen konnten. Trotzdem möchte ich die Sache nicht gefährlicher scheinen lassen, als sie war, denn schließlich verfügte ich über 16 Jahre Erfahrung auf diesem Gebiet.
Ich muß gestehen, daß es mir sogar irgendwie Spaß machte, mit der *Calypso* in diesem Labyrinth von Korallenbänken und Sackgassen zu manövrieren. Es war eine reizvolle Herausforderung sowohl für mich als auch hinsichtlich der Manövriertauglichkeit unserer *Calypso*. Seekarten sind für ein solches Vorhaben natürlich völlig zwecklos. Die weißen Flecken auf der »Land«karte für dieses Gebiet sind weder beruhigend noch nützlich, und die kleinste kartographische Abweichung kann zu einem Zusammenstoß mit einem vorspringenden Korallenblock führen. Unser Schiff ist zwar sehr stabil gebaut, aber dennoch nicht ganz unverwüstlich.
Ich wollte unseren Aufenthalt im Roten Meer damit beginnen, daß wir nach gesunkenen Schiffen tauchten. Obwohl ich schon viele solcher Wracks, die zum Teil sogar auf unseren Seekarten verzeichnet sind, gesehen habe, verlieren sie nie an Faszination für mich, denn gesunkene Schiffe sind gewöhnlich eine Fundgrube für alle möglichen Meereslebewesen. Ein unter Wasser liegender Schiffsrumpf bietet den Fischen Schutz und Unterschlupf und den festsitzenden Meerestieren einen guten »Ankerplatz«. An diesen bevorzugten Stellen ist das Hauptproblem der »Bewohner« nicht die Nahrungssuche, sondern der Platzmangel; aus diesem Grund wimmelt es am Rumpf gesunkener Schiffe von Tieren. Dies gilt vor allem für die wärmeren Breiten, wo die Korallen die Wracks überwuchern und sie so bald in eine Art Über-Lebewesen verwandeln.
Wir verbrachten den ganzen Tag an und in drei gesunkenen Schiffen, die vor der Ostspitze der Insel Dschebel Zukur lagen. Eines davon – das schönste der drei – war vollständig abgetakelt und ausgeschlachtet, aber über und über mit Korallen bedeckt und von zahllosen farbenprächtigen Fischen bewohnt, deren Anblick uns eine ganze Menge Filmmaterial wert war. Es war ein wahres Geisterschiff mit einem Außenskelett aus Korallenkalk. Überall gab es Mollusken, darunter zahlreiche Perlmuscheln. Die Taucher brachten einige davon mit nach oben, fanden aber keine Spur von einer Perle.
Meine Kameraden und ich haben in den letzten dreißig Jahren so manches Schiffswrack gesehen, sei es im Mittelmeer, wo sie wie tote Tiere in einem durchsichtigen Grab liegen und bis auf ihr Metallgerippe zerfallen sind, sei es in den Korallenmeeren, wo sie

von der Vitalität der Meeresfauna erdrückt und gleichzeitig wiederaufgebaut scheinen. Ein auf dem Meeresgrunde ruhendes Wrack ist für mich immer wieder ein bewegender Anblick. Es ist mir, als sei das Schiff hier in einer anderen Welt, in den »Ewigen Jagdgründen«, im Reich der Schatten. Denn Schiffe haben – so ist man versucht zu sagen – ein Leben nach dem Tod.

Eines der Vorhaben, die wir uns für diese Expedition vorgenommen hatten, bestand in der Erforschung einer eigenartigen Untiefe, die auf den Seekarten nahe der vulkanischen Insel Dschebel Teïr eingetragen war. Bei sonst 2000 Meter Tiefe sollten dort nur 33 Meter sein – und das konnte nur bedeuten, daß es sich um eine Insel handelte ganz wie Dschebel Teïr, jedoch nicht wie diese aufgetaucht, sondern sozusagen unter Wasser geblieben.

Es gab einige Verzögerungen beim Ankern, da der Tiefenmesser ausgefallen war. Während Marcellin fieberhaft mit Reparaturarbeiten beschäftigt war, vertiefte sich unser »Onkel« – so heißt Philippe Adrien Plé bei uns an Bord – in die Seekarten, wertete Radarmessungen aus und meinte dann: »Also loten wir eben von Hand; wenn wir auf 30 Meter kommen, können wir ja Anker werfen.« Ich ließ ihn gewähren. Er ließ das Lot bis auf 35 Meter fallen, kam aber nicht auf Grund. In diesem Augenblick funktionierte auch der Tiefenmesser wieder und zeigte an, daß das Meer in unmittelbarer Umgebung der *Calypso* 45 Meter tief war, außerhalb eines relativ kleinen »Hochplateaus« jedoch auf 1200 Meter abfiel. Wir befanden uns offenbar genau an der Stelle, die wir für unsere Arbeiten brauchten. Eine Boje wurde verankert und die Meerestiefe in ihrer Umgebung genau vermessen. Von einer Untiefe bei 33 Meter konnte keine Rede sein. Dafür aber stellten wir ein langes, schmales Plateau fest, und zwar einheitlich 42 Meter tief, oben also ganz flach. Einen solchen unterseeischen Tafelberg nennt man einen »Guyot«. Vermutlich hatte dieses Plateau in grauer Vorzeit einmal an oder über der Wasseroberfläche gelegen; vielleicht war es auch ein Korallenriff oder der Krater eines erloschenen und versunkenen Vulkans ...

Wir ließen einen Anti-Hai-Käfig mit einer Fernsehkamera ins Wasser. Auf unserem Fernsehschirm erschienen die undeutlichen Umrisse des flachen Meeresbodens, der nur von wenigen kleinen Erhebungen und Korallenstöcken unterbrochen war, und natürlich – wie üblich – einige Haie. Falco und ich beschlossen, uns diesen unterseeischen »Tafelberg« mit der Tauchenden Untertasse einmal näher anzusehen, während ein Team nach dem anderen mit dem Anti-

Hai-Käfig hinuntertauchte, um dort zu filmen. Dies war mein erster Tauchversuch mit der Untertasse, seit ich meinen schweren Autounfall gehabt hatte, doch mein Rücken machte mir glücklicherweise keinerlei Beschwerden.

Der Meeresboden, zu dem unsere Tauchende Untertasse sanft hinabglitt, war so eben, wie wir es nach den Fernsehaufnahmen erwartet hatten. Dieses Gebiet erinnerte uns stark an die »Troika-Fotos«, die wir 1959 auf einem ähnlichen »Tafelberg« im Atlantik aufgenommen hatten. Es gab Haie – wie immer –, von denen einige ungewöhnlich groß und offensichtlich gut genährt waren; die Tiere waren von bestechender Schönheit. Wir sahen große Schwärme von Stachelmakrelen *(Caranx)* und eine Vielzahl anderer Fischarten, die man an einem Küstenriff zu finden erwartet, wie etwa Doktorfische, Halfterfische und viele andere.

Ich bat Falco, die Nordseite des Riffs in einer Tiefe von etwa 120 Meter zu umfahren. Dies allein war schon aufregend genug, denn jedesmal, wenn wir um ein Felseneck bogen, stießen wir auf eine starke, in die andere Richtung fließende Strömung, aus der wir uns nur dadurch befreien konnten, daß wir ein Stück weit aufstiegen oder uns absinken ließen – eine Übung in dreidimensionaler Navigation, die Falco und ich reichlich zermürbend fanden.

Bis hierher war uns nichts aufgefallen, wodurch sich das gesunkene Riff von den höher liegenden unterschieden hätte. Plötzlich aber änderte sich die Bodenbeschaffenheit vollständig. Wir gelangten zu einer halbkreisartigen Senke von 20 bis 30 Meter Durchmesser, deren Boden mit schwarzem Sand und den Überresten stockbildender Moostierchen *(Bryozoa)* bedeckt war und dadurch ein unheimliches, fast unwirkliches Bild bot. Ich war nun fest davon überzeugt, daß wir uns in einem Krater befanden, von dem nur die Hälfte oder vielleicht zwei Drittel übriggeblieben waren. Das fehlende Kraterstück war, wie es bei unterseeischen Vulkanen, die zu schnell erkalten, oft der Fall ist, vermutlich bei einem Ausbruch »verlorengegangen«. Der halbkreisförmige Krater hatte schätzungsweise 170 Meter Tiefe und wimmelte von Hochseefischen, vor allem Haien und Thunfischen. Es war ein überwältigender Eindruck, der sich leider nicht auf Film bannen ließ, da die ganze Szenerie zu groß und das Wasser nicht klar genug war – und weil noch dazu die Kameras gerade nicht funktionierten. Wehmütiger als je zuvor dachte ich an die »Troika-Fotos«, die wir an der Flanke einer ähnlichen Felsformation aufgenommen hatten.

Ein großer gelber Federstern auf einem Korallenstock.

Das Plateau war, genau wie die Abhänge im Norden, Osten und Westen, mit sauberem Sand bedeckt, der Rippelmarken aufwies und von Schwämmen besiedelt war, während sich auf dem südlichen Abhang ein Kegel aus vulkanischer Asche erhob. Die Ähnlichkeit zwischen diesen beiden vulkanischen Formationen war zu auffällig, als daß man sie hätte übersehen können.
Bevor wir zur Wasseroberfläche aufstiegen, stellten wir über unser Unterwassertelefon erst einmal Sprechkontakt mit der *Calypso* her. Wir erfuhren, daß die Taucher ihre Arbeit bereits beendet hatten, so daß wir uns ebenfalls zur Rückkehr entschlossen, Ballast abwarfen und wenige Minuten später wieder an Bord der *Calypso* waren.
Ich stand – wie immer in solchen Situationen – ganz unter dem Eindruck der merkwürdigen Rolle, die wir als Pioniere und Erforscher des Meeres einnehmen. Es war mir bewußt, daß wir privilegierte Geschöpfe sind, die (beinahe durch ein Wunder) die unendliche, dramatische und geheimnisvolle Welt unter der Oberfläche des Meeres sehen dürfen – einer Oberfläche, die im Glanz der Tropensonne wie eine unüberschreitbare Grenze für den Menschen erscheint, wenn man sie nur von oben, das heißt von außen, betrachtet. Gleichzeitig bin ich mir natürlich immer darüber im klaren, daß wir dennoch nur ein winziges Stück Meer zu sehen bekommen – gleichgültig, wie lange wir unter Wasser bleiben und welche Gebiete der See wir auch immer erforschen mögen. Was wir in 200 Meter Wassertiefe auch an Großartigem erleben – an der Unermeßlichkeit der Ozeane gemessen ist es wahrhaftig ein Nichts.

Am Montag, dem 29. Mai, machten wir eine Erkundungsfahrt zur Insel Maf Zuber. Die einzigen Bewohner dieses Eilands schienen Winkerkrabben *(Ocypodidae)* zu sein, deren massenhaftes Auftreten, beständiges Hinundherrennen und Gebaren ebenso faszinierend wie irritierend sind. Sie ignorierten uns in Anbetracht ihrer stolzen Rolle als Herren der Insel vollständig und gingen unbeirrt ihren eifrigen Beschäftigungen nach. Dieser Landstreifen aus Sand und Korallenkalk war von ihnen ganz und gar bedeckt und beherrscht; die gesamte Insel schien sich durch die offenbar in vergeblicher Nahrungssuche umherkriechenden Krabben zu bewegen. Wir fragten uns, wie die Tiere hier überhaupt existieren konnten; zweifellos zogen sie von Zeit zu Zeit ins Meer und suchten sich dort, was sie an Nahrung brauchten.
Im Süden von Maf Zuber gab es noch eine kleine Insel, die ich unbedingt besuchen wollte, da sie ein ganz außergewöhnliches

Fleckchen Land im Roten Meer darstellt. Es ist eigentlich nur ein Haufen Korallenkalk, dessen Fundament ein Saumriff bildet, zeigt nicht die geringste Spur einer Vegetation und ist geradezu der Inbegriff von »wüst und leer«. Dieses Ödland ist mit unzähligen Grabmälern einschließlich Kindergräbern bedeckt, die alle die Form kleiner Boote haben und durch sorgfältig mit Steinen gesäumte Pfade miteinander verbunden sind. An einer Stelle hat man tafelförmige Felsstücke senkrecht aufgestellt, vermutlich als Gedenksteine für die im Meer verschollenen Toten.

Wir sahen auf der Insel eine Reihe niedriger Unterschlupfe dicht bei Felsblöcken, die so Schutz bieten konnten vor dem scharfen Wind, und trafen auch auf Spuren von Menschen. Sonst aber lag alles still und verlassen.

In dieser Korallenstadt der Toten sind Grauen und Geheimnis beinahe körperlich spürbar. Die Brandung schlägt unaufhörlich und unbeteiligt ans Ufer, während der Wind um die Felsen heult und eine gnadenlose Sonne auf diesen trostlosen Haufen aus Bruchkorallen und leeren Muschelschalen niederbrennt. Über uns kreisen mit kurzen, scharfen Schreien die Möwen und warten ungeduldig darauf, daß wir diesen ungastlichen Ort verlassen.

War diese Insel früher einmal bewohnt? Und wer sind diese Toten? Sind sie Opfer des Meeres oder vielleicht Pilger, die auf dem Weg zur heiligen Stadt Mekka ertranken? Vielleicht ist die Insel ein Ort des Gebets und eine Begräbnisstätte für die Fischer dieser Gegend am Ende der Welt, wo abgestorbene Korallen und leere Muschelschalen, von Wind und Sand blankgeschliffen, in einer trostlosen Wildnis die Leiber der Toten bewachen.

Um die Mittagszeit ging die *Calypso* etwa 250 Meter vor der Nordspitze der Insel Mar Mar bei einer Wassertiefe von 30 Meter vor Anker. Da wir 1951, 1954 und 1955 bereits hiergewesen waren, kannten wir uns an Ort und Stelle recht gut aus. Die Insel besteht aus einem halbmondförmigen Sandstreifen, der von Südost nach Nordwest verläuft und weder Baum noch Strauch trägt; es gibt dort auch keinen Tropfen Wasser. Die einzigen Anzeichen pflanzlichen Lebens sind da und dort Stellen mit kümmerlichem Gras, auf das die Sonne unbarmherzig herabbrennt.

Yves Omer, Bernard Delmotte und mein Sohn Philippe ließen sich auf diese für das Rote Meer typische einsame Insel bringen, wo sie fünf Tage fotografieren wollten. Der Strand wimmelte von Winkerkrabben; gelegentlich fand sich auf dem Boden auch ein Nest mit Eiern von Tölpeln. Hier, in unmittelbarer Nähe des Meeres, wurden unsere drei Insulaner zu Zeugen erbittertster Kampfesszenen

zwischen den Vögeln und Schildkröten, die nachts aus dem Meer stiegen und sich über die jungen Tölpel hermachten.
Neben ihren Fotoarbeiten sollten Philippe, Delmotte und Omer auch den Umkreis der Insel unter Wasser erkunden. Bei einem ihrer Taucheinsätze wurde ihr Schlauchboot an der Nordspitze der Insel von einer gefährlichen Strömung erfaßt und in einen Wirbel gezogen, in dem es so heftig hin und her gestoßen wurde, daß es sich buchstäblich in der Mitte durchbog und umklappte. Wie durch ein Wunder gelang es den dreien, das Boot wieder aufzurichten und ans Ufer zurückzukehren, obwohl sie sich schon fast einen Kilometer davon entfernt hatten und in ständiger Gefahr schwebten, von der Strömung ins offene Meer abgetrieben zu werden.
Trotz dieses gefährlichen Vorfalls führten die drei Männer alle Arbeiten aus, die sie sich vorgenommen hatten. In einer Tiefe von etwa 15 bis 20 Meter wuchs die Koralle senkrecht, so berichteten sie, und wirkte wie eine tiefe Furche, die sich in die flimmernde Bläue der Tiefe einschnitt. Omer und Delmotte entdeckten ein Rudel von Sandhaien, die in den Öffnungen und Höhlen der Korallenstöcke lebten, und versuchten, die Tiere ins Freie zu locken, um sie filmen zu können. Da alle möglichen Anstrengungen nichts halfen, zogen sie die Haie schließlich am Schwanz aus ihren Schlupfwinkeln, worauf sich die Tiere sofort wieder ins nächste Loch verkrochen. Es war völlig unmöglich, diese so gefährlich aussehenden, aber scheuen Raubfische auf den Film zu bekommen.
Vor der Südspitze der Insel entdeckten die Männer einen steilen Felsabbruch mit einer etwa 15 Meter tiefen Höhle, die sie unter den kalten, starren Blicken einiger anderer, weniger zurückhaltender Haie erforschten.
An der Südwestseite von Mar Mar stießen sie in 25 Meter Tiefe auf ein kleines Plateau, in dessen Nähe sich an die hundert Adlerrochen *(Aetobatus narinari)*, vor den Tauchern fliehend, blitzschnell in den Sand eingruben. Als die Tiere von den Männern durch Herumstochern im Boden gereizt wurden, tauchten sie wieder auf, schlugen mit den »Flügeln« und schüttelten die feinen, gelben Sandkörner wie Goldstaub von sich. Der Anblick, den sie boten, ähnelte verblüffend dem des Königs der Lüfte, nach dem sie benannt sind: Die Rochen sahen aus wie zum Flug ansetzende Adler mit ausgebreiteten Schwingen.
Das Team kam mit einer Nachricht zurück, die ich befürchtet hatte: Die Korallen um Mar Mar, jetzt weit weniger häufig und farbenprächtig als bei unseren früheren Besuchen, waren am Absterben. Ich wollte mich selbst davon überzeugen und begab mich unter

Ein Federstern, vom Meeresgrund aus fotografiert. Im Vordergrund Korallenspitzen und rote Schwämme.

Wasser, wo ich über weite Strecken nicht nur absterbende, sondern tote Korallenstöcke sah. Es sah so aus, als liege das ganze Riff im Sterben. Der Grund dafür liegt – zumindest im Falle der Inseln des Farasanen-Archipels – auf der Hand. Auf dem Weg zu diesen einsamen Inseln, die weitab von den großen Schiffahrtsstraßen liegen, fährt man durch riesige, im Wasser treibende Massen von Müll, wie Flaschen, Kanister, Kunststoffbehälter, die oft genug noch dazu von einer Ölschicht bedeckt sind. Der Mensch hat das Meer zum Abfalleimer gemacht; alles, was von Passagierschiffen, Tankern und Frachtern über Bord geworfen wird, trägt die Strömung zu jenen Koralleninseln. Dort bleibt der ganze Unrat liegen und zerstört die Korallen, die klares, sauberes Wasser zum Leben brauchen. Das Rote Meer ist ein Binnenmeer, aus dem für unseren Zivilisationsdreck kein Weg ins offene Gewässer führt.

Während unseres Aufenthaltes bei Mar Mar hatte jeder an Bord alle Hände voll zu tun. Auf einem anderen Riff, das wegen seiner günstigeren Lage in der Mitte des Archipels nicht so stark vom Verschmutzungstod bedroht ist, waren unsere Filmleute mit Dreharbeiten über einen Schwarm Papageifische beschäftigt. Diese großen, blauen und grünen Exemplare haben wegen ihres Kopfhöckers und ihres Papageienschnabels ein recht auffallendes Aussehen. Wie schon erwähnt, »grasen« sie die Korallenstöcke ab und scheiden die unverdaulichen Bestandteile ihrer Nahrung in Form von Sand wieder aus. Ihre Papageienschnäbel sind für diese Zwecke außerordentlich gut geeignet. Zwei volle Tage lang filmten Falco, Bonnici und Raymond Coll Ernährung und Stoffwechsel dieser Tiere. Es war ein recht ungewöhnliches Unternehmen, für das sich die Papageifische bald als äußerst bereitwillige Schauspieler zur Verfügung stellten. Sie sind zwar von Natur aus sehr scheu, hatten ihre Zurückhaltung in Gegenwart der Taucher aber bald überwunden und setzten ihre Mahlzeiten und Verdauungsvorgänge ungeniert fort. Es dauerte nicht lange, bis sie ebenso kamerasüchtige Laiendarsteller geworden waren wie damals Jojo, unser Zackenbarsch, und so betont vor der Kamera hin und her schwammen, als wüßten sie genau, daß unser filmtechnischer Aufwand ihnen galt. Ich habe übrigens öfter den Eindruck, daß die Meerestiere mehr über uns wissen als wir über sie.

Als wir unsere Filmarbeiten mit den Papageifischen abgeschlossen hatten und uns zur Abfahrt bereitmachten, beschloß ich, die Auswirkungen der Wasserverschmutzung auf die Korallenbestände dieses Gebietes nochmals zu untersuchen. Ich ließ die Tauchende Untertasse zu Wasser bringen und begab mich an der Nordnordostspitze der Insel auf etwa 100 Meter Wassertiefe. In einer der Senken oder Unterwassertäler, die für dieses Gebiet typisch sind und ihrerseits um 20 bis 25 Meter tiefer liegen als der Meeresboden, war der Sand so grellweiß, daß er das Wasser buchstäblich erhellte. Ich sah mich um. Die Steinkorallen an den Talwänden zeigten nur einen spärlichen Wuchs und wirkten kränklich und farblos, während es andererseits eine Fülle von Schwarzen Korallen gab. Dies legt den Schluß nahe, daß die Schwarze Koralle für Wasserverunreinigungen weniger empfindlich ist als die Steinkoralle.

Unter Wasser sieht die Schwarze Koralle eher kastanienbraun als schwarz aus und wächst in buschigen Gebilden. Ihre »Hauptäste« werden oft zwei bis fünf Zentimeter stark, so daß man sie nur mit der Säge vom Stock abtrennen kann. Die Schwarze Koralle wird in den arabischen Ländern als Schutz gegen Krankheit und Unglück sehr geschätzt und häufig zu Amuletten und Perlenketten verarbeitet. Für den Taucher besteht ihr Wert in ihrer Seltenheit. Daß die Schwarze Koralle ein Nesseltier ist, erfuhr Raymond Coll am eigenen Leibe. Er hatte mit der behandschuhten Hand einen Zweig der Schwarzen Koralle angefaßt und sich nach dem Auftauchen, als er die Tauchermaske abnahm, gedankenlos mit den Handschuhen über die Augen gewischt. Am nächsten Tag konnte er nichts mehr sehen, und es dauerte mehrere Tage, bis sein Augenlicht wiederhergestellt war.

Als wir Mar Mar verlassen hatten, fiel uns auf, daß der Zustand der Korallen immer schlechter wurde, je weiter wir nach Norden fuhren, und zwar so ausgeprägt, daß wir das unmöglich übersehen konnten. Der Grund dafür ist darin zu suchen, daß der Golf von Suez, auf den wir Kurs genommen hatten, gewissermaßen eine Sackgasse darstellt, in der das Wasser durch Wind und Strömung zwar ständig aufgewühlt, aber nicht gereinigt wird. Die meisten Inseln der Farasanen-Gruppe sind daher zu Ablagerungsgebieten für die im Roten Meer treibenden Abfälle geworden und außerdem vom Ölschlick verpestet. Ihre Korallen setzen in diesen verschmutzten Gewässern eine ekelerregende, grünliche Schleimschicht an; ihre völlige Vernichtung ist wohl nur noch eine Frage der Zeit.

Am schlimmsten war es in dem Gebiet um Dschidda, dem Hafen von Mekka. Zu diesem Zeitpunkt war der Suezkanal für den Schiffsverkehr natürlich noch geöffnet, so daß sich eine große Zahl von Tankern und Frachtschiffen im Roten Meer befand. Heute müssen diese Fahrzeuge den langen Umweg über das Kap der Guten Hoffnung machen. Vielleicht finden wir bei künftigen Besuchen in dieser Gegend wieder sauberes Wasser und Korallenbestände vor, die sich – zumindest vorübergehend – wieder erholt haben. Die entscheidende Frage ist nur, ob sich die Koralle von dieser Vergiftung noch einmal erholen und zu neuem Leben erwachen kann; ihr Leben ist ständig bedroht und hängt im Grunde von einer Kombination besonders günstiger Umweltbedingungen ab. All die Jahre der Beobachtung und Erfahrung mit Korallen haben mich in dieser Frage sehr skeptisch gemacht.

Es sei in diesem Zusammenhang erwähnt, daß ich die Anregung zu diesen jahrelangen Erfahrungen und Beobachtungen schon als Kind durch die Lektüre der Bücher von Henri Monfreid bekam. Dieser französische Schriftsteller schrieb eine ganze Serie von Abenteuergeschichten über Perlenfischer, Piraten, Sklaven und Haschisch-Schmuggler, die mich als Junge ungeheuer faszinierten. Von Monfreid habe ich übrigens auch die Idee mit dem Beobachtungsdeck am Schiffsschnabel der *Calypso*, von dem aus ich mir das Rifflabyrinth, in dem ich gerade manövrieren muß, jederzeit von oben betrachten kann. Eine von Monfreids Geschichten erzählt nämlich von einem arabischen Schiff, das den Seeräubern dadurch entkam, daß ein auf der Mastspitze sitzender Schiffsjunge den Verlauf der Riffe genau beobachtete und dem Kapitän Navigationshinweise zurief.

Unser literarisch inspiriertes Beobachtungsdeck hat sich hundertfach bewährt, da es uns erlaubt, mit der *Calypso* auch zwischen engen Korallenformationen zu manövrieren. In besonders schwierigen Situationen ist dieser Ausguck mit mehreren Besatzungsmitgliedern gleichzeitig besetzt; oft bin ich auch selbst dort oben – und sei es nur, um die Farbschattierungen des Wassers in Grün und Blau zu verfolgen. Diese Farbnuancen erlauben es uns, die Wassertiefe an einer bestimmten Meeresstelle mit einiger Sicherheit zu bestimmen. Dunkelblau ist beispielsweise ein gutes Zeichen und bedeutet, daß das Wasser hier sehr tief ist. Bei Dunkelgrün können wir ebenfalls unbesorgt passieren. Ist das Meer jedoch flaschengrün, so befinden wir uns an einem Riff und müssen uns vorsehen. Ein helles, ins Gelbliche gehendes Grün aber ist ein klares Warnsignal für sehr seichtes Wasser. Es gibt allerdings Situationen, in denen die Sicht beispielsweise wegen des Sonnenstandes schlecht ist; hier müssen wir uns dann mehr auf unsere Intuition als auf die Färbung des Wassers verlassen.

Die Welt der Korallen mit ihren Irrgärten, Zinnen und Türmen, ihren reichgeschmückten Wänden und feinziselierten Grotten ist von einer unglaublichen Fülle »seßhafter« Fische bevölkert. Der mannigfaltige Kampf ums Dasein unter den Riffbewohnern bestimmt die Gesetze, Tragödien und Freudenfeste in diesem unterseeischen Dschungel. Es ist ein komplexes Ballett des Lebens, dessen Tänzer mit jeder Drehung dem Tod begegnen.

Deloire gab uns an jenem Morgen folgenden Bericht von seinem Taucheinsatz: »Eine etwa 25 Meter hohe, senkrechte Felswand, die allein schon ein überwältigender Anblick war, endete oben mit einem Plateau. Dort wimmelte es von Fischen aller Art, Schmetterlingsfischen, Halfterfischen, Papageifischen und vielen anderen. Ich beobachtete sie gerade, als plötzlich wie aus dem Nichts ein Hai auftauchte und mitten in einen Makrelenschwarm hineinschoß, in dem er sich mit weit geöffnetem Maul hin und her warf. Ich hatte etwas Derartiges noch nie erlebt; der Hai bewegte sich so schnell, daß ich nicht einmal sehen konnte, ob er überhaupt etwas fing.«

Der Beobachtungsstand, von dem aus wir immer besonders aufmerksam Wache halten, wenn die *Calypso* durch Korallengewässer kreuzt.

Viele Fischarten, die das Riff bevölkern, leben aus Gründen der Selbsterhaltung in Schwärmen. Dies bietet den Einzeltieren einen recht wirksamen Schutz, da ein Raubfisch, der auf Beute ausgeht, für eine erfolgreiche Jagd erst einmal ein einzelnes Opfer isolieren muß. Ein großer Fischschwarm, der sich als geschlossene Formation im Wasser bewegt, irritiert daher den Räuber zunächst ganz beträchtlich.

Die Korallenbauten sind, wie gesagt, ein deutlich umgrenztes »Wohngebiet« für eine große Zahl von Fischarten, die sich nur in Korallengewässern finden. Sie sind an die Lebensbedingungen zwischen den Riffen besonders gut angepaßt; ihr Körperbau ist meist platt, oft sogar scheibenförmig, und ihre außerordentlich beweglichen Flossen erlauben es ihnen, sich schnell in jede beliebige Richtung zu bewegen und sich blitzartig zwischen die Korallenstöcke zurückzuziehen, wenn Gefahr droht. Diese große Beweglichkeit bedeutet im wahrsten Sinn des Wortes eine Frage von Leben und Tod.

Die Farbenpracht und Schönheit der Zeichnungen machen die Korallenfische zu den auffallendsten Meeresbewohnern. Viele von ihnen wechseln im Lauf ihres Lebens je nach Alter, Jahreszeit und Geschlecht mehrmals die Farbe. Papageifische verändern sich beispielsweise dreimal im Leben, wobei Männchen und Weibchen ihrerseits verschieden gefärbt sind. Dies macht es den Ichthyologen begreiflicherweise sehr schwer, die einzelnen Arten voneinander zu unterscheiden; oft wurden Fische der gleichen Art wegen ihres farblich so abweichenden Aussehens für Exemplare ganz verschiedener Arten gehalten – kein Wunder also, daß man einst über 300 »Arten« von Papageifischen beschrieben hat. Inzwischen ist diese Zahl auf knapp 100 reduziert worden.

Die Pracht der Farben und Muster bei den Fischen der Riffe ist, wie schon erwähnt, durchaus nicht ohne einen biologischen Sinn. Die Färbung stellt oft sicher eine Form des Selbstschutzes dar: Eine auffallende Zeichnung mit Streifen oder Punkten kann dazu dienen, Angreifer zu verwirren und abzulenken und dem verfolgten Tier damit Zeit zu geben, sich im Korallengewirr zu verstecken. Diese Erklärung ist allerdings nicht immer überzeugend. Der blau und gold gestreifte Kaiserfisch, um nur ein Beispiel zu nennen, ist so auffällig und weithin sichtbar, daß seine Färbung selbst vor dem farbenprächtigen Hintergrund des Korallenriffs sicher nicht zur Tarnung dienen kann.

Der bekannte Zoologe und Verhaltensforscher Konrad Lorenz hat vor einiger Zeit eine weitere, hochinteressante Erklärung für dieses Phänomen gegeben. Die auffallende Färbung der Korallenfische hat nach Lorenz die biologische Funktion, den einzelnen Exemplaren einer bestimmten Art anzuzeigen, daß hier ein Artgenosse kommt. Danach bestünde der Sinn und Zweck verschiedener Farben und Muster mehr in der plakativen Information für die Angehörigen der gleichen Fischart als in der Abschreckung anderer. Dies ist schon deshalb eine recht einleuchtende Erklärung, weil jeder Fisch sein eigenes »Revier«[1] im Riffbereich hat, das er gegen seine Artgenossen erbittert verteidigt. Gleichzeitig spielt die intensive Färbung der Tiere wohl auch bei der Fortpflanzung eine Rolle und könnte beispielsweise den Männchen als Warnsignal für ihre Rivalen dienen.

Ich persönlich glaube, daß die auffallenden Muster und Farben bei der tropischen Fauna der Riffe mehrere Funktionen erfüllen. Viele Fische wollen offenbar mit ihrer Zeichnung bei den anderen sozusagen Aufsehen erregen, wollen zu erkennen sein, wollen einschüchtern und damit abschrecken; ihr Verhalten und das ihrer möglichen Feinde bestätigt, daß es sich hier in der Tat um Abschreckung handelt und nicht um Tarnung. Wenn der Rotfeuerfisch beispielsweise seine flügelartigen Brustflossen wie einen Schleier um sich breitet und bei Gefahr seine Rückenflossenstacheln zeigt, so hat dieses »Warnen« eine ganz eindeutige Wirkung auf den Angreifer.

Die auffallenden Farben, Muster und sonstigen Merkmale dieser Fische besitzen also offensichtlich »Signalfunktion« für die eigenen Artgenossen ebenso wie für Angehörige anderer Fischarten. Sie dienen außerdem als sexuelle Reize und gleichzeitig als Warnsignal für den Rivalen und geben den Artgenossen zu verstehen, daß ein bestimmtes Revier bereits besetzt, das fragliche Korallenloch schon bewohnt ist und sie besser daran täten, den farbenprächtigen Herrn des Hauses nicht unnötig zu reizen.

Von dem hier anklingenden »Sozialleben« der Riffbewohner wissen wir noch so gut wie nichts; wir können nur dadurch allmählich Einblick in die komplexen Zusammenhänge gewinnen, daß wir sie betrachten und untersuchen als ein unteilbares Ganzes, bestehend aus einer Vielzahl voneinander abhängiger Faktoren. All die Signalfunktionen, Territorialansprüche, Hierarchien und Machtkämpfe stehen in enger Wechselbeziehung und bilden ein ständig bedrohtes Gleichgewicht der Kräfte, das sich in Jahrmillionen eingespielt hat.

[1] In einem späteren Abschnitt des Buches werde ich bei der Diskussion des Zackenbarsches noch auf die große Bedeutung des »Reviers« oder »Territoriums« eingehen. Es sei daher an dieser Stelle nur ganz kurz bemerkt, daß es sich dabei um einen »Lebensraum« handelt, den die Meerestiere ebenso erbittert verteidigen wie die Lebewesen an Land.

Eben ihre Komplexität aber läßt die Erforschung dieser Welt so überaus faszinierend werden.
Am 1. Juni liefen wir in den Hafen von Port Sudan ein, wo wir eine frisch überholte, in neuer Farbe funkelnde *Espadon* vorfanden.
Port Sudan war und ist praktisch der einzige Hafen im Roten Meer, der diesen Namen verdient, d. h., der all die technischen und personellen Voraussetzungen für die Wartung und Versorgung von Schiffen bietet, wie man dies von europäischen Häfen gewöhnt ist. Es gibt hier beispielsweise Docks und Ersatzteillager. Die Lotsen, die Kaufleute sowie die meisten Techniker und Handwerker sind Engländer.
Die Stadt selbst ist ebenfalls von Interesse. Den Korallengewässern benachbart, erweist sie sich als für unsere spezifischen Zwecke äußerst günstig. Nördlich von Port Sudan erstreckt sich eine Kette von Saumriffen bis hinauf zur Insel St. John; parallel dazu verläuft in etwa 15 Kilometer Entfernung ein Barriere-Riff. Zwischen beiden liegt ein bis zu 300 Meter tiefer Kanal, der ein vorzügliches Fahrwasser bietet, und im Süden schließt sich ein weiteres Korallenlabyrinth an, der Suakin-Archipel. Man kann Port Sudan daher mit einigem Recht die afrikanische Hauptstadt der Korallengewässer nennen.
Am 2. Juni brachen wir gegen vier Uhr morgens nach Shab Rumi auf, wo wir knapp drei Stunden später in jene riesige, wunderschöne Lagune einfuhren, die damals der Schauplatz unseres Experimentes *Precontinent II* (auch *Conshelf II* genannt) gewesen war. Sechs Wochen hatten die Männer unter der Oberfläche dieses klarblauen Wassers verbracht, dessen Anblick nun so viele Erlebnisse ins Gedächtnis zurückrief – Erinnerungen an unsere Arbeit, an den Erfolg unseres Unternehmens und, vor allem, an unseren zermürbenden Kampf mit den ungeheuren Bleigewichten, die wir als Ballast für unsere Unterwasserbauten verwenden mußten. Hier hatten wir auch unseren Film »Welt ohne Sonne« gedreht. Das Korallenriff erhob sich völlig isoliert aus der See und lag zum größten Teil knapp unter der Wasseroberfläche.
Diesmal waren wir ganz allein hier; kein Frachter wie die *Rosaldo* mit ihrer sizilianischen Besatzung begleitete uns wie damals bei dem Unternehmen *Precontinent II*, ja wir fanden nur noch wenige Spuren, die bezeugten, daß wir überhaupt je hiergewesen waren. Die Leichtmetallbrücke, die wir über das Riff gebaut und natürlich die

Trotz ihres gefährlichen Aussehens gehört diese gefleckte Muräne zu den Tieren, die von den Tauchern der *Calypso* gezähmt werden konnten.

»Brücke am Kwai« genannt hatten, war im Meer verschwunden, und es war irgendwie beruhigend, daß die See unsere Spuren so gründlich getilgt hatte.
So tröstlich diese Vorstellung auch gewesen sein mag – sie stimmte nicht ganz. Falco, Deloire und ich tauchten an der Stelle, an der 1963 unsere Unterwassersiedlung gestanden hatte. Obwohl unser Aquanautendorf nun alles andere als einladend aussah, war es dennoch gut erhalten. Der Unterstand für die Tauchende Untertasse, ja sogar sein gelber Anstrich waren in bester Verfassung; das gleiche galt für den Geräteschuppen. Das Bauwerk, in dem die Aquanauten gewohnt hatten, war nach Abschluß des Experiments natürlich zerlegt und von uns mitgenommen worden.
Der Meeresgrund im Bereich der Unterwassersiedlung bot allerdings einen chaotischen Anblick. Er war mit allerlei Abfall vom Bau, mit Kabeln, Eisenstangen, Teilen der Metallverkleidung und Fischbehältern übersät und sah aus wie der Müllabladeplatz einer Großstadt. Daher gab es auch relativ wenig Fische hier; nur ein Schwarm Drückerfische zog an uns vorbei, ohne uns zu beachten. Wir fragten uns, wo all die Lippfische, Zackenbarsche und Schnapper geblieben waren, von denen dieses Gebiet früher gewimmelt hatte. Zweifellos waren zahlreiche Taucher von Port Sudan hierhergekommen, um den Schauplatz von *Precontinent II* zu besuchen, und sie hatten gewiß auch ihre Harpunen mitgebracht ... Korallen aber gab es überall, wohin wir blickten. Die Kabel, Eisenstangen und Fischkäfige waren mit faustgroßen roten Korallengebilden bewachsen, die sich in den vier Jahren angesetzt hatten (eine Art übrigens, die der Papageifisch besonders gern frißt). Ihr Wuchs war an den Luken, aus denen wir das Glas entfernt hatten, besonders dicht. Alle Metallteile der Siedlung hatten durch ihren korallenen Überzug seltsame, oft bizarre Formen angenommen, während unsere Unterkünfte und Schuppen den Fächer-, Stein- und Weichkorallen nun als Standquartiere dienten.
Hier hatten wir natürlich eine großartige Gelegenheit, uns über eine alte Streitfrage Informationen aus erster Hand zu verschaffen, nämlich über die Wachstumsrate der Koralle. Gaston entdeckte auf einem Kabel, das von der *Rosaldo* stammte, eine Geweihkoralle der Gattung *Acropora*, die innerhalb von vier Jahren einen Durchmesser von 20 Zentimetern erreicht hatte.
Bei Shab Rumi gelangen uns die besten Filmaufnahmen von Riffen des Roten Meeres. Ich hatte von dem Gebiet, in dem unsere Taucher filmen sollten, eine Karte angefertigt, nach der sich die Kameraleute orientierten. Im Südwesten stießen wir wie bei unseren frühe-

ren Besuchen auf eine Fülle von Barrakudas und Makrelen, die in dichtgedrängten Schwärmen um uns kreisten. Die Barrakudas schwammen so nahe und in so großer Zahl beieinander, daß sie wie eine massive Wand wirkten; ihre scharfen, vorstehenden Zähne gaben ihnen das Aussehen räuberischer Hechte. Ich kann mich nicht erinnern, jemals so viele Barrakudas auf einmal gesehen zu haben. Manchmal schob sich eine solche Wand aus Fischleibern frontal in eine andere; dann zogen die beiden verschiedenen Fischarten elegant aneinander vorbei, ohne sich gegenseitig zu beachten oder gar zu vermischen. Einmal schwamm mitten in einem Strom von Fischen ein zwei Meter langer Hai träge dahin; er schien sich nicht im geringsten um seine Umgebung zu kümmern.

Die *Calypso* lag unterdessen innerhalb des Atolls an einer geschützten Stelle vor Anker, von wo aus wir verschiedene Vorhaben zur gleichen Zeit starten konnten. Eines der Taucherteams, bestehend aus Falco, Deloire und Coll, richtete sich unter Wasser ein »Filmstudio« ein, um eine besondere Krebsart, die sich wie ein Bulldozer in den Boden eingräbt, nicht nur bei der Arbeit, sondern auch in den so geschaffenen Höhlen und Gängen zu filmen. Als wir mit Hilfe von kleinen Sauggeräten einige Gänge freigelegt hatten, machten wir die Entdeckung, daß es sich dabei nicht einfach um Tunnel und Löcher handelte, sondern um ein endloses Labyrinth, das uns an die römischen Katakomben erinnerte. Es war völlig unmöglich, dieses weitverzweigte »Straßennetz« mit unseren Sauggeräten freizulegen.

Wir haben diese Krebsart »Bulldozerkrabben« getauft, weil die Tiere pausenlos damit beschäftigt sind, vor ihren Gängen zahllose Wege anzulegen, die sie seitlich mit Korallen- und Muschelstückchen verbarrikadieren. Ich könnte ihnen stundenlang zusehen, wie sie mit einer bei Landtieren nur sehr selten vorkommenden Hartnäckigkeit und Unermüdlichkeit am Werk sind.

Auch ihr »Familienleben« ist recht interessant. Es leben immer zwei Krebse, je ein Männchen und ein Weibchen, in einer Höhle zusammen, die von einer Grundel bewacht wird. Der winzige Fisch hat die Aufgabe, das Krebspärchen vor nahenden Feinden zu warnen, und postiert sich am Höhleneingang. Sobald er irgendeine Gefahr wittert, flüchtet er sich in das Loch, aus dem auch die beiden Krebse erst dann wieder herauskommen, wenn ihr Wachhund durch seine Rückkehr auf den Posten vor dem Höhleneingang »reine Luft« signalisiert hat.

Man findet diese Maulwurfkrebse (wie unsere »Bulldozer« in Wirklichkeit heißen) meist in weniger als 6 Meter Wassertiefe, stößt aber gelegentlich auch 15 bis 20 Meter unter der Oberfläche auf ihre Höhlenlabyrinthe.

Auch am Shab Rumi führten wir einen nächtlichen Taucheinsatz durch, doch diesmal mehr, um das Verhalten der Fische bei Nacht zu beobachten, als um die Schönheit der ausgebreiteten Korallententakel zu bewundern. Wir nutzten dabei die Tatsache, daß Fische vom grellen Scheinwerferlicht im nächtlichen Dunkel eine Zeitlang geblendet, ja fast betäubt sind, und machten zahlreiche Filmaufnahmen von Kaiserfischen und Papageifischen, die im Schutz von Feuerkorallen schliefen.

Das Verhalten der Fische bei Nacht ist ganz unterschiedlich. Manche schlafen so fest, daß man sie mit der Hand fangen kann, wenn man nur vorsichtig genug zufaßt. Es ist jedoch nicht immer einfach, die Schlaftiefe der einzelnen Fischarten zu beurteilen; einige Arten haben einen sehr leichten Schlaf und sind sofort wach, auch wenn man sich noch so vorsichtig »anschleicht«. Dies war auf diesem Taucheinsatz auch bei den Kaiser- und Schmetterlingsfischen der Fall – sie begannen auf der Stelle damit, die Scheinwerfer langsam zu umkreisen.

Bei Nacht haben wir besonders stark das Gefühl, Eindringlinge in einer fremden Welt voller Geheimnisse zu sein, die schutzlos im Dunkel vor uns liegt. Nun, vielleicht doch nicht so schutzlos – Haie schlafen nicht. Die meisten von ihnen sind, soviel wir wissen, immer wach. Einige große Exemplare kamen, zweifellos durch den Lichtschein angelockt, aus dem Dunkel der See auf uns zu. Sie waren nicht abzuschütteln, denn der Hai ist für das Leben im nächtlichen Meer natürlich wesentlich besser ausgerüstet als der Taucher. Er vermag kleinste Umweltveränderungen wahrzunehmen und feinste Reiznuancen zu identifizieren. Wir aber nennen ihn oft ein »primitives« Tier.

Sobald man aus der unmittelbaren Nähe des Korallenriffs auch nur zehn Meter weit schwamm, befand man sich bereits in sehr tiefem Wasser, in dessen intensivem Blau große Fischschwärme dahinzogen. Shab Rumi war ganz offensichtlich der ideale Ort für ein großangelegtes Filmprojekt, denn das Wasser war ungewöhnlich klar und wimmelte von Fischen aller Art, vor allem von Makrelen, Lippfischen und Doktorfischen. Unsere Taucher hatten daher am 3. Juni mit ihrer neuen Unterwasserausrüstung ihren »großen Auftritt«. Wir filmten sie, als sie in Fächerformation einem großen

Makrelenschwarm begegneten. Kaum hatten sie einander passiert, machten beide Gruppen – Männer wie Makrelen – unvermittelt kehrt und schwammen nochmals aneinander vorüber. Dieses beiderseitige Manöver wiederholte sich mehrere Male und wirkte wie ein exotisches Tanzritual oder ein neckisches Spiel. Es war, als erfülle die See alles, was sich an Lebensformen in ihr bewegte – sei es eingeboren oder fremd, Fisch oder Mensch –, mit einer gemeinsamen Instinktsprache. Die Filmaufnahmen wurden ein spektakulärer Erfolg.

Am nächsten Tag, einem Sonntag, beendeten wir unsere Dreharbeiten, lichteten die Anker und nahmen Kurs auf Port Sudan. Als wir dort eintrafen, fanden wir die Spannungen zwischen Ägypten und Israel bis unmittelbar vor den Ausbruch eines offenen Krieges gesteigert. Ich suchte in aller Eile unseren dortigen Bevollmächtigten auf, einen griechischen Industriellen namens Contomichalos, der seit Jahren in Port Sudan lebt, und bat ihn, einen Flug nach Paris für mich zu buchen. Nach Lage der Dinge war nicht abzusehen, ob und wann die *Calypso* den Suezkanal passieren konnte.

Tags darauf, am 5. Juni, brach der Krieg zwischen Ägypten und

Eine Reihe von Seesternarten – so auch der hier abgebildete *Acanthaster* – fressen Korallen. Während der letzten Jahre haben sich die *Acanthaster*-Stachelseesterne stark vermehrt und richten an den Korallenriffen großen Schaden an. Hier ist ein Exemplar mit übereinandergelegten Armen zu sehen.

Israel aus; in den Vormittagsstunden erfuhren wir, daß der Sudan an die Seite Ägyptens getreten war. Auf den Straßen von Port Sudan kam es zu Demonstrationen, in deren Verlauf zwei unserer Leute, die sich gerade an Land befanden, von der Menge mit Steinen beworfen wurden.

Contomichalos, unser Mann in Port Sudan, hatte mir einen Platz in einem Flugzeug besorgt, das um die Mittagszeit nach Paris starten sollte. Der Abflug wurde jedoch erst um fünf, schließlich um sieben Stunden verschoben, denn – Krieg oder nicht – in Port Sudan hielt man eben bis zum Spätnachmittag Siesta. Während der langen Wartezeit wurde die Atmosphäre auf dem Flughafen immer feindseliger. Contomichalos tat, was er konnte, war aber ebenfalls Ausländer und damit fast so unerwünscht und unbeliebt wie ich.

Kurz vor 19 Uhr traf ich schließlich wieder mit einer bestätigten Platzreservierung und allen erforderlichen Papieren am Flughafen ein. Falco und Dumas begleiteten mich und blieben bis zum Abflug meiner Maschine dort. Der Start verzögerte sich zum drittenmal, diesmal durch ein recht ungewöhnliches Ereignis. Drei Fokker-Maschinen der Mistra Air (der staatlichen ägyptischen Luftfahrtgesellschaft) landeten nacheinander auf dem Rollfeld. Sie hatten nicht einmal Positionslichter gesetzt und weder Passagiere noch Stewardessen an Bord – nur Soldaten, die auf die sudanesischen Flughafenbeamten zustürmten und (zumindest für mich) unverständliche arabische Befehle brüllten. Ich sah gerade noch, wie sie Kaffee gereicht bekamen und die Tassen in Empfang nahmen – dann rollte meine Maschine endlich an den Start.

Die *Calypso* lief in den Hafen von Suez ein und lag dann neben der *Espadon* vor Anker, deren Besatzung auf zwei Mann zusammengeschmolzen war.

Die Situation war äußerst unangenehm: Es gab keine Erlaubnis, an Land zu gehen, und weder Wasser noch Verpflegung konnte an Bord gebracht werden.

Die ägyptischen Behörden erteilten unseren Leuten lediglich die Erlaubnis, Unterwasserfahrzeuge, Kameras und Filmmaterial zum Versand nach Frankreich an Land zu bringen. Noch auf der Reede wurde das Frachtgut von israelischen Flugzeugen unter heftiges Maschinengewehrfeuer genommen und völlig zerstört. Am 14. Juli flogen die Israelis einen Angriff auf die Erdölraffinerien von Suez; über die *Calypso* brach ein Splitterregen herein. Zoom, unser Hund, verkroch sich in panischer Angst in irgendein Loch, und es dauerte Stunden, bis man das Tier wieder hervorlocken konnte.

Da der 14. Juli zugleich der französische Nationalfeiertag ist, hatte die Besatzung der *Calypso* das obligatorische Feuerwerk geplant, das am späten Abend gezündet wurde. Es war jedoch reine Zeitverschwendung, denn das Schiff war von so vielen brennenden Benzintanks umgeben, daß der Schein der Feiertagsraketen sofort von der dicken, schwarzen Rauchwolke verschluckt wurde, die über der Szene hing.

Wir wußten, daß die *Calypso* inmitten des Kriegsschauplatzes festsaß, gaben aber die Hoffnung trotzdem nicht auf. Ich war, genau wie die Männer an Bord, fest davon überzeugt, daß wir bald weiter nach Norden fahren und irgendwie durch den Suezkanal kommen würden. Die Gefahren schienen dabei auch nicht größer zu sein als bei unserem Slalom durch die Korallenriffe des Farasanen-Archipels. »Im Kanal liegen lauter gesunkene Schiffe«, sagte man unseren Leuten bei den ägyptischen Behörden. »Na schön«, antworteten die Männer, »dann fahren wir eben drum herum.«

An Bord herrschte große Empörung darüber, daß die Ägypter die *Calypso* nicht durch den Kanal lassen wollten. Sofort nach meiner Rückkehr nach Suez am 15. Juli versuchte ich, alle Hebel in Bewegung zu setzen, und wandte mich sogar an den französischen Botschafter. Überall bat ich, es uns doch wenigstens versuchen zu lassen, konnte aber niemanden überzeugen. Ich bin noch heute der Meinung, daß wir heil durch den Kanal gekommen wären, wenn man uns hätte fahren lassen.

Als die Kämpfe einige Tage später eingestellt wurden, erfuhren wir, daß der Suezkanal auf unbestimmte Zeit gesperrt sei. Ich ließ daher in drei Phasen die gesamte Schiffsbesatzung freistellen, damit die Männer ihre Familien besuchen konnten; außerdem durften sie nach dem Seerecht nicht länger als sechs Monate hintereinander auf See sein. Gleichzeitig nahmen wir eine Reihe neuer Mannschaftsmitglieder an Bord. »Neu« bedeutet hier jedoch nicht »Neulinge«, denn ich kannte die zumeist jungen Leute alle von früheren Fahrten mit der *Calypso*. Obwohl sie in keiner Hinsicht Anfänger waren, mußten wir natürlich mit einer gewissen Einarbeitungszeit rechnen; ich zählte dabei allerdings auf die bewährte Hilfe unseres Tauchgruppenleiters Canoë Kientzy und einiger anderer »alten Hasen« an Bord.

Auch mein Sohn Philippe verließ die *Calypso* und flog nach den USA, wo er in Sioux Falls (Iowa) an Heißluftballons ausgebildet werden sollte. Wir hatten ein Exemplar bestellt, das uns Ende August nach Massaua geliefert wurde. Dieser Ballon erwies sich sowohl bei unseren »Pfadfinderarbeiten« im Gewirr der Atolle als

auch bei unseren Filmaufnahmen bei der Europa-Insel als äußerst nützlich.
Als der Mannschaftswechsel vollzogen und die nötigen Vorräte an Trinkwasser und Lebensmitteln an Bord genommen waren, ging die Expedition – diesmal in südlicher Richtung – weiter. Am 23. Juli ließen wir vor St. John, einer kleinen Insel mit einem Leuchtturm auf halbem Weg zwischen Port Sudan und der Straße von Jubal, Anker fallen. Canoë Kientzy wollte unsere neuen Mitarbeiter so schnell wie möglich einarbeiten und ihre Reaktion auf Haie prüfen. Es war wie gewöhnlich kein Problem, auf diese Tiere zu treffen; sie schwammen in großer Zahl in unserer Nähe und umkreisten uns träge und scheinbar gleichgültig. Unsere neuen Crew-Kameraden nahmen die Gegenwart der Haie in aller Ruhe hin. Alles lief wie am Schnürchen: Unsere »Neuen« hatten sich als würdige Nachfolger der alten Mannschaftsmitglieder erwiesen.
Am darauffolgenden Tag ankerten wir vor Abington, 70 Meilen nördlich von Port Sudan. Abington ist ein Korallenriff, das aus großer Tiefe senkrecht und kreisförmig aufsteigt. Beim Tauchen bemerkten wir erst richtig, wie abrupt sich diese winzige Insel aus dem Roten Meer erhebt, so als gründe sich ein gotischer Turm in bodenloser Tiefe. Ein riesiges Kliff stürzt in Stufen von jeweils etwa 10 Meter Höhe in die Tiefe und verliert sich weit unten in der Finsternis, an deren Rand wir die undeutlichen Umrisse von Haien erkennen konnten. Die einzelnen Stufen waren völlig senkrecht und nur von »Gebüsch« aus Schwarzer Koralle unterbrochen. Es ist ein unbeschreibliches, etwas unheimliches Gefühl, an einer aus unzähligen Lebewesen bestehenden »Felswand« entlang wie im leeren Raum zu schweben. Wir mußten uns außerdem vor den ersten Anzeichen von Tiefenrausch hüten, so daß ich den Taucheinsatz abbrach, bevor es gefährlich wurde.
Am nächsten Tag unternahm das neue Team eine »Wallfahrt« zum Schauplatz von *Precontinent II.* Canoë benutzte den dort liegengebliebenen Anti-Hai-Käfig für einen nächtlichen Tauchausflug vor der Südspitze von Shab Rumi, damit unsere neuen Mitarbeiter auch einmal bei Nacht in den Genuß dieser Unterwasserlandschaft kommen konnten.
Raymond Kientzy, den wir an Bord nur Canoë nennen, hatte die Verantwortung für die Taucherteams übernommen. Bevor er sich uns anschloß, war er Taucher bei der französischen Marine gewesen und hatte geraume Zeit bei Einsätzen in Indochina verbracht. Dann war er eine Weile von uns fortgegangen, um auf eigene Faust auf Schatzsuche zu gehen. Canoë jagt nach gesunkenen Schätzen wie

andere Männer Fußball spielen. Irgendwoher hatte er einen mysteriösen Hinweis erhalten und sich daraufhin in die Karibische See begeben, um nach einem mit Gold beladenen Schiff zu suchen, das dort gesunken sein sollte. Um sicherzugehen, daß er nicht unnötig lange herumsuchen mußte, nahm er sich einen Wünschelrutengänger mit, der ihm helfen sollte, die im Meer versunkenen spanischen Dublonen und Piaster zu finden.
Canoës Unternehmen wurde zu einem großen Abenteuer, wenn auch nicht ganz in dem gewünschten Sinn. Eines Nachts – Canoës kleines Segelboot lag über der Meeresstelle vor Anker, an der angeblich der versunkene Schatz ruhte, und die erschöpften Taucher schliefen den Schlaf der Gerechten – kam ein heftiger Wind auf und trieb das Boot ab, ohne daß Canoë oder der Wünschelrutengänger zunächst etwas davon merkten. Sie wurden von den Wellen mitten in ein Labyrinth von Korallenriffen getragen, rammten aber kein einziges davon. Jeder, der die Riffe dieser Gegend kennt, weiß, daß nur eine besondere Fügung des Schicksals die Katastrophe abgewendet haben kann. Als Canoë und sein Gefährte am nächsten Morgen aufwachten, fanden sie noch nicht einmal einen Kratzer an der Bootswand. Leider war das gütige Schicksal mit dem Gold nicht so großzügig wie mit seinem Schutz vor Gefahren. Canoë kehrte nach einiger Zeit ohne jede Spur von Bitterkeit auf seinen Posten bei uns an Bord zurück – aber noch immer träumt er von Galeonen voller Gold und Silber.

Am 25. Juli schlug um zehn Uhr morgens, als wir gerade den Anker lichten wollten, plötzlich das Wetter um. Mitten in einem steifen Wind von 45 Knoten, der uns Wüstensand aufs Deck blies, sollten wir Massaua anlaufen – die Fahrrinnen dorthin durch gefährliche Riffe sind allein schon ein Alptraum! Die Wetterlage beruhigte sich jedoch bald wieder, so daß wir bei relativ geringem Wellengang im Gebiet der 50 Meilen vor Massaua gelegenen Insel Difnein tauchen konnten. Dort fanden wir den Meeresboden von grünen Algen wie mit einem Teppich überzogen, wie wir es noch nirgends im Roten Meer gesehen hatten. Korallen gab es hier keine.
Die *Calypso* erreichte am 3. August im Laufe des Nachmittags Massaua, wo eine Temperatur von 48 Grad Celsius herrschte. Die Hitze war wegen der großen Luftfeuchtigkeit fast unerträglich. Sie lastete um so drückender auf uns, als wir genau wußten, daß wir ohne den Sechs-Tage-Krieg längst nicht mehr im Roten Meer gewesen wären. Es half aber alles nichts – wir mußten uns eben mit unserer Lage abfinden.

Innenansicht des »weißhaarigen Wracks« mit Lederkorallen in den Löchern der Schiffswand.

6 Das weißhaarige Wrack

Wir durchsuchen korallenüberzogene Schiffe – Vom Umgang mit Haien – Tauchexpedition im Salzsee

»Das können wir nicht filmen«, erklärte Deloire. »Das Wasser ist viel zu unruhig, und außerdem reicht eine merkwürdige weiße Schmutzschicht von der Oberfläche bis in 10 Meter Tiefe. Man kann unten überhaupt nichts sehen. In dieser Waschküche können wir wirklich nicht filmen.«
Mein Sohn Philippe war viel zu begeistert, als daß er sich davon hätte bremsen lassen. »Es ist das hinreißendste Schiff, das ich je gesehen habe, riesengroß und buchstäblich in eine Wolke von Fischen gehüllt, darunter auch einige herrliche Barrakudas. Ich glaube, man hat das Schiff abgetakelt und dort versenkt, denn es ist vollständig ausgeschlachtet – sogar die Schiffsschraube fehlt. Dafür ist es aber von Tieren wie von einem lebendigen Vlies umgeben – einfach phantastisch! Eine richtige Geisterstadt, ein Palast des alten Poseidon.«
Wir waren an jenem Morgen von Massaua aus zum Großen Dahlak gefahren und lagen nun vor der Insel Kebir, wo wir uns in einem Seitenarm des Roten Meeres von etwa 10 bis 12 Kilometer Durchmesser befanden. Eine schmale Fahrrinne verbindet die beiden Gewässer miteinander. Die Araber nennen diese Einbuchtung *Mousselfou*, bei uns Franzosen heißt sie *Goubet Zoukra.*
Das Goubet Zoukra ist schon allein deshalb interessant, weil es etwa 150 Meter tief ist, während das Wasser bei der Insel selbst nur knapp 100 Meter Tiefe erreicht. Das Goubet ist daher eine Art Senke im Meeresboden – vielleicht auch ein versunkener Krater, doch dies halte ich für weniger wahrscheinlich. Der Meeresgrund in unmittelbarer Nähe der Insel besteht aus Schiefer und Sedimentgestein, das keinerlei Spuren einer vulkanischen Entstehung zeigt, und erinnert darin an all die anderen Meeressenken im Kontinentalschelf der afrikanischen Küstengebiete. Mit Hilfe unserer Tauchenden Untertasse hatten wir eine davon nördlich von Port Sudan und eine weitere im Süden der Abington-Inseln untersucht. Über die Entstehung dieser Senken ist – zumindest mir – nichts bekannt; ich

kann meinen Lesern daher auch keine stichhaltige Erklärung anbieten. Vielleicht sind diese Eintiefungen irgendwie mit den berühmten »Blauen Löchern«[1] bei den Bahamas verwandt.
Wir befanden uns kaum in der riesigen Lagune, als wir ein verrostetes Metallstück aus dem Wasser ragen sahen – die Mastspitze eines großen italienischen Schiffes, das, wie sich herausstellte, während des Zweiten Weltkrieges hier versenkt worden ist.
Ich setzte sofort ein Erkundungsteam ein, bestehend aus Philippe, Michel Deloire, Canoë und einigen anderen Tauchern. Die Männer an Bord sind immer mit großer Begeisterung dabei, wenn es gilt, einen Unterwasserspaziergang zu tun – noch dazu, wenn man dabei ein gesunkenes Schiff auskundschaften kann. Doch diesmal schien mit Ausnahme von Philippe das Team bei seiner Rückkehr alles andere als optimistisch. Man war sich lediglich darüber einig, daß das Wrack imponierende Ausmaße besaß; es lag in einer Tiefe von 30 bis 40 Meter und war mit einer dicken Schicht von Steinkorallen, Fächerkorallen und Mollusken überzogen, die sich alle offensichtlich üppig entwickelt hatten. Das war alles recht und schön, doch die Sache hatte einen Haken. Wie Deloire sagte, waren die ersten zehn Meter unter der Wasseroberfläche milchig trüb und wirkten wie ein Vorhang, durch den das Tageslicht nicht bis in größere Tiefen vordringen konnte, wo das Wasser wieder klar war.
Ich meinte, man könne dieses Problem doch sicher mit Hilfe von Unterwasserscheinwerfern lösen, wollte mir das Ganze jedoch vorher selbst einmal ansehen. Daher machte ich mich zum Tauchen fertig, forderte Paul Zuéna auf, mit mir zu kommen, und ließ einen Ruggieri-Scheinwerfer bereitstellen. Dieses tragbare Gerät war von einem findigen Italiener dieses Namens entwickelt worden und für den Einsatz unter Wasser gedacht. Wir hatten mehrere der starken Lampen schon zuvor bei unseren Filmaufnahmen mit dem größten Erfolg verwendet. Es sollte mich doch sehr wundern, wenn unser Ruggieri-Scheinwerfer uns diesmal im Stich ließ!
Wir erreichten die Stelle, an der das Wrack lag, und ließen uns am Mast entlang hinunter. Ich hatte gerade eine Erkältung, stieg also langsam und vorsichtig tiefer, noch bevor ich den Wasserdruck in den Ohren spürte. Es war dies eine sehr vernünftige Sicherheitsmaßnahme, denn schon bei drei Meter Wassertiefe merkte ich, daß

[1] Die »Blauen Löcher«, die wir im Juni 1970 mit der *Calypso* besuchten, sind unterseeische Kalksteingrotten, deren Decken eingebrochen sind. Es gelang unseren Tauchern, einen Stalagmiten heraufzuholen, anhand dessen die Wissenschaftler vielleicht in der Lage sein werden, die Entstehungsgeschichte dieser Unterwasser-»Löcher« zu rekonstruieren.

mein Gleichgewichtssinn etwas gestört war – um so mehr Grund, vorsichtig zu sein.
Das Wasser war weiß, wie unser Erkundungsteam berichtet hatte, und selbst noch ein gutes Stück unter der Oberfläche ziemlich aufgewühlt. Ich ließ mir daher Zeit und betrachtete in aller Ruhe die üppige Fauna, die den eisernen Mast schmückte. Fast alles war weich und ziemlich glitschig; wenn ich etwas berührte, gab es nach oder zog sich zusammen. Das alles war zwar nicht appetitlich, hatte aber wenigstens keine Stacheln und Nesseln.
Paul Zuéna war in Hochform, wartete aber taktvollerweise auf mich, während ich mich langsam nach unten bewegte. Schließlich standen wir auf dem Deck des Frachters. Das Wasser war hier ziemlich klar, so daß wir etwa 25 Meter weit sehen konnten, doch das Licht war infolge der Filterwirkung der oberen, verfärbten Wasserschicht so seltsam unwirklich, daß wir keine Farben erkennen oder klare Umrisse und Einzelheiten sehen konnten. Der Anblick, der sich uns hier bot, war trotz alledem überwältigend; hier war wohl jedwede Art festgewachsener Tiere vertreten, die ich je gesehen hatte – bleich und wie ausgewaschen vom bizarren Licht, das sich oben im milchigtrüben Wasser brach.
Als wir die Ankerwinden vor dem Mast erreicht hatten, fiel mir auf, daß ihre verrosteten Trossen fein säuberlich aufgespult waren.
Das ganze Vorderdeck und die Backbordseite – Steuerbord war nicht zu sehen – wirkte wie ein Dickicht aus weißen Korallenspitzen, die wie zahllose Blindenstöcke vorstanden, jedoch ohne Griff, dafür aber am Ende leicht gekringelt. Philippe hatte völlig recht – das hier war wirklich wie ein Fell, wie dichtes blondes Haar, in dessen Strähnen große Perlmuscheln saßen.
Alles was auf diesem Schiff einmal Holz gewesen war, ob Deckplanken, Lukendeckel, Tür- oder Fensterrahmen, war verschwunden. Diese Art der Verwendung von Holz sprach übrigens dafür, daß es sich um ein ziemlich altes, meiner Ansicht nach auf alle Fälle vor 1940 gebautes Schiff handelte. Als ich zur Brücke hinaufblickte, fiel mir das Fehlen der Schiffsglocke auf; ich war allerdings nicht weit genug nach vorne gegangen, um ganz sicher feststellen zu können, ob ich sie nicht doch übersehen hatte.
Nun wandte ich mich nach Steuerbord, schwamm außen am Schiffsrumpf entlang bis zur untersten Gangway und betrat das Schiff durch ein Leck, das sich an dieser Stelle befand. Plötzlich sah ich kaum zwei Meter vor mir ein riesiges, weißgerändertes Maul. Es war ein »kapitaler« Zackenbarsch von gut und gern 250 Pfund. Ich versuchte, Paul durch Zeichen auf das gewaltige Tier aufmerksam

zu machen, doch den Zackenbarsch schien mein Getue so zu ärgern, daß er majestätisch in irgendeinem Loch verschwand.
Mittschiffs kletterten wir ein wenig auf den Rippen des Schiffsskeletts herum. Ich gab Paul ein Zeichen, den Ruggieri-Scheinwerfer einzuschalten. Es klappte ausgezeichnet. Ich balancierte vorsichtig über die Aufbauten und stellte dabei fest, daß manche Stahlplatten von Rost und Salzwasser fast zu Filigran zerfressen waren.
Nach einiger Zeit klopfte mir Paul auf die Schulter und gab mir durch Zeichen zu verstehen, daß sein Atemgerät undicht geworden war und er daher an Bord zurückkehren müsse. Wir begannen langsam an die Wasseroberfläche aufzusteigen. Ich wollte Paul durch mein Mundstück atmen lassen, doch da das seine wohl wieder etwas besser funktionierte, machte er keinen Gebrauch davon. Kurz darauf tauchten wir wenige Meter vom Beiboot entfernt auf und begaben uns schleunigst an Bord der *Calypso*, worauf Deloires Team sofort nach unten ging, um das Wrack zu filmen. Wir hatten ein herrliches Taucherlebnis hinter uns – nur Paul war untröstlich, weil er es uns »verdorben« hatte.
Paul ist ein Musterbeispiel für die jungen Leute, auf deren Ausbildung an Bord der *Calypso* wir ausgesprochen stolz sind. Er ist nicht nur ein hervorragender Taucher, sondern besitzt auch außerordentlich viel Kameradschaftsgeist und die Fähigkeit, selbst in den überfüllten Quartieren der *Calypso* noch ein zufriedenes, ja glückliches Leben zu führen. Er ist einer von den »Neuen«, die im Laufe der Expedition ausgebildet wurden. Die älteren Besatzungsmitglieder lassen die neu hinzugekommenen Kameraden nicht nur an ihrer Berufserfahrung als Seeleute teilhaben, sondern auch an ihrer ganzen Lebensweise und Weltanschauung. Bei Fahrensleuten – so habe ich mir sagen lassen – war dies schon vor hundert Jahren nicht anders, und ich sehe mit Stolz und Freude, daß die Männer von der *Calypso* diese Tradition ganz von selbst weiterführen. Paul Zuéna ging beispielsweise bei Maurice Léandri in die Lehre, der seinerseits von Kapitän Saout, dem Kommandanten der *Calypso* während mehrerer Expeditionen, ausgebildet worden war.
Noch in derselben Nacht kehrten wir nach Massaua zurück, wo nach wie vor eine unerträgliche Hitze herrschte. Um diese Jahreszeit – es war August – hätten wir es im Hafen sicherlich nicht ausgehalten, und zwar nicht nur wegen der Hitze, sondern wegen des

Ein durch die Annäherungsversuche des Tauchers verschreckter Zackenbarsch, der sich trotz dieses anfänglichen Mißerfolgs später doch noch zähmen ließ.

Khamsin, jenes Wüstenwindes aus Ägypten, der alles an Bord mit Sand bedeckt. Wir verschafften uns dadurch Erleichterung, daß wir jeden Tag in den umliegenden Gewässern mit dem Anti-Hai-Käfig tauchten. Dies hieß bei uns »Unternehmen La Balue« – nach einem französischen Kardinal gleichen Namens, den König Ludwig XI. elf Jahre lang in einem Eisenkäfig gefangenhielt. Uns besuchten wenigstens die Haie, während der arme Kardinal La Balue keine Besucher empfangen durfte.

An Bord der *Calypso* hörte man das sonst für den Hai übliche Wort *requin* nur sehr selten. Die Taucher nennen diese Tiere lieber *les barbus*, die Bärtigen, oder *balaises*, wofür es im Deutschen nichts Entsprechendes gibt und das – nebenbei bemerkt – auch im Französischen keine besondere Bedeutung hat. Oft nennen wir den Hai auch *Jean-Louis* und befinden uns damit im Einvernehmen mit einer alten Tradition der französischen Marine.

Es ist sehr schwer, für diese Umschreibungen eine einleuchtende Erklärung zu finden; vielleicht ist es einfach Aberglaube oder der Ausdruck unseres Respekts für diese räuberischen Herren der See. Möglicherweise zeigt sich hier aber auch nur der Jargon einer doch recht exklusiven Gruppe von Menschen, denn es ist unmöglich, zu dreißig Mann auf engstem Raum zusammenzuleben und Tag für Tag alle möglichen Aufgaben und Gefahren miteinander zu teilen, ohne daraus seinen eigenen Wortschatz zu entwickeln. Die Fachleute der Seelenbranche könnten aus den Worten, die wir an Bord der *Calypso* prägen und verwenden, sicher unsere dunkelsten Geheimnisse auskundschaften.

An dieser Stelle sollte ich vielleicht auch noch unseren Brauch erwähnen, den meisten Tieren, denen wir im oder auf dem Wasser begegnen, einen Namen zu geben, vor allem aber den Meereslebewesen, die wir an Bord nehmen, füttern und zähmen. Einen jungen Wal, den wir alle ins Herz geschlossen hatten, tauften wir beispielsweise Jonas (natürlich!), denn wir wußten ja ganz sicher, daß er tatsächlich einmal im Bauch eines Wals gewesen war. Unsere beiden Seelöwen Pepito und Cristobal gelangten unter diesen Namen sogar zu einigem Ruhm als Fernsehstars. Meines Erachtens entspringt unsere kleine Marotte, den Tieren Namen zu geben, dem Wunsch, das betreffende Lebewesen zu einem von uns zu machen, es in unsere Gruppe aufzunehmen. Dies gilt vor allem für Tiere, mit denen sich nur sehr schwer Kontakt herstellen läßt und für deren Zähmung unsere Männer ein gut Stück Geduld und Liebe aufbringen müssen. Der bloße Akt der Namensgebung ist daher für uns ein Symbol dafür, daß sich zwischen uns eine Beziehung angebahnt

hat und daß das Tier nicht als fremdartiger Außenseiter gilt, sondern einer von uns geworden ist. Dies hat für Menschen, die sich intensiv mit Tieren beschäftigen, eine gewisse psychische Wertigkeit und prägt ihre innere Einstellung für solche Interaktionen durchaus positiv. Eine Wirkung dieses Faktors auf die Tiere wurde bisher allerdings noch nicht nachgewiesen.
Der Umgang mit Tieren hat aber auf den Menschen oft sehr merkwürdige Auswirkungen. Bei den Dreharbeiten für unseren Film über Haie mußten wir naturgemäß gewisse Risiken auf uns nehmen, über die sich jeder von uns im klaren war. Nach einiger Zeit diagnostizierte Dr. Millet, unser Schiffsarzt, bei den Tauchern und Kameraleuten Symptome eines recht seltsamen psychischen Zustandes, der nicht etwa in Angst und Furcht bestand, sondern eher in einer Art »Aktivationssyndrom« aus Begeisterung und fieberhafter Erregung. Aus irgendeinem Grund wollte plötzlich jeder an Bord unbedingt bei den nicht ungefährlichen Begegnungen mit Haien unter Wasser dabeisein. Jeder einzelne von uns bestand mit Nachdruck auf seiner täglichen »Ration« von Hai-Abenteuern, so daß es für mich völlig unmöglich war, diese Massentaucherei auch nur ein wenig einzuschränken. Ich kann mir diesen merkwürdigen Zustand, den ich »Haifieber« nannte, nachträglich nur damit erklären, daß wir den Haien irgendwie unsere Überlegenheit zeigen wollten; es war das Bedürfnis, sich als Herren über diese respektgebietenden Fische zu bestätigen. Mit jedem Mal, das unsere Männer ins Reich der Haie brachte, demonstrierte hier eine Gattung von Lebewesen einer anderen, daß der Mensch in der Herrschaft über das Reich des Meeres für den Hai ein gefährlicher Rivale sei und seinen Mangel an körperlichen Gaben durch die Kraft seines Willens und seiner Intelligenz mehr als ausgleichen könne.

Am 6. August herrschte schlechtes Wetter. Der Khamsin blies mit unverminderter Kraft, und die See hatte eine gelblichtrübe Färbung. Nach einem kurzen Aufenthalt im Hafen von Abu Marina in der Suakin-Gruppe fuhren wir eine Weile mit nördlichem Kurs und folgten der Linie der Farasanen dort, wo das Gewirr der Korallenriffe am dichtesten ist. Dann, wieder nach Süden drehend, passierten wir das Suakin-Gebiet, so daß wir den Korallengürtel des Roten Meeres an der Ost- und der Westküste entlang durchfahren hatten.
Ich bin weder von Natur aus noch meinem Ausbildungsgang nach ein großer Erzähler, und so kann ich nur auf das Verständnis meiner Leser hoffen, wenn ich die Faszinationskraft des Roten Meeres (das mir das liebste und schönste Gebiet der Erde ist) mit meinen be-

scheidenen Mitteln darzustellen versuche. Der Zauber liegt für mich nicht so sehr in den Korallenriffen selbst, sondern in der Meereslandschaft, wie sie sich vor dem Beobachtungsdeck der *Calypso* auftut. Dieses Labyrinth aus Bogenlinien und Halbmonden, um die das Wasser in allen Blautönen spielt, dieser Irrgarten, durch den die *Calypso* vorsichtig ihre Bahn zieht, ist immer wieder ein zugleich hinreißender und ehrfurchtgebietender Anblick. Nirgendwo offenbaren sich die ungeordneten, chaotisch scheinenden Kräfte der sich selbst überlassenen, vom Ordnungszwang des Menschen noch nicht verfremdeten Schöpfung so deutlich wie hier. Es ist ein Mikrokosmos innerhalb des Universums, ein scheinbares Chaos, das doch auf subtile Weise geordnet ist und Gesetzen folgt, von denen wir noch nicht einmal eine Ahnung haben. Dieser Eindruck ist, mit einem weiten Blick von der Wasseroberfläche aus in sich aufgenommen, noch weit nachhaltiger als bei selbst sorgfältigen Detailstudien an Fragmenten dieses Kosmos aus Korallen.
Gewiß, auch im Bereich des unendlich Kleinen liegt ein Abglanz dieses Wunders, und unser ehrfürchtiges Staunen entzündet sich oft gerade beim Entdecken differenzierter Lebensformen bei Organismen, die das menschliche Auge kaum noch wahrnehmen kann. Der gewaltigste Eindruck von der Größe und Herrlichkeit der Schöpfung aber ist die Korallenwelt im Großen, so wie sie sich uns beim Durchfahren der Riffe erschließt.
Ich kenne das Meer sehr gut; es ist in meinem Leben, Denken und Fühlen immer gegenwärtig und strahlt im Raum der Erinnerung. All seine Weite, sein unendlicher Reichtum liegen auf engstem Raum vor mir, wenn ich vom hohen Deck der *Calypso* aus ein Korallenriff wie einen gotischen Dom aus unermeßlicher Tiefe aufsteigen sehe. Soweit das Auge reicht, reihen sich Korallenblöcke und -bäume im samtenen Blau und Grün der See aneinander, getrennt nur durch Sand, auf dessen flachen Vertiefungen ein Glanz liegt wie von schönstem Email. Dieser Anblick ist für mich ein kostbares, beglückendes Geschenk des Schicksals, und ich kann mich jedesmal nur mit großer Mühe von ihm losreißen. Oft verbringe ich mehrere Tage damit, die *Calypso* durch dieses Märchenland zu führen. Dann schlängelt sich das Schiff bei einer Geschwindigkeit von nur zwei oder drei Knoten von einer schmalen Fahrrinne in die andere, während meine Augen dankbar und begierig die unbeschreibliche Schönheit dieser Landschaft trinken.

Am 7. August tauchten wir, noch immer bei schlechtem Wetter, in der Nähe von Dahl Ghab, einer Insel der Suakin-Gruppe. Bei etwa

Unser früheres »Fischhaus« vor Shab Rumi. In den vergangenen vier Jahren sind seine Reste mit Korallen zugewachsen.

20 Meter Wassertiefe trafen wir auf ein Rudel Haie, keiner von ihnen kleiner als drei Meter. Ich zählte sieben Exemplare. Sie schienen sich ihrer selbst und ihrer Rolle als Herren der Meere sehr sicher zu sein, beobachteten uns aber bei aller Gelassenheit und Trägheit aufmerksam aus den Augenwinkeln und begannen bald langsam um uns zu kreisen. Genauso haben sich wohl früher die Indianer auf dem Kriegspfad verhalten, bevor sie einen Treck von Planwagen angriffen.

Vorsicht ist der bessere Teil der Tapferkeit, heißt es, und so beschlossen wir denn, bei der Arbeit doch lieber unsere Anti-Hai-Käfige zu benutzen. Unsere Aufgabe für diesen Tag bestand im Markieren von Haien. Dabei wird unter der Rückenflosse des Tieres eine kleine Metallplakette mit der Adresse des Ozeanographischen Museums von Monaco befestigt. Dieses Verfahren ähnelt dem Beringen von Zugvögeln und dient im Prinzip dem gleichen Zweck. Der Haken an der Sache besteht nur darin, daß wir es nicht mit harmlosen Vögelchen zu tun haben, an deren Füßen sich schnell und mühelos Markierungsringe anbringen lassen, sondern mit sehr »schwierigen Kunden«, die sich beim geringsten Anlaß in wahre Menschenfresser verwandeln können. Wir versuchen das Problem damit zu lösen, daß wir die Plakette an der Spitze einer kleinen, scharfen Harpune unter die Rückenflosse des Haies schießen. Es ist allerdings sehr schwer, die richtige Stelle zu treffen, denn die Plakette muß ihren Platz genau am Rückenflossenansatz finden, weil sie sonst von der zähen Haut des Tieres sehr schnell wieder abgestoßen wird. Für jeden solchen »Blattschuß« muß der Taucher zumindest für kurze Zeit den an der Unterseite eines Beiboots befestigten Schutzkäfig verlassen. Bei jedem Schuß schnellt der getroffene Hai wütend herum, und ich befürchte jedesmal, daß es – harmlos ausgedrückt – zu einem Unfall kommen könnte und dies um so mehr, als Haie dann besonders aggressiv sind, wenn sie ein in die Enge getriebenes Opfer vor sich haben. Genau das scheinen die Taucher in ihren Käfigen aber für den Hai zu sein. Sobald man den Schutz des Käfigs verläßt und ins offene Meer schwimmt, ist man den Angriffen der Haie ausgesetzt. Pablo Ruiz, einer unserer Taucher, wurde einmal unmittelbar nach dem Verlassen des Käfigs, als er gerade an die Wasseroberfläche zurückkehren wollte, von einem Hai angegriffen und verdankt sein Leben oder doch wenigstens die Unversehrtheit seiner Glieder nur der Geistesgegenwart von Jean-Paul Bassaget. Bassaget hatte vom Beiboot aus die Vorgänge unter Wasser verfolgt und den Hai auf Pablo zuschießen sehen. Er ergriff blitzschnell eine im Boot liegende Haigabel und schlug sie dem Vieh auf die Nase, worauf der Hai die Flucht ergriff.

Die Haigabel ist eine unserer Erfindungen, die wir im Verlauf der ersten Rotmeerexpedition zu Beginn der fünfziger Jahre gemacht haben. Sie besteht einfach aus einem kräftigen Holzstock mit einem Griff, an dessen anderem Ende ein Büschel kurzer Nägel vorsteht. Dieses Instrument ist eine wirksame Abwehrwaffe gegen angreifende Haie – vorausgesetzt, daß man blitzschnell und kräftig zustößt. Außerdem muß man sich dabei sehr in acht nehmen, um den Hai nicht etwa zu verletzen und dadurch noch wütender zu machen. Die Nägel am Ende der Haigabel sollen das angreifende Tier daher auch nicht verwunden, sondern nur das Abrutschen des Stockes auf der glatten Haihaut verhindern. Genaugenommen ist die Haigabel

mehr eine Stoß- als eine Schlagwaffe, die den Hai nicht so leicht an sein vermeintliches Opfer herankommen läßt, und ähnelt in dieser Funktion den Stöcken oder auch Schemeln bei der Dressur von Raubkatzen.
Wir blieben bis zum 10. August in der Gegend um Dahl Ghab und fuhren dann weiter zur Insel Tai Mashiya. Die einzigen Bewohner dieses Eilands sind weiße Seeschwalben; wir fanden diese bildschönen Vögel gerade bei der Brutpflege. Die frisch geschlüpften Jungen hatten noch ihr wolliges Daunengefieder und wurden von den Muttertieren mit bewundernswertem Mut beschützt und verteidigt. Die Weibchen blieben so lange bei ihren Jungen, bis wir buchstäblich über ihnen standen.

Am Montag, dem 4. September, suchten und fanden wir in der Straße von Perim ein Schiff auf dem Meeresgrund, das vor dem Kap Si-Ane gesunken war. Das ziemlich große Wrack lag in unruhigem Wasser bei einer Tiefe von etwas über 30 Meter. Canoë und Philippe tauchten als erste und begegneten unmittelbar an dem gesunkenen Schiff einem Zackenbarsch von so gigantischen Ausmaßen, daß sie unwillkürlich zurückfuhren. Das Tier ergriff sofort die Flucht und zeigte sich auch nicht wieder. Leider hatten weder Canoë noch Philippe eine Kamera bei sich. Der sogenannte Riesenzackenbarsch hat einen ziemlich flachen Kopf und wird 200 bis 300 Kilo schwer. Es heißt, er könne mit einem einzigen Zupacken einen ganzen Menschen verschlingen; allerdings habe ich noch nie von einem derartigen Fall gehört.
Das Wrack war gut 100 Meter lang und enthielt eine außergewöhnliche Fülle von Meerestieren, darunter Zackenbarsche von einem bis zwei Meter Länge, aber leider keinen in der Größenordnung des von Canoë und Philippe beobachteten Exemplars, das an die vier Meter lang gewesen sein muß. Neben zahlreichen Papageifischen, die die korallenbewachsenen Schiffswände abgrasten, fanden sich eine wohl zwei Zentner schwere Meeresschildkröte und viele Barrakudas und Haie.
Der Schiffsrumpf war mit einer mehrere Zentimeter dicken Korallenschicht bedeckt, so daß wir den Namen des Schiffes nicht ausmachen konnten. Wir vermuteten jedoch, daß es sich hier um einen im Zweiten Weltkrieg versenkten Frachter handelte, denn sein Rumpf zeigte ein riesiges Leck, und einer der Masten war gebrochen und lag in Stücken auf dem Deck.
Wir führten einen Taucheinsatz bei Nacht durch, doch das Wasser war viel zu aufgewühlt, als daß wir hätten filmen können.

Nicht weit vor der Hafeneinfahrt von Port Sudan liegt eine ganz andere Art von Schiffswrack, der 120 Meter lange Frachter *Ombria,* der noch eine ganze Ladung Munition an Bord hat. Das Schiff liegt mit der Backbordseite nach unten in so seichtem Wasser, daß sein Steuerbord-Davit über die Oberfläche hinausragt. Das Auffallendste an der *Ombria* aber ist die Tatsache, daß sie geradezu in einer Gruft aus Korallen ruht, ja beinahe ein Stück des Korallenriffs geworden ist, in dem sie liegt. An manchen Stellen läßt sich tatsächlich nicht mehr erkennen, wo das Schiff aufhört und das Riff beginnt. Die seßhaften Tiere des Meeres haben das Wrack völlig in Besitz genommen – kein Wunder, denn die entscheidende Lebensfrage für all diese festgewachsenen Geschöpfe ist nicht so sehr das Beschaffen von Nahrung, als das Vorhandensein oder Fehlen einer Unterlage, an der sie sich ansetzen können. Die *Ombria* und andere derartige Wracks bieten diesen Lebewesen zusätzlichen Lebensraum, so daß es in der Nähe gesunkener Schiffe von Meerestieren aller Art buchstäblich wimmelt. Überall auf der *Ombria* gab es Steinkorallen, ganze Perlmuschelbänke und Massen von Korallenfischen. Backbords wuchs Schwarze Koralle, auch sie umrahmt von Perlmuscheln. Am Heck des Wracks zeichnete sich die Silhouette der bronzenen Schiffsschraube gegen das Wasser ab. Laban, nicht nur ein talentierter Taucher und Cellist, sondern auch als Maler sehr begabt, baute sich im flachen Wasser seine Staffelei auf und malte ein Bild von dieser ungewöhnlichen und gleichzeitig ein wenig wehmütigen Szene[1].
Am 5. September waren wir beim Shab Arab, etwa 50 Kilometer östlich von Dschibuti. Es ist dies ein abgesunkenes Riff, das jetzt in einer Tiefe von 10 bis 15 Meter liegt. Wir mußten daher eine Boje aussetzen und mit Hilfe der Echolot-Anlage erst einmal Vermessungen vornehmen.
Canoë schwor Stein und Bein, er habe noch nie so viele Haie an einem Ort versammelt gesehen wie hier. Da wir bis zum 24. Oktober in dieser Gegend bleiben wollten, konnten wir uns ausrechnen, daß wir noch mehr von den lieben Tierchen zu sehen bekommen würden. Wir hatten uns nicht getäuscht. Am 12. September zählten wir über hundert Haie, die uns zur gleichen Zeit umschwammen, und am gleichen Tag wurde Philippe von einem kleinen Hai in den Finger gebissen.

[1] Laban konnte seine Bilder schon mit großem Erfolg in zwei Ausstellungen einer Galerie in Los Angeles zeigen. Bei beiden Gelegenheiten wunderten sich die Ausstellungsexperten über das in Labans Bildern dominierende Blau. Wir vergessen oft, wie fremdartig und seltsam die Unterwasserwelt für den Uneingeweihten doch ist.

Am 22. September testeten wir auf einer kleinen Insel vor Dschibuti erstmals den aus den USA gelieferten Heißluftballon, mit dem Philippe umzugehen gelernt hatte – er bezeichnete ihn als »Hubschrauber des kleinen Mannes«.
Das Aufblasen des Ballons ging ohne jeden Zwischenfall mit Hilfe eines Propangaskochers vonstatten, den wir an Bord hatten. Alle bewunderten den prächtigen Ballon, dessen knallrote, weiße und blaue Streifen sich eindrucksvoll vom afrikanischen Himmel abhoben. Philippe kletterte mit seiner Kamera an Bord. Bald hob sich der Ballon majestätisch in die Lüfte, gefolgt von unseren halb bewundernden, halb neidischen Blicken, bis er plötzlich absackte und Philippe ins Meer tunkte. Dann erhob er sich schwankend wieder ein paar Meter in die Luft und tauchte Philippe zum zweitenmal ins Wasser.
So diente Philippes »Hubschrauber des kleinen Mannes« zunächst einmal lediglich der Unterhaltung der Zuschauer – mit Ausnahme von Philippe amüsierten sich alle königlich. Später erwies er sich für unsere Arbeit als sehr nützlich, wenn er auch äußerst schwer zu handhaben war, denn die in warmem Klima üblichen Luftschichten mit wechselnden Temperaturen erschweren die thermischen Verhältnisse. Philippe war jedoch fest entschlossen, mit dem Ballon und seinen Tücken fertig zu werden, was ihm auch bald gelang (wenn auch nicht ganz ohne Zwischenfälle). Wenige Tage nach dem ersten

Michel Deloire, unser Kameramann, hat sich zu lange unter Wasser aufgehalten und verbrachte gerade acht Stunden in der Druckkammer.

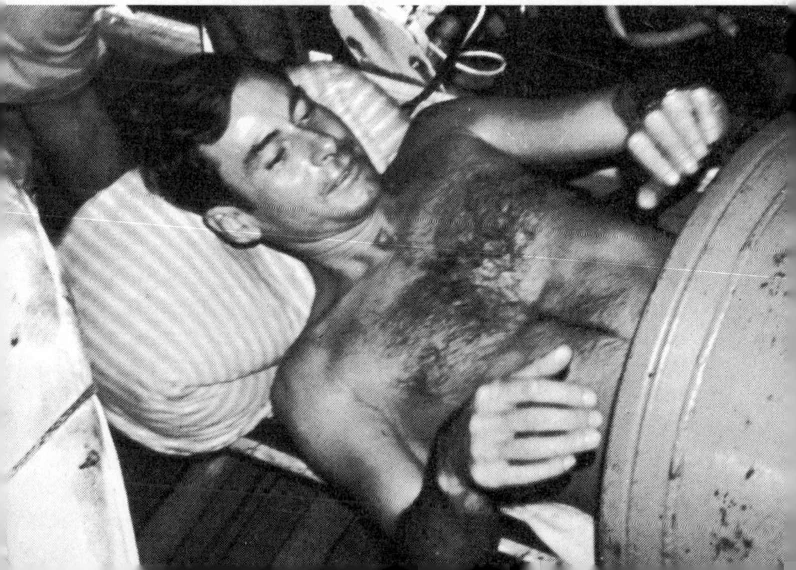

Versuch konnte er den Ballon vom Hinterdeck der *Calypso* aus starten; dabei hielt ihn während des Fluges ein Seil mit dem Schiff in Verbindung. Es klappte alles ausgezeichnet, bis wir den Ballon einholten und das Ventil zum Luftablassen öffneten. Dann nämlich fiel die Hülle plötzlich in sich zusammen und wickelte uns alle in einen Wirrwarr von Nylon.

In der Nähe von Dschibuti liegt ein Salzsee, der Assal-See, den ich für ein interessantes Tauchgebiet hielt und daher mit meinen Leuten besuchen wollte. Der See wird von vielen Touristen besucht, von denen es aber vermutlich noch keinem eingefallen war, ihn sich auch einmal unter Wasser anzusehen.
Auf Einladung einer in Dschibuti stationierten französischen Garnison wurden wir in zwei Gruppen mit Hubschraubern zum Assal-See gebracht und landeten direkt am Ufer. Wir legten sofort unsere Taucherausrüstung an und wateten voller Tatendrang ins Wasser. Es war jedoch unmöglich unterzutauchen, denn wegen des hohen Salzgehalts des Wassers reichte unser üblicher Ballast – die Bleigewichte, die wir am Gürtel trugen, um den Auftrieb des menschlichen Körpers im Wasser auszugleichen – zum Tauchen nicht aus. Wir gaben daher Philippe und Serge Foulon all unsere Gürtel. Mit dieser zusätzlichen Ausrüstung gelang es den beiden dann auch, unter Wasser zu kommen.
Foulon wiegt mit seiner Normalausrüstung etwas über zwei Zentner und brauchte hier weitere 60 Pfund Ballast, um unter die Wasseroberfläche sinken zu können. Philippe filmte Serge vor einem Hintergrund von herrlich geformten Gipsablagerungen, die sich in 10 bis 15 Meter Tiefe gebildet hatten. Später untersuchten die beiden an verschiedenen Stellen des Sees den Salzgehalt des Wassers, der offensichtlich wegen der starken Verdunstung in diesem Binnengewässer so hoch ist. Interessanterweise ergaben die Messungen, daß der Salzgehalt der Proben je nach dem Ort der Entnahme beträchtliche Schwankungen aufwies.
Der Assal-See wird durch Meerwasser gespeist, das durch die Felsen sickert. Als wir nach einigem Suchen den Zufluß gefunden hatten, stießen wir dort zu unserer Verblüffung auf einen Schwarm von Korallenfischen. Es sind vermutlich die einzigen Fische ihrer Art, die in einem Binnensee leben.
Trotz unseres Ehrgeizes hinsichtlich der Erforschung des Assal-Sees mußten wir unseren Aufenthalt bald abbrechen. Wegen der fast unerträglichen Temperaturen waren wir alle von Kopf bis Fuß mit Hitzblattern bedeckt, und der unter so günstigen Voraussetzungen

begonnene Taucheinsatz von Serge und Philippe begann sich für die beiden von einem aufregenden Abenteuer in ein wahres Martyrium zu verwandeln. Der hohe Salzgehalt des Wasser hatte ihre von Hitzeblasen ohnehin gereizte Haut so angegriffen, daß sie erst nach ausgiebigen Frischwasserspülungen das Gefühl etwas verloren, jeden Moment »aus der Haut fahren« zu müssen.
Am 1. Oktober tauchten wir wieder bei Dahl Ghab. Canoë harpunierte eine Makrele, worauf augenblicklich ein Beute witternder Hai aus der Tiefe auftauchte und auf Canoë und seinen Fang losschoß. Canoë hatte gerade noch Zeit, zur Seite auszuweichen, während Philippe sich genau in der Bahn des Haies befand, als dieser an Canoë vorbeischnellte. Ganz instinktiv hielt er den einzigen Gegenstand, den er bei sich hatte, zwischen sich und den auf ihn zurasenden Hai – seine Kamera. Der Hai prallte mit großer Wucht gegen den Apparat, schlug einen Haken und verschwand. Diese dramatische Szene, die um Haaresbreite in einer Tragödie geendet hätte, dauerte nur wenige Sekunden. Für uns aber, die wir sie atemlos verfolgten, wurde sie zu einer Ewigkeit.
Wir beschlossen, noch in der gleichen Nacht vor der Ostspitze der Insel Unterwasseraufnahmen zu machen. Diesmal benutzten Philippe und ich einen massiven Anti-Hai-Käfig, den wir schon bei den Dreharbeiten für den Film »Welt des Schweigens« verwendet hatten. Die anderen Taucher hatten Aluminiumkäfige neuerer Bauart, mit denen man wesentlich leichter umgehen konnte. Als wir alle Vorbereitungen getroffen hatten und mit den Filmaufnahmen beginnen wollten, kam plötzlich ein kräftiger Wind auf und machte das Wasser so unruhig, daß wir nicht mit der Kamera arbeiten konnten. Ich machte den Vorschlag, es an der anderen, windgeschützten Seite der Insel zu versuchen. Der Transport unserer Stahlkäfige ist immer ein schwieriges Unternehmen; Philippe schlug mir daher vor, den großen Käfig einfach von der *Calypso* schleppen zu lassen, während er darin bleiben wollte. Ich ging auf den ersten Teil dieser Anregung ein, weigerte mich aber kategorisch, Philippe während des Transports im Käfig zu lassen.
Während unseres »Umzugs« an unseren neuen Standort wurden Wind und Dünung noch heftiger. Plötzlich brach mit einem scharfen Knall die Trosse, und der Käfig verschwand in der Tiefe. Wäre Philippe im Käfig gewesen, hätte er sich zweifellos befreien können, indem er einfach eine Tür öffnete. Ebenso sicher hätte er aber dann inmitten eines großen Rudels von Haien auftauchen müssen, die durch unsere Anwesenheit ohnehin übererregt und völlig unberechenbar waren. Da gaben wir unser Vorhaben für diesen Tag auf.

Während der Fahrt versammeln wir uns häufig am Bug der *Calypso* und beobachten aufmerksam die Wasseroberfläche, um Pottwale, Delphine und andere große Meerestiere auszumachen.

7 Rund um das Korallenriff

Wir erforschen die Gewässer um Coetlivi, die Glorioso-Inseln, Madagaskar und Sainte Marie – Spiegel-Experimente mit einem Zackenbarsch – Das ökologische Gleichgewicht im Korallenriff – Die Seeanemone und der Clownfisch – Die Seeflöhe

Der Zackenbarsch blies die Backen auf, schob die Unterlippe vor und machte ein sehr verdrossenes Gesicht. Im Dämmerlicht seiner Grotte hoben und senkten sich langsam seine Kiemendeckel. Dann kam sein gepanzerter Kopf mit allen Anzeichen der Neugier auf mich zu. Das Tier zeigte keinerlei Furcht, sondern war eher ein wenig verärgert, wie ich an den aufgerichteten Stacheln seiner Rückenflosse und an seinem angriffslustig gesenkten Stierschädel erkennen konnte. Man kann beim besten Willen nicht sagen, daß der Zackenbarsch mit seinem mächtigen, schildartig gewölbten Kopf und seinen kleinen, starren Augen sehr vertrauenerweckend aussieht.
Ich fragte mich natürlich, was wohl in diesem glatten, knochigen Schädel vorging und was der Anblick eines Menschen in ihm auslösen mochte. Schon seit den Anfängen meines Taucherlebens beschäftigt mich diese Frage immer wieder, vor allem aber, seit ich mit Philippe Tailliez und Frédéric Dumas im Mittelmeer Zackenbarsche gefüttert hatte – damals, bevor noch die Tiere von Unterwasserjägern umgebracht oder verscheucht worden waren.
Damals hatten wir versucht, uns mit den Zackenbarschen anzufreunden, meist mit sehr wenig Erfolg. Ich bin sicher, daß diese unsere Annäherungsversuche auf einem sentimentalen Mißverständnis beruhten. Jeder Taucher ist nämlich sehr stolz darauf, sich einem dieser großen Meerestiere nähern zu können, ohne es zu vertreiben. Wenn es einem dann noch gelingt – und das ist gar nicht so schwer –, das Tier von Hand zu füttern und zu streicheln, bildet man sich natürlich ein, man habe nun eine freundschaftliche Beziehung zwischen sich und dem Zackenbarsch hergestellt.
Im Roten Meer begegneten wir prächtigen roten Zackenbarschen mit blauen Tupfen; es waren Tiere der gleichen Art, der auch Jojo, unser Filmheld aus »Welt des Schweigens« angehört hatte. Eines der beliebtesten Diskussionsthemen an Bord der *Calypso* war die Frage, wie es wohl mit der Intelligenz der Zackenbarsche stehe. Einige unserer Taucher, so etwa Delmotte und Christian Bonnici, die

diese Tierart kannten und liebten, waren der Meinung, Zackenbarsche seien durchaus positiver Objektbeziehungen fähig oder könnten doch zumindest eine gewisse Anhänglichkeit dem Menschen gegenüber entwickeln. Andere dagegen waren in dieser Frage ziemlich skeptisch – Falco, Raymond Coll und Canoë zum Beispiel. Sie glauben eher, daß die scheinbare Zuneigung, die ein Zackenbarsch dem ihn fütternden Menschen zeigt, in Wirklichkeit Ausdruck seiner Gefräßigkeit ist: Die »Liebe« des Zackenbarsches gehe durch den Magen – sie gelte weit mehr der Gabe als dem Geber.
Diese alte Streitfrage flackerte während unseres Aufenthaltes bei Coetlivi erneut auf; dort gab es nur wenige, kümmerliche Korallen, dafür aber um so mehr Zackenbarsche.
Ende Oktober erreichten wir bei herrlichem Wetter diese kleine Insel im Norden Madagaskars. Coetlivi liegt so tief im Meer und ist so flach, daß es von ferne aussieht, als wüchsen Kokospalmen aus dem Wasser. Es ist eine bezaubernde Insel mit reinen, weißen Sandstränden; die etwa 100 Einwohner sind Mischlinge vorwiegend arabischer Abstammung. Coetlivi versorgt seine ganze Umgebung mit Kopra. Das einzige Dorf der Insel liegt mitten im Anbaugebiet auf der Westseite. Coetlivi ist britischer Besitz, doch die größte Kokosplantage gehört dem französischen Konsul Delhomme.
Coetlivi wird einmal im Monat von einem ceylonesischen Schiff angelaufen, das jeweils eine Ladung Kopra mitnimmt. Dieses Ereignis, auf das sich alle Bewohner sehr freuen, bildet den einzigen Kontakt der Insel mit der Außenwelt.
Auf Coetlivi leben zahlreiche verwilderte Esel, die einmal im Jahr für die Kopraernte zusammengetrieben und nach getaner Arbeit wieder freigelassen werden. Auf diese Weise sparen die Insulaner zwar das Futter für die Tiere, haben aber von den störrischen Wildeseln mehr Ärger als Arbeitsleistung zu erwarten.
Das große Ereignis im Leben der meisten Coetlivianer dürfte die Ankunft des einzigen Lastwagens gewesen sein, den es auf der Insel gab. Wohin wir auch kamen, erzählte man uns von diesem großen Tag und der herkulischen Anstrengung, die nötig war, das Fahrzeug an Land zu bringen – denn es gab auf Coetlivi natürlich weder eine Pier noch einen Kran. Die gesamte Bevölkerung war aufgeboten und half mit, worauf die Coetlivianer mit Recht außerordentlich stolz sind.
Das eine Ende der Insel erstreckt sich in Form eines herrlichen Korallenriffs in die See und ist durch dieses Riff mit der kleinen Nachbarinsel Lys verbunden. Die beiden Inseln erheben sich wie die Seychellen auf einem flachen und recht eintönigen unterseeischen Plateau. Im Westen besteht der Meeresgrund bei etwa 1000 Meter

Tiefe aus einer riesigen Ebene. Hier ist es für Korallen zu tief und für die großen Fische nicht tief genug, so daß unsere Tauchausflüge recht enttäuschend waren.
Wir hätten unseren Aufenthalt in diesem Gebiet daher gerne abgebrochen, obwohl wir von den Insulanern außerordentlich freundlich empfangen worden waren. Unser Schiffsarzt hatte jedoch auf der Insel viel zuviel zu tun, als daß wir hätten abfahren können. Ein Teil unserer Mission besteht nämlich darin, den Eingeborenen, in deren Gebiet wir uns gerade aufhalten, ärztliche Hilfe zu bringen. Dies gilt ganz besonders für so weltabgeschiedene Inseln wie Coetlivi. Dr. Millet war seit vier Jahren der erste Arzt, der die Insel betrat. Die Eingeborenen bauten ihm sofort eine äußerst dürftige Hütte, die sie großartig »das Spital« nannten, und kamen dann einer nach dem anderen mit jener Mischung aus Scheu und blindem Glauben, wie sie so bezeichnend ist für Menschen, die eine regelmäßige medizinische Betreuung gänzlich ungewohnt sind.
Zuerst kamen wie immer die Kinder. Laut schreiend und weinend strampelten sie in den Armen ihrer Eltern. Dann waren die Frauen an der Reihe; sie wirkten wie gelähmt vor Scheu und Scham. Schließlich kamen auch die Männer. Dr. Millet arbeitete mehrere Tage und Nächte, um die Leiden dieser Menschen wenigstens teilweise zu heilen oder zu lindern. In dieser Abgeschiedenheit gedeihen offenbar Krankheiten besonders gut, die man bei uns im Westen kaum noch kennt, vor allem durch Parasiten verursachte Krankheiten.
Die geradezu »mittelalterliche« Gesellschaftsstruktur der Coetlivianer war für uns besonders interessant. Eine der wichtigsten Persönlichkeiten auf der Insel ist ein eingeborener Komiker und Possenreißer, der mit seinen derben Späßen und Faxen hier eine ähnliche Rolle spielt wie einst die Hofnarren europäischer Könige. Der Mann gab regelmäßig improvisierte Vorstellungen auf dem Dorfplatz und hatte in seinem verrückten Gehabe nach Dr. Millets Urteil auf den ersten Blick etwas »Pathologisches« an sich. Eine eingehendere Untersuchung zeigte jedoch, daß er sich im dritten Stadium einer schweren syphilitischen Erkrankung befand – der arme Clown war also in Wirklichkeit nur krank. Angesichts der auf der Insel fehlenden Möglichkeiten einer Therapie und des fortgeschrittenen Krankheitsstadiums gab es für ihn auch keine Rettung mehr.
Vom 9. bis 11. November lagen wir im Hafen von Diégo-Suarez auf Madagaskar, wo einige Ausbesserungsarbeiten am Rumpf der *Calypso* vorgenommen werden mußten. Als das Wasser aus dem Trockendock abgelaufen war, entdeckten wir einen großen, gestrandeten Igelfisch – einen bizarren Tropenfisch voller Stacheln – und

nahmen ihn an Bord. Die Taucher versuchten, ihn zu zähmen, hatten aber trotz aller Bemühungen und leckerer Futtergaben wenig Erfolg damit. Beim leisesten Geräusch, der geringsten Bewegung in der Nähe seines Behälters blies sich der Igelfisch mit gespreizten Stacheln zu einer abwehrbereiten Panzerkugel auf und blieb damit bei der Standardreaktion seiner Art auf Gefahrensignale.
Wir nutzten unseren Aufenthalt im Hafen zu einigen Expeditionen an Land. Die erste führte uns an einen der vielen Seen Madagaskars, deren Krokodile bei der Bevölkerung als heilig verehrt werden. Als wir dort ankamen, ließ sich jedoch kein einziges Krokodil blicken. Der Häuptling des nahe gelegenen Dorfes erklärte uns, daß uns die heiligen Tiere ihren Anblick erst gönnen würden, wenn wir ihnen ein angemessenes Opfer gebracht hätten. Er habe ganz zufällig etwas Geeignetes zu verkaufen – einen Büffel. Also kauften wir den Büffel, worauf der Häuptling alle zur Opferung nötigen Maßnahmen zu treffen versprach. Dann zeigte man uns einige in der Mitte des Sees treibende Gegenstände und versicherte uns, das seien die Krokodile. Uns sahen sie eher nach Baumstämmen aus, und wir hatten langsam das unangenehme Gefühl, übers Ohr gehauen worden zu sein. Wir ließen uns jedoch nichts anmerken und brachen zur nächsten Etappe unserer Expedition auf. Auf dem Rückweg am nächsten Tag beschlossen wir aber, einen Abstecher zu diesem Dorf zu machen. Wir fanden die gesamte Dorfbevölkerung bei einem rauschenden Festmahl, dessen Hauptgericht aus unserem Krokodilopfer bestand. Der Häuptling hieß uns ohne jede Spur von Verlegenheit mit ausgebreiteten Armen überschwenglich willkommen und lud uns ein, an dem Festtagsschmaus teilzunehmen. So löste sich die zwielichtige Angelegenheit allseits in Wohlgefallen auf.
Unser nächstes Projekt erwies sich als wesentlich schwieriger. Wir machten uns an einem Flußufer im Nordwesten Madagaskars auf die Suche nach Fossilien. Dieses Gebiet ist so gut wie unbewohnt und nur sehr schwer zugänglich. Wir hatten uns auf zwei Fahrzeuge verteilt und nahmen irgendwo und irgendwie einmal eine falsche Biegung – schon hatten wir uns verirrt. Schließlich mußten wir die Fahrzeuge aufgeben und zu Fuß gehen, bis wir nach mehreren Stunden schließlich doch den See erreichten. Eine Wolke von Moskitos schwebte darüber; zu allem Überfluß war uns auch noch das Trinkwasser ausgegangen, und das Wasser im See sah alles andere als einladend aus. Dr. Millet verbot uns sogar, davon zu trinken; wir taten es aber doch. Glücklicherweise hat es uns nicht geschadet, so daß wir wohlbehalten und mit einer ausgezeichneten Sammlung versteinerter Meerestiere zur *Calypso* zurückkehrten.

Unsere Taucher werden der Erforschung dieser Wunderwelt nie müde, in der das Wasser von kristallklarer Reinheit ist.

Die wichtigste und erfolgreichste Expedition ins Innere Madagaskars war jedoch unsere Fahrt ins Sieben-Seen-Gebiet. Diesmal hatten wir Taucherausrüstung und Unterwasserkameras bei uns.
Die Sieben Seen liegen am Fuß des Lisalo-Gebirges, sind zehn bis fünfzehn Meter tief und werden vom Schmelzwasser der Berge gespeist. Das Wasser ist völlig salzfrei und enthält so gut wie keine organischen Stoffe, so daß wir in unglaublich klares, reines Naß

tauchen konnten. Wasser von solcher Reinheit enthält jedoch wenig Nährstoffe; die Sieben Seen sind folglich auch so gut wie steril. Alles hier vorhandene Leben bestand, soweit wir es beurteilen konnten, praktisch nur aus einer Kolonie zarter Saprophyten im Geäst versunkener Bäume. Diese einsame Unterwasserlandschaft bildete einen eindrucksvollen, fast unheimlichen Kontrast zu dem quirlenden Leben, das wir von den Korallengewässern her gewöhnt sind.

Inzwischen waren die Reparaturarbeiten am Schiffsrumpf abgeschlossen. Wir brachen unmittelbar darauf nach den Glorioso-Inseln an der Nordwestspitze Madagaskars auf. Diese beiden Inseln sind französischer Besitz und dienen als Wetterstation für die Erforschung tropischer Orkane.

Wir erreichten die Inseln am frühen Morgen und gingen vor der größeren der beiden vor Anker. Ein unmittelbar darauf an Land geschicktes Erkundungsteam traf auf drei Eingeborene aus der früheren französischen Kolonie Réunion. Sie bildeten die Mannschaft der Wetterstation und waren die einzigen Bewohner der Insel.

Dieses kleine Fleckchen Erde entspricht genau dem, was in Reiseberichten so oft und gern als »tropisches Paradies« geschildert wird: strahlendweißer Sandstrand, gesäumt von Kokospalmen. Das eine Ende der Insel ragt mit einem vorgelagerten Korallenmassiv wie mit einem Kap ins Meer; hier befindet sich in einem Hain von Kokospalmen die Wetterstation. Es gibt ganze Wälder einer Baumart, die man hier *filao* nennt; Dünen beleben die sonst flache Landschaft. Auch zoologisch gesehen ist die Insel interessant, denn hier bauen die Vögel ihre Nester auf der Erde, und die Nagetiere leben in den Bäumen.

Man hatte natürlich auch versucht, die Insel wirtschaftlich zu nutzen und Kokosplantagen anzulegen: Wir stießen auf die Reste einer Arbeitersiedlung und, wie immer, auf zwei kleine, zeitlos wirkende Friedhöfe im Schatten von Kokospalmen.

Das Prädikat »tropisches Paradies« trifft für die umliegenden Gewässer ebenso zu wie für die Inseln: Herrliches Wetter, kristallklares Wasser und eine Fülle von Meerestieren, vor allem Makrelen und Lippfische, ließen unsere Taucherherzen höher schlagen. Auf dem Meeresgrund, der aus dem für die Glorioso-Inseln typischen, weißleuchtenden Sand besteht, entdeckten wir ein herrliches Korallenlabyrinth. Als wir uns begeistert darin umsahen, bemerkten wir, daß wir unsererseits von einer riesigen Meeresschildkröte beobachtet wurden, die in einer Steinkorallenhöhle versteckt war. Wir versuchten sie zu streicheln, doch dieses offenbar völlig unangebrachte (und auch wirklich allzu menschliche!) Verhalten schien das Tier sehr zu

befremden; es wandte sich hoheitsvoll ab und schwamm langsam und sichtlich angewidert davon. Die Korallen bildeten hier voneinander getrennte Blöcke, bewohnt von zahlreichen Schmetterlingsfischen. Diese wagten sich gelegentlich zum nächsten Korallenblock vor, gerieten aber sofort mit dem dortigen »Revierinhaber« – meist einem Artgenossen oder einem Kaiserfisch – in Konflikt; der erzürnte Patriarch stürzte sich wütend auf den Eindringling und jagte ihn hinaus ins offene Meer.
Das ökologische Gleichgewicht dieser einzelnen Korallenstöcke ist offenbar das Ergebnis sehr komplexer Beziehungen und Interaktionen zwischen ihren jeweiligen Bewohnern. Hier haben wir genau das Rätsel des Soziallebens der Meerestiere vor uns, von dem ich schon gesprochen habe und das mich regelrecht verfolgt. Ich werde nicht müde, diese von »ortsansässigen« Fischen aller Farben bewohnten Mikrokosmen zu beobachten, in die gelegentlich ein fremder Raubfisch einbricht; dann steht diese kleine Welt kopf, und ihre subtil eingependelten Machtstrukturen werden über den Haufen geworfen.
Die Korallenbildungen waren hier ebenso zahlreich und verschiedenartig (wenn auch nicht ganz so farbenprächtig) wie die im Roten Meer an Stellen, die noch nicht durch die Wasserverschmutzung gelitten haben. Da hierher sehr wenig Menschen kommen, ist die Welt der Korallen noch intakt.
An der dem offenen Meer zugewandten Inselseite fällt ein mit Korallenbüschen und Fächerkorallenhainen bewachsenes Saumriff langsam zur Tiefe hin ab. Überall dehnen sich ganze Felder von Riesenmuscheln, deren große, halbgeöffnete Schalen geräuschvoll zuklappen, wenn man sich ihnen nähert. Mitten im Korallendickicht liegen Zackenbarsche in ihren Schlupflöchern und beobachten uns mit ihren kleinen, starren Augen, während wir die großen Korallenbäume untersuchen.
Die Insel hat auch eine Lagune, deren sanft abfallender Boden ebenfalls mit feinem weißem Sand bedeckt ist. Hier bietet sich uns die gleiche Fülle und Vielfalt der Meerestiere wie im Riff; wir finden Makrelen, ungewöhnlich große Lippfische und die gewohnten Schwärme von Schmetterlingsfischen.
Die größere Insel, vor der wir ankerten, ist etwa drei Kilometer lang und 1500 Meter breit, die kleinere nur knapp einen Kilometer lang und 500 Meter breit. Die beiden Inseln sind durch ein Korallenplateau miteinander verbunden und recht unterschiedlich. Wir wollten die kleinere Insel besuchen, doch das Wasser über dem Plateau schien selbst für unser Beiboot zu seicht zu sein. Philippe, Serge

und Dr. Millet versuchten es trotzdem. Während sie sich noch auf der anderen Insel befanden, setzte die Ebbe ein; bei ihrer Rückkehr an den Strand fanden sie das Boot lustig auf einem Korallenstock schwebend. Die einzige Möglichkeit, zur Hauptinsel zurückzukehren, bestand in einem Fußmarsch über das Plateau, wobei sie ihr Boot tragen mußten.

Bei jedem Schritt auf diesem vier Stunden dauernden Rückweg schnitten den Männern die Steinkorallen in die Füße; die drei Ausflügler werden ihren Besuch auf den Glorioso-Inseln so schnell nicht vergessen.

Sie berichteten uns von der seltsam tragischen Atmosphäre auf der kleineren Insel. Das Eiland besteht eigentlich nur aus Steinen und Muschelschalen, muß aber vor langer Zeit einmal von einer Art Robinson Crusoe bewohnt gewesen sein, der eine Steinhütte gebaut und einen Baum gepflanzt hatte. Der Baum war im Lauf der Zeit so mächtig geworden, daß er das Haus fast zerdrückte. Schweigend gedachten wir dieses Einsiedlers, der vermutlich ein Schiffbrüchiger gewesen war, sich vor der Haustür einen Mangobaum anpflanzte, dann verschwand und seine Insel den Krabben und Nagetieren überließ.

Während unseres Aufenthaltes bei den Glorioso-Inseln waren wir ständig damit beschäftigt, die Lebensformen in den umliegenden Gewässern systematisch zu beobachten und aufzuzeichnen und gleichzeitig eine harmonische Beziehung zwischen uns und diesen Lebewesen herzustellen. Bernard Delmotte tauchte jeden Tag mit riesigen Futtermengen zum Meeresgrund und übte sich dort geradezu in Verführung und Bestechung. Im Nu war er von Hunderten von Makrelen, Lippfischen und Schmetterlingsfischen umgeben, die uns an die Tauben in New York, Paris oder Venedig erinnerten, wenn sie sich um die Brotkrumentüten der Passanten scharen. Manchmal war das Fischgewühl so dick, daß wir Delmotte überhaupt nicht mehr sehen konnten. Die Tiere wurden von Tag zu Tag zutraulicher (um nicht zu sagen frecher). Delmotte wollte herausfinden, wie weit sie gehen würden, und steckte sich ein paar Futterbrocken in die Tauchermaske. Zuerst umschwammen die Fische neugierig seinen Kopf; bald begannen sie jedoch, sich immer gieriger gegen die Plexiglasscheibe zu werfen.

Wie um Coetlivi gab es auch hier zahlreiche Zackenbarsche; ich beschloß, die freundschaftliche Atmosphäre für ein interessantes Experiment zu nutzen. Allerdings brauchte ich dafür Versuchsmaterial. Die *Calypso* machte daher eine Einkaufsfahrt nach Diégo-Suarez, wo wir einen großen Posten Spiegelglas besorgen

Ein Zackenbarsch starrt sein Bild in dem Spiegel an, den ein Taucher ihm hinhält.

wollten. Das war aber leichter gesagt als getan, denn wir befanden uns schließlich nicht in New York oder London, sondern auf Madagaskar. Glücklicherweise ist unser Zahlmeister Chauvellin ein wahres Organisationsgenie und kann selbst in den unterentwickelten Ländern die unmöglichsten Dinge für uns auftreiben. Sein einzigartiges Talent ließ uns auch diesmal nicht im Stich; er besorgte uns eine Anzahl großer Spiegel für Kleiderschränke. Wir kehrten mit unseren Schätzen an Bord der *Calypso* zu den Glorioso-Inseln und zu den Zackenbarschen zurück.

Ich brauchte die Spiegel für ein Experiment, das uns Auskunft über das »Revierverhalten« bei den Zackenbarschen geben sollte. Von vielen Landtieren weiß man, daß sie ihre »Territorialansprüche« haben, aufgrund derer sie ihre unmittelbare Umgebung, ihren »Lebensraum«, als ihren geheiligten, unverletzlichen Besitz ansehen und diesen – oft unter Einsatz ihres Lebens – verbissen gegen Eindringlinge verteidigen. Dies gilt für die Nachtigall ebenso wie für das Nashorn; über das »Revier-« oder »Territorialverhalten« der Fische wissen wir dagegen so gut wie nichts. Gewiß – es gibt entsprechende Experimente, die unter den künstlichen Bedingungen von Laboratorien und Aquarien durchgeführt wurden; wirklich schlüssige Untersuchungen müssen meiner Ansicht nach jedoch unbedingt in der natürlichen Umwelt der Tiere stattfinden, also im Meer. Ein Korallenriff scheint mir dafür genau der richtige Ort zu sein und Zackenbarsche genau die richtigen Versuchsobjekte, da sie sozusagen »seßhafte« Tiere sind – sie bewohnen Schlupflöcher, von denen sie sich niemals sehr weit entfernen.
Ich habe bei Meerestieren die Beobachtung gemacht, daß ein Territorialanspruch weit häufiger durch bloße Einschüchterung aufrechterhalten wird als durch Gewaltanwendung. Zum Kampf kommt es eigentlich relativ selten; gewöhnlich stehen sich die beiden Gegner eine Weile unter beiderseitigem Imponiergehabe drohend gegenüber, worauf der Eindringling meist davonschwimmt. Manchmal dürfen sich in einem Zackenbarschrevier – natürlich nur mit »Zustimmung« des Hausherrn – auch andere Fische aufhalten, wenn der Revierinhaber gerade seinen gemütlichen Tag hat. Zackenbarsche sind recht launenhafte Tiere.
Wozu wir die Spiegel brauchen? Nun, wir wissen aus Erfahrung, daß der Zackenbarsch sein eigenes Spiegelbild für einen Artgenossen hält. Nimmt er an, sein Spiegelbild begehe eine »Grenzverletzung«, so greift er den vermeintlichen Gegner im Spiegel an. Es ist zwar ziemlich schwierig, mit so zerbrechlichen Gegenständen wie Spiegeln auf dem Grund des Indischen Ozeans zu operieren; einen Zackenbarsch dazu zu bringen, auf Wunsch in fremden Revieren zu pirschen, dürfte jedoch noch weit schwieriger sein.
Beim ersten Versuch mit einem Zackenbarsch mittlerer Größe erwies sich unser Spiegel als zu dick; das Tier konnte ihn beim Angriff nicht zerbrechen. (Es ist natürlich sehr wichtig, daß der Spiegel dabei in Stücke geht, denn der Zackenbarsch braucht ein Erfolgserlebnis für seine Anstrengung; andernfalls hätten wir es dann mit einem frustrierten, neurotischen Tier zu tun!) Beim zweiten Versuch erwies sich der Spiegel als zu dünn; er zerbrach uns an einem vor-

stehenden Korallenstock. Ein lächerlich kleiner Zackenbarsch, der hier gar nichts zu suchen hatte und außerdem für unsere Filmaufnahmen überhaupt nicht geeignet war, zerschlug uns den nächsten Spiegel in tausend Stücke. Angesichts dieses rapiden »Spiegelschwundes« brach ich unser Experiment vorübergehend ab.
Am nächsten Tag versuchten wir es nochmals, und zwar in Gegenwart unseres Filmteams und seiner Ausrüstung. Angesichts des großen Bedarfs an Spiegeln hielt ich zunächst eine Generalprobe ab. Wir fanden auch bald einen geeigneten Zackenbarsch, der genau im richtigen Moment einen Angriff startete und zwei Spiegel zerschlug. Seine ausgezeichnete Mitarbeit veranlaßte mich, unser Experiment noch ein wenig weiter zu treiben. Der besagte Zackenbarsch hatte nicht nur eine Grotte als Schlupfloch in Besitz genommen, sondern auch noch einen Gang, der zu der Höhe führte, sowie dessen Einzugsgebiet.
Wir umstellten den Zackenbarsch mit vier Spiegeln und schlossen damit einen Kreis von »Eindringlingen« um ihn. Er schwamm von einem Spiegelbild zum anderen, starrte es eine Weile drohend an und ging dann zum Angriff über. Nach einem tapferen Vier-Fronten-Krieg hatte unser siegreicher Zackenbarsch alle vier Spiegel zertrümmert. Wir freuten uns schon sehr auf die sicher großartigen Filmaufnahmen von diesem Schauspiel.
Und dann stellte sich heraus, daß die Kameras nicht funktioniert hatten!
Wir fingen noch einmal von vorne an und installierten vier weitere Spiegel im Revier unseres Zackenbarsches. Michel Deloire und Raymond waren zu diesem Zeitpunkt bereits seit vier Stunden im Wasser; auch der Zackenbarsch schien genug zu haben und wirkte so erschöpft wie die Taucher. Schließlich siegte jedoch sein Instinkt. Das Tier setzte erneut zum Angriff an und zerschlug wieder alle vier Spiegel. Dann begann er, von den Scherben zu fressen, aber leider bekommt diese Nahrung auch Zackenbarschen nicht: Am nächsten Tag fanden wir ihn mit dem Bauch nach oben an der Wasseroberfläche treibend. Deloire war ganz besonders traurig darüber.
Unser Aufenthalt in diesem Gebiet dauerte insgesamt einen Monat – vier Wochen voller Bewunderung für den Lebensreichtum, die Intensität und Dichte der Lebensformen in diesen Gewässern. Einige dieser Lebewesen mußten wir vor unserer Abfahrt noch fangen, um sie zur Beobachtung und Untersuchung ins Museum nach Monaco schicken zu können.
Das Schwierigste an diesen wissenschaftlichen »Fischzügen« ist das

Fangen nicht in Panik gebrachter und dadurch verletzter Tiere. Deshalb hält Dr. François, der Schiffsarzt, ein Betäubungsmittel bereit, das MS-222. Mittels einer Spezialspritze wird es z.B. in das Innere einer Grotte gesprüht und schläfert deren Bewohner ein; die Taucher schwimmen mit diesem großartigen Instrument ausgerüstet hinab. Sie nehmen außerdem jenen Behälter in Form einer Plexiglaskugel mit, der uns schon im Roten Meer so gute Dienste erwiesen hat; er hat nur eine einzige Öffnung und dient uns im Wasser wie auf dem Trockenen dazu, lebende Fische zu transportieren und zu beobachten; der eingeschlafene Fisch bleibt in diesem Kugelaquarium festgehalten, bis die Betäubung abklingt.

Unser Fang hier war ausschließlich seltenen Exemplaren gewidmet. Auf einem Quadratmeter dieses Gebietes findet man Fische, für die wohl die Aquarianer in aller Welt Millionen zahlen würden. Doch was wir hier fingen, ging per Flugzeug ins Ozeanographische Museum von Monaco.

Die sehr bunten Fische, blau und gold gefleckt und gelb gestreift, sind in diesem Korallen-Labyrinth zu Hause; sie kennen hier jeden Winkel. Ihr Leben hängt davon ab, wie schnell sie sich in den Spalten, Ritzen und Grotten zu verbergen wissen. Bei dem geringsten Alarm flüchten sie in die Verstecke des Riffs, wohin ihre Feinde ihnen nicht folgen können.

Unsere Taucher nahmen die Korallenblöcke gewaltsam auseinander, doch die Fische blieben im Innern versteckt: Um sie herauszubekommen, muß man den Block schütteln, wenn man ihn an die Oberfläche bringt.

Ich habe an diesem Fangzug teilgenommen und ihn geleitet; so kann ich feststellen, daß wir dabei auf dem Riff eine geradezu paradoxe Situation geschaffen haben: Unsere Plastikkugeln bilden künstliche Aquarien in diesem Aquarium der Natur, dem Riff.

Unser Gefängnis für die Fische gibt einen Anschein von Freiheit, weil seine Wände durchsichtig sind, und das wird für die Riffbewohner zu einem Problem, wie sie derlei noch nie erlebt haben. Im Innern der Kugel schwimmen die gefangenen Fische nicht mehr wie üblich: Ihr Verhalten ist anomal, und die ersten, die diese Veränderung von außen wahrnehmen, sind Fische der gleichen Art. Sie kamen neugierig und schauten, was da vor sich ging.

Dann aber kamen die Raubfische. Anfangs waren sie nur ein wenig neugierig; als sie jedoch bemerkten, daß sich die Fische in der

Bernard Delmotte mit der Riesenspritze und der Plastikkuppel, die er für den Fang seltener Fische verwendet.

Plexiglaskugel in panikartiger Verfassung befanden, schlug ihre Gleichgültigkeit jäh in fieberhafte Erregung um: Sie stürzten auf die gefangenen Fische los.
Ein großer Zackenbarsch schien sich zu überlegen, wie er die Lage der Gefangenen im Aquarium am besten für sich ausnützen könne. Er hatte in ihrem Verhalten etwas Ungewöhnliches wahrgenommen, und im Korallendschungel ist dies gleichbedeutend mit einem Todesurteil. Sobald ein Fisch erkennen läßt, daß er sich in Schwierigkeiten befindet, ist er auch schon verloren – und dadurch, daß unsere Gefangenen ihre Hilflosigkeit so deutlich zeigten, forderten sie einen Angriff geradezu heraus. Der Zackenbarsch zögerte denn auch nicht lange, schlug aber so heftig an der Plexiglaswand auf, daß er vorübergehend leicht betäubt war. Enttäuscht und wütend über die Tantalus-Situation, in der er sich befand, verdoppelte er seine Anstrengungen und rammte die Kugel mit solcher Gewalt, daß diese sich von ihrer Unterlage löste und vom Felsen rollte. Nun folgte ein einsames Volleyballspiel des Zackenbarsches mit dem Rundaquarium, bis wir uns schließlich unserer gefangenen Fische erbarmten und sie an Bord der *Calypso* in Sicherheit brachten. Damit war der häusliche Friede am Riff wiederhergestellt.

In der Schiffsmesse gab es an jenem Abend wieder eine unserer ewigen Diskussionen über den Zackenbarsch. Raymond Colls Ansichten zu diesem Thema variieren (wie meine auch) je nach den betreffenden Umständen und den vorangehenden Erfahrungen. Keiner von uns konnte sich bisher eine verbindliche Meinung über die Intelligenz oder die Emotionen des Zackenbarschs bilden.
»Der Zackenbarsch ist offenbar von allen Fischen am leichtesten zu zähmen«, meinte Raymond. »Er folgt einem dann wie ein Hund; das ist aber auch alles. Im übrigen scheinen mir die Biester doch ziemlich unberechenbar und hinterhältig zu sein. Heute zum Beispiel lief mir ein Zackenbarsch so treu und brav nach, daß ich beschloß, ihn ein wenig zu streicheln. Da fiel er mich an. Es ist durchaus möglich, daß wir uns gerade in seinem Revier befanden; jedenfalls schwammen wir ganz langsam aufeinander zu. Als ich anhielt, beschleunigte er sein Tempo immer mehr, bis es völlig klar war, daß er mich angreifen wollte. Ich schützte unwillkürlich mein Gesicht mit den Armen. Der Zackenbarsch verbiß sich darauf in meinen Ellenbogen und ließ sich nur mit größter Mühe abschütteln. Glücklicherweise war – von einem zerrissenen Taucheranzug und ein paar Hautabschürfungen abgesehen – nichts weiter passiert.«
Auch Frédéric Dumas war von einem Zackenbarsch attackiert wor-

den, und von früher her kannte ich noch mehrere derartige Vorfälle. Dennoch ist der Zackenbarsch im allgemeinen nicht angriffslustig. Raymond Colls Exemplar freilich war am nächsten Tag wieder da und biß jeden, der ihm in den Weg kam; diesmal waren wir jedoch darauf vorbereitet und behandelten ihn wie einen bissigen Hund. Es ist übrigens durchaus möglich, daß dieser Zackenbarsch mit irgendwelchen Tauchern vor uns bereits schlechte Erfahrungen gemacht hatte.
»Es gibt meiner Erfahrung nach eigentlich nur zwei Fischarten, die – wenn auch etwas problematische – Freundschaften mit dem Menschen eingehen können«, sagte Falco. »Das sind die Zackenbarsche und die Drückerfische.«
Raymond Coll, der den Fischen oft recht menschliche Vorzüge und Schwächen zuschreibt, unterbrach Falco. »Die Drückerfische sind sehr nette Tierchen, aber ganz und gar unberechenbar. Wie wir alle wissen, fressen sie das Fleisch der Riesenmuschel ganz besonders gern; also öffnete ich neulich eine Muschel, um einen Drückerfisch fressen zu lassen. Und was tat das Biest? Es biß mich in den Finger. Meiner Meinung nach haben der Zackenbarsch und der Drückerfisch einen gemeinsamen Charakterzug: Sie sind beide ganz einfach bösartig. Delmotte und ich schwammen einmal an ein paar Drückerfischen vorbei, die gerade Eier ablegten. Obwohl wir die Tiere gar nicht beachteten und ihnen auch nicht zu nahe kamen, stürzten sie sich wie verrückt auf uns.«
Colls Bericht brachte uns auf die Idee, einen Drückerfisch zu filmen, wie er gerade einen Taucher angreift. Wir versprachen uns davon einige aufregende Filmszenen. Es klappte jedoch nicht recht – genauer gesagt: Es klappte zu gut. Delmotte wurde ziemlich übel zugerichtet, worauf er sich Hände und Arme beim nächsten Versuch sorgfältig bandagierte.
All dies mag den Eindruck erwecken, als sei der Drückerfisch ein gefährlicher Gegner – und das ist er auch. Allerdings ist er mit seinen vierzig, höchstens fünfzig Zentimetern Länge ein recht ungewöhnliches »Untier«. Er ist übrigens ein typischer Korallenfisch mit farbenprächtigen Tupfen und Streifen. Seine Aggressivität ergibt sich aus den Umweltbedingungen, unter denen er lebt, denn im Reich der Korallen ist Schwäche gleichbedeutend mit Tod. Ein einzelner Fisch, der sich nicht zum Kampf stellt, oder auch eine ganze Fischart, die flieht anstatt zu kämpfen, überlebt nicht sehr lange; die Hilflosen und Feigen fallen in kürzester Zeit Raubfischen zum Opfer. Die Meerestiere zeigen daher einen oft bis an die Grenze des Lächerlichen gehenden Heldenmut, wenn man ihr Aggressions-

verhalten mit menschlichen Maßstäben mißt. Zur Brutzeit sind die Drückerfische ganz besonders aggressiv. Das Weibchen hält über ihrem Eiablageplatz Wache und verteidigt ihr Gelege gegen jeden echten oder vermeintlichen Feind, der sich in ihrem Umkreis blicken läßt. Gleichgültig, wie groß der Gegner ist, stürzt sich das Muttertier mit einer Wut und Todesverachtung auf den Eindringling, die man bei den Landtieren wohl nur schwerlich findet. Der Drang zur Arterhaltung ist hier eindeutig stärker als der Selbsterhaltungstrieb, denn das Drückerfischweibchen geht ohne Zögern zum Angriff über, auch wenn es von allem Anfang an klar ist, daß das Ende des Kampfes nur in seinem eigenen Tod bestehen kann. Dieser Todesmut ist beim Drückerfisch jedoch nicht von irgendeinem angeborenen »Heroismus« diktiert, sondern von den Notwendigkeiten des ökologischen Gleichgewichts innerhalb des Korallenriffs. Trotz allen mütterlichen Schutzes überleben nur sehr wenige der jungen Drückerfische – gerade so viele sind es, wie das Korallenriff ernähren kann.

Delmotte, der ja einige Erfahrung mit diesen Tieren hat, versicherte mir, daß der Drückerfisch mit seinem starken Gebiß die Schalen der Riesenmuschel aufbrechen und dem Menschen erhebliche Verletzungen zufügen kann. Delmotte behauptet, es tue »verdammt weh« – und er muß es ja schließlich wissen. Immerhin reißt einem der Drückerfisch beim Biß wenigstens keine Fleischfetzen aus dem Leib.

Ich möchte bei meinen Lesern, im Gegensatz zu Colls Überzeugung, aber auf keinen Fall den Eindruck hinterlassen, daß der Drückerfisch ein ganz und gar »bösartiges Tier« ist. Als einige unserer Kameraden 1963 während des Experimentes *Precontinent II* einen vollen Monat auf dem Grund des Roten Meeres verbrachten, war gerade ein Drückerfisch ihr treuestes »Haustier«. Pierre Guilbert hatte ihn gezähmt; das Tier war so anhänglich, daß es Pierre unter all den anderen Tauchern herausfand und ihm im Wasser überallhin folgte. Wenn Pierre im Innern des Unterwasserhauses ans Fenster klopfte, war der Drückerfisch auch schon da, schwamm sofort zum Eingang und schlug so lange mit den Flossen an die Tür, bis Pierre herauskam und ihn fütterte.

Überhaupt müssen wir uns im Umgang mit Fischen und anderen Tieren vor anthropomorphen Werturteilen hüten: Die Fische sind genau das, was wir aus ihnen machen. Ich bin fest davon überzeugt, daß die als »unangenehm« und »feindlich« abgestempelten Drückerfische der Glorioso-Inseln einfach nicht genug Zeit gehabt hatten, sich an uns zu gewöhnen. Ihre Abwehrreaktionen waren völlig nor-

Eine teilweise geöffnete Riesenmuschel *(Tridacna)*, deren gemasertes Fleisch sichtbar ist. Die Riesenmuschel ist der größte Vertreter der Weichtiere oder Mollusken.

mal und durchaus verständlich. Ich bin sicher, daß wir uns auch noch mit ihnen angefreundet hätten, wenn wir ein paar Tage länger in diesem Gebiet geblieben wären.

Während unseres Aufenthaltes bei den Glorioso-Inseln hatten wir auch Gelegenheit, den Clownfisch *(Amphiprion)* und seine seltsame Lebensgemeinschaft mit einer großen Seeanemone zu filmen.
Seeanemonen sind oft ebenso schön wie giftig. Sie haben alle eine zylindrische Grundform und an ihrem oberen Ende einen oder mehrere Kreise von Tentakeln, die beim Fressen ausgestreckt und bei Gefahr eingezogen werden. Diese Fangarme sind reichlich mit Nervenzellen versehen und dienen, wie ihr deutscher Name sagt, dem Beutefang und der Nahrungsaufnahme. Ihre Nesselzellen (Nematoblasten) bilden kleine, mit einem Deckel versehene Kapseln, in denen ein Sekretschlauch voller Borsten und Stacheln eingerollt

liegt und mit einer Giftdrüse verbunden ist. Bei der leisesten Berührung oder Reizung springt die Kapsel auf und schießt den Borstenschlauch auf den Angreifer bzw. das Beutetier zu, in dessen Fleisch sich die Stacheln verhaken und auf diese Weise eine lähmende Giftinjektion ermöglichen. Dann befördern die Tentakeln das wehrlose Opfer in den Verdauungstrakt der Seeanemone. Die von den Nesselkapseln des Tieres verursachten Wunden sind äußerst schmerzhaft, und das injizierte Gift genügt, einen fünf bis zehn Zentimeter langen Fisch völlig zu lähmen. Neben Krebsen und freischwebenden Mikroorganismen bilden solche kleinen Fische die Hauptnahrung der Seeanemone.

Ich hatte einen besonderen Grund für mein Interesse an diesen Tieren: Seeanemonen hatten nämlich bei einer wichtigen Entdekkung eine Rolle gespielt, und diese Entdeckung war an Bord eines Forschungsschiffes geglückt, das dem Fürsten Albert von Monaco gehörte. Geschehen war dies 1902: Die beiden bedeutenden französischen Physiologen Paul Portier und Charles Richet fanden das Phänomen der Anaphylaxie – jener Sonderform der Allergie, bei der die Empfindlichkeit eines Organismus gegenüber einer bestimmten Substanz dadurch erhöht ist, daß eine geringe Dosis eben dieser Substanz dem gleichen Organismus schon vorher einmal injiziert worden war. Diese Anaphylaxie also entdeckten Portier und Richet, nachdem sie dem Schiffshund Neptun Seeanemonengift (Actinotoxin) gespritzt hatten. Diese Tatsache genügte, bei uns ein lebhaftes Interesse an den unangenehmen Eigenschaften der Seeanemonen im Gebiet der Glorioso-Inseln zu wecken.

Die Beziehung zwischen dem Clownfisch und der Seeanemone ist etwas sehr Merkwürdiges. Normalerweise wirkt das Gift bei Fischen; der Clownfisch aber ist nicht nur dagegen immun, sondern er lebt buchstäblich zwischen den giftigen Tentakeln der Seeanemone. Hier ist er gegen Angriffe von außen geschützt, denn selbst der Zackenbarsch läßt ihn in Ruhe, wenn er sich zu seiner »Gastgeberin« flüchtet.

Die Frage, weshalb das Gift der Seeanemone dem Clownfisch nichts ausmacht, ist noch völlig offen. Vielleicht revanchiert er sich für die ihm zuteil werdende Schonung dadurch, daß er der Seeanemone die Tentakeln streichelt (dies tut er, zahlreichen Beobachtungen zufolge, nämlich tatsächlich). Außerdem bezahlt er regelrecht seine Miete: Der Clownfisch bringt Beutetiere an die Seeanemone heran, die für diese sonst nicht erreichbar wären.

Die Lebensgemeinschaft zwischen diesen beiden Tieren ist vielfach beobachtet und beschrieben worden. Nun aber wurde die Fütterung

Es ist immer wieder schön und erregend, sich in die Pracht und Vielfalt der Korallengewässer zu vertiefen; doch die Männer von der *Calypso* können sich für diese kontemplativen Freuden nur wenig Zeit nehmen.

einer Seeanemone durch einen Clownfisch zum erstenmal auf Film festgehalten. Unsere Methode war einfach genug. Wir streuten in der Nähe einer Seeanemone Fischstücke im Wasser aus, die der Clownfisch sofort aufschnappte und seiner Beschützerin brachte. Die Seeanemone verzehrte die dargebotene Gabe dann in aller Ruhe. Der Geruch des Futters lockte aber auch einige Zackenbarsche und Schnapper an, gegen die sich der Clownfisch zunächst auch tapfer zur Wehr setzte. Als die Übermacht der Größeren den braven Clownfisch erkennen ließ, daß ihm eine Niederlage drohte, flüchtete er sich in sein Versteck zwischen den Tentakeln der Seeanemone.

Der Clownfisch ist übrigens zwar der bekannteste, aber keineswegs einzige »Gast« der Seeanemone. Es gibt wohl ein Dutzend Korallenbarscharten, die sich bei dieser giftigen Wirtin offenbar sehr wohl fühlen. Auch Meergrundeln findet man, Aquariumsbeobachtungen

zufolge, gelegentlich in friedlicher Wohngemeinschaft mit der Seeanemone.
Es waren für jeden an Bord der *Calypso* sehr arbeitsreiche Wochen. Wir nahmen uns dennoch die Zeit, den gesamten Meeresgrund dieses Gebietes zu erforschen und die Insel samt ihren Bewohnern – den drei Männern von der Wetterstation – näher kennenzulernen.
Die Wetterstation besaß einen kleinen Traktor mit Anhänger, der zum Transport gesammelter Kokosnüsse diente. Die drei Insulaner stellten uns den Traktor freundlicherweise für einen Ausflug ins Innere der Insel zur Verfügung. Es war dies angesichts unserer pausenlosen Unterwasserarbeiten eine willkommene Erholung und Abwechslung. Ziel unserer Inseltour war ein Palmenwäldchen, das in einem flachen Tal lag; wir hatten es allerdings keineswegs eilig, dorthin zu kommen. Wir folgten der einzigen Straße, die es auf der Insel gab, am Nordufer entlang bis zu einer kleinen Bucht. Von dort aus führte eine Doppelreihe Kokospalmen ins Inselinnere. Die Bäume standen in zu regelmäßigem Abstand, als daß man ein natürliches Wachstum in dieser Alleeform hätte annehmen können. Sie mußten vor langer Zeit angepflanzt worden sein. Am Ende der Palmenallee fanden wir, in einem Palmenhain versteckt, einen Friedhof. Die Gräber lagen willkürlich verstreut, und ihre Steine trugen die Namen und Lebensdaten von Eingeborenen der Seychellen, die vor vielen Jahren eine Kolonie auf der Insel hatten aufbauen wollen. Sie waren hier verdurstet. Über ihren Gräbern säuselte der Wind in den Palmwedeln, und das grelle Licht der Tropensonne brach sich in den Blättern, so daß der kleine Friedhof in ein sanftes Meer sich bewegender Schatten getaucht war. Wir kehrten mehrmals hierher zurück und ließen die Abgeklärtheit und Stille dieser Stätte und die über ihr schwebende Melancholie auf uns wirken.

In dieser Zeit fuhren wir mehrere Male zwischen Madagaskar und den Glorioso-Inseln hin und her. Wir erwarteten die Ankunft unserer neuen Tauchenden Untertassen – wir nennen sie »Seeflöhe«. Man sagte uns, das Frachtgut befinde sich auf der *Ville de Brest*, die Tamatave anlaufen sollte. Das Frachtschiff verspätete sich jedoch; wir beschlossen daher, einen Abstecher zur Insel Sainte Marie vor der Ostküste Madagaskars zu machen. Die wunderschöne Insel war früher ein Walfängerhafen; ihre Gewässer bildeten eine ausgezeichnete Szenerie für unsere Kameraleute. Wir tauchten wegen des starken Windes zunächst an der windabgewandten Seite. Der Meeresgrund war zwar schlammig, doch dafür gab es eine Fülle tropischer Meerestiere, vom Seestern bis zu Fischen aller Art.

Der schönste Schmetterlingsfisch *(Chaetodon)* trägt den Beinamen *ornatissimus*; er »klopft« die Korallen nach Nahrung ab.

Der Tierreichtum dieser Gewässer schien uns Mühe und Aufwand eines nächtlichen Taucheinsatzes zu rechtfertigen. Es lohnte sich wirklich, denn wir konnten einen regelrechten Wanderzug von Seeigeln beobachten. Wir bemerkten auf dem Meeresgrund, wie sich eine Schlammwolke vom Boden hob, die sich beim Näherkommen als eine riesige Schar von Seeigeln verschiedener Arten entpuppte. Die Schwärme kamen mit einer Geschwindigkeit von 400 Metern in der Stunde auf uns zu, wie unsere Messungen ergaben.
Es war uns bereits im Roten Meer aufgefallen, daß Weichtiere und

Seeigel mit Vorliebe bei Nacht wandern. In den Gewässern um Sainte Marie schien dieses nächtliche Treiben jedoch besonders ausgeprägt. Seesterne und Schalentiere begleiteten die Seeigel auf ihrer Wanderung. Wir hatten großes Glück, daß wir das Ganze filmen konnten; es war das erste Mal, daß überhaupt jemandem Filmaufnahmen von einer solchen Seeigelwanderung gelangen. Im Licht unserer Scheinwerfer leuchteten die großen Seesterne, die eine besondere Vorliebe für Seeigel haben und sich oft in ihre Schwärme mischen, hellrot auf.

Ein Seeigel sieht im allgemeinen aus wie ein mit Nadeln gespickter Türknauf; er besitzt bewegliche Stacheln, die schmerzhafte, wenn auch nicht tödliche Wunden verursachen. Manche Seeigelarten benutzen die Stacheln zur Fortbewegung auf dem Meeresgrund, während andere, wie ihre Verwandten, die Seesterne, regelrecht auf kleinen, schlauchförmigen Füßchen laufen. Unter dem gestachelten Panzer des Seeigels liegt das Fleisch, das wohl mancher Raubfisch als besonderen Leckerbissen zu schätzen wüßte, wenn er sich nur daranwagte. Angesichts einer Phalanx aufgerichteter Stacheln vergeht aber wohl den meisten Räubern der Appetit.

Ähnlich wie die Seeanemone hat auch der Seeigel oft einen treuen Gefährten, nämlich den Blauen Korallenbarsch, der zwischen seinen Stacheln haust. Die beiden Tiere scheinen dann unzertrennlich; selbst auf den Wanderungen ins offene Meer hinaus begleiten diese Fische ihre gastlichen Seeigel und bestehen auf ihrem Stammplatz zwischen den Stacheln.

Wir unterbrachen diese innige Beziehung mit einem Experiment: Die Korallenbarsche wurden verjagt, mehrere Seeigel unter einen Plexiglassturz gestellt. Die auf diese Weise ausquartierten Fische gerieten dadurch in offensichtliche Panik; sobald wir die Kunststoffhaube wieder entfernten, flüchteten sie sich Hals über Kopf in den Schutz der Seeigelstacheln.

Insgesamt drei Tage verbrachten wir vor Sainte Marie. Es war eine außerordentlich ertragreiche Zeit; wir freuten uns ganz besonders über unsere Filmaufnahmen von einigen Exemplaren des Schlammspringers *(Periophthalmus)*, den wir zuvor schon an der afrikanischen Küste gesehen hatten. Dort hockten sie auf hohen Mangrovewurzeln, hier aber saßen sie auf den Felsen und blieben erstaunlich lange außerhalb des Wassers.

Als wir schließlich in Tamatave ankamen, um unsere Ladung »Seeflöhe« abzuholen, regnete es in Strömen. Bis auf die Haut durchnäßt, arbeiteten wir stundenlang, bis wir die Fahrzeuge endlich an

Bord hatten. Sie paßten ihrer Konstruktion nach genau in ihre Halterungen. Da wir nur wenige Zentimeter Spielraum hatten, war das Ganze eine ziemlich knifflige Angelegenheit.
Es war auch sonst nicht so einfach, rationell und flott zu arbeiten, denn die Ankunft unserer Tauchenden Untertasse bedeutete für die Tamatavianer offenbar ein großes Ereignis. Die guten Leute waren außerordentlich stolz darauf, daß wir ausgerechnet *ihre* Stadt und *ihren* Hafen für unsere Seeflohlieferung ausgesucht hatten; wir arbeiteten daher inmitten eines Schwarms von Journalisten und Kameraleuten und unter den aufmerksamen Blicken der – wie es schien – gesamten Bevölkerung. Die *Calypso* wurde vom Bug bis zum Heck genauestens inspiziert. Unser Anti-Hai-Käfig war dabei wie üblich die Attraktion des Tages.
Obwohl sich hier alles recht gut angelassen hatte, kamen wir in Tamatave kaum zum Tauchen, denn das Wetter war schlecht und das Meer aufgewühlt. Trotzdem nahmen wir aus Tamatave die schönsten Erinnerungen an herrliche Tropengewächse mit, vor allem an die prächtigen Blüten der Bougainvilleen und an die wunderbaren Tropenfrüchte, die wir so lange entbehrt hatten.
Tamatave zeichnet sich durch seine üppige Schönheit, die Freundlichkeit seiner Bewohner und eine Unzahl von Haien aus, die in den Gewässern rundum leben. Diese Tiere stehen bei den Eingeborenen im Ruf besonderer Bösartigkeit, und diese Fama schien ausnahmsweise einmal wahr zu sein. Kurz vor unserer Ankunft war es nämlich zu zwei schweren Unfällen gekommen: Ein junges Mädchen war von einem Hai angegriffen worden und hatte ein Bein verloren, und ein japanischer Matrose war, als er vom Schiff ans Ufer schwimmen wollte, dicht vor dem »Club Nautique« von einem Hai attackiert worden. Ein anderer japanischer Matrose konnte bei einem heldenhaften Rettungsversuch nur noch den zerfetzten Leichnam seines Freundes bergen.
Diese entsetzlichen, aber durchaus zutreffenden Berichte überraschten uns etwas, denn wir hatten monatelang im Roten Meer und im Indischen Ozean mit Dutzenden von Haien zu tun gehabt, ohne daß es jemals zu einem Unfall gekommen wäre. Als Berufstaucher waren wir allerdings auch weniger gefährdet als der gewöhnliche Schwimmer, da wir einfach weniger Risiken eingingen und uns auf die Tiere einstellten. Die jüngsten Unfälle bei Tamatave hielten uns jedoch nicht davon ab, ein- oder zweimal selbst zu tauchen. Dabei sahen wir nur wenige Haie, die ganz und gar nicht aggressiv zu sein schienen. Vielleicht hatten sie gerade gute Laune oder was immer einen Hai veranlassen mag, sich anständig zu benehmen.

Eine Tauchende Untertasse, die wir »Seefloh« nennen, und ein Taucher in voller Ausrüstung begegnen sich auf dem Meeresgrund. Sie sind etwa gleich schnell und beweglich; allerdings kann die Tauchende Untertasse bis auf 650 Meter Wassertiefe gehen.

8 Tiefwasser: Das Überschreiten der nächsten Grenze

Wir probieren unsere Seeflöhe aus – Ein Mannschaftswechsel
Ein sterbendes Korallenriff

Ich befand mich auf einem Taucheinsatz mit einer unserer neuen Ein-Mann-Untertassen, dem Seefloh Nummer zwei (»Puce N° 2«). Nach Erreichen der 100-Meter-Marke verlangsamte ich meinen Abstieg. In 200 Meter Tiefe fühlte sich die Metallhülle meines Fahrzeugs bereits kalt an, während ich durch einen Wald von Fächerkorallen in die dunklen Wasser der Tiefe absank. Ich fröstelte. Irgendwie war das Tauchen mit der alten SP-300 angenehmer, da sie zwei Personen faßte, so daß einer das Fahrzeug steuern und der andere die Vorgänge unter Wasser beobachten konnte. Es tat einem außerdem gut, in dieser fremdartigen Welt mit einem Menschen reden zu können.
Die Tatsache, daß die Seeflöhe Ein-Mann-Unterseeboote sind, hat aber auch ihre Vorteile. Da sie wesentlich kleiner sind als die SP-300, konnten wir auf der *Calypso* zwei dieser Fahrzeuge unterbringen und beim Tauchen das eine für Filmaufnahmen vom andern verwenden. Der Einsatz von zwei Seeflöhen war auch weniger riskant als die Fahrt mit der einen SP-300, denn man konnte die beiden Fahrzeuge aneinanderkoppeln und im Fall eines Motorschadens oder sonstigen Unfalls leichter in Sicherheit bringen.
Bei diesem Einsatz befand sich Canoë im »Schwesterschiff«, dem Seefloh Nummer eins. Ich konnte in wenigen Metern Entfernung die runde, leuchtendgelbe Hülle des Mini-U-Bootes und das Licht seiner starken Scheinwerfer an der fast senkrechten Felswand sehen. Das Fahrzeug schien einen Augenblick lang heftig zu vibrieren und lag dann wieder ruhig im Wasser. Canoë versuchte, die gleichzeitige Horizontal- und Vertikalbewegung seines Seeflohes unter Kontrolle zu bringen – ein schwieriges Manöver, das großes Geschick, Navigationsfähigkeit und eiserne Nerven erfordert. Die Seeflöhe erwiesen sich nämlich als ziemlich launenhaft; es gab im Umgang mit ihnen noch viel zu lernen – und genau das hatten Canoë und ich vor.
Der Entwurf der Seeflöhe stammt nach meinen allgemeinen Angaben

von unserem Team aus Wissenschaftlern und Technikern; gebaut wurden die Fahrzeuge bei »Sud Aviation«. Jedes von ihnen ist eine autonome Einheit mit Antriebsaggregaten, Navigationsinstrumenten und Sicherheitsvorkehrungen. Sie sind nur zwei Meter lang und einen Meter breit und wiegen etwa zwei Tonnen. Im vorderen Teil des Seeflohes liegen zwei »Unterwasser-Düsentriebwerke«; sie werden von einem Elektromotor angetrieben, der in einem Gehäuse aus Fiberglas an der Außenwand untergebracht ist. Auch die Batterien liegen außen; der Pilot ist daher nicht unmittelbar in Gefahr, falls der Motor Feuer fangen oder in den Batterien ein Kurzschluß entstehen sollte.

Die Konstruktion der Seeflöhe dient einem doppelten Verwendungszweck: der systematischen Beobachtung unter Wasser und den Filmarbeiten. Das Aufzeichnen der Vorgänge im Meer auf Film spielt bei der modernen Erforschung der See eine wichtige Rolle und bildet heute einen großen Teil der meereskundlichen Arbeit. Ich hatte daher darauf bestanden, daß die Seeflöhe mit großen Luken aus 7,5 Zentimeter dickem Plexiglas ausgestattet wurden, die ein möglichst weites Gesichtsfeld bieten sollten.

Um die Ausmaße der Seeflöhe auf das notwendige Minimum zu beschränken, hatte man sich allerlei raumsparende Konstruktionstricks ausgedacht. Der Pilot liegt in dieser Untertasse flach auf dem Bauch und bedient einen Hebel, der die Triebwerke ein- und abschaltet, die Geschwindigkeit regelt, das Sonar-Unterwasserortungsgerät sowie ein Tonbandgerät und zwei Filmkameras betätigt und die Scheinwerfer einschaltet. Mit diesem einen Hebel kann außerdem ein Ballast von 60 Kilogramm Quecksilber an die Bugspitze des U-Bootes gebracht werden, der dem Seefloh einen »Sturzflug« in größere Tiefen ermöglicht. Canoë und ich unterhielten uns über ein Unterwassertelefon. Als wir wieder auftauchen wollten, benachrichtigte ich auf dem gleichen Weg den in einem Beiboot auf uns wartenden Laban.

Ich hatte für die Prüfung der Seeflöhe sieben Tage angesetzt; dabei sollten die Festigkeit der Metallhülle, die Antriebsleistung der Aggregate und Batterien, das Ventilsystem und die Navigationsinstrumente unserer neuen Fahrzeuge »auf Herz und Nieren« getestet werden. Offenbar hatte ich die dafür erforderliche Zeitspanne weit überschätzt, denn schon jetzt stand offenbar fest, daß alles vorzüglich funktionierte. Canoë und ich beglückwünschten einander, als wir von unserem Einsatz zurückgekehrt waren, und fühlten uns voll und ganz für die Mühen entschädigt, die wir während der vergangenen sechs Jahre mit der Planung, dem Bau und dem »Ausbügeln«

der Seeflöhe gehabt hatten. Wir waren geradezu berauscht von den Möglichkeiten, die sich nun für unsere weitere Arbeit auftaten. Nach unserem sorgfältig ausgearbeiteten Einsatzplan sollten die Taucher im Wasser auf die Rückkehr der Seeflöhe warten und, sobald diese in Sicht waren, Trossen um die Fahrzeuge legen; daran wurden wir nun von unserem Schiffskran an Bord gehoben, kaum daß unsere Seeflöhe die Wasseroberfläche durchstoßen hatten. Wenig später saßen Canoë und ich schon in der Schiffsmesse und tauschten unsere Erfahrungen über den soeben beendeten U-Boot-Einsatz aus.
Am nächsten Tag wurde »Puce N° 1« mit Falco bemannt, der mit Laban über das Unterwassertelefon in Verbindung stand. Von Zeit zu Zeit meldete Falco: »Alles in bester Ordnung.« Nach einer Stunde – einem Drittel der für diesen Versuch angesetzten Gesamtzeit –, als sich Falcos Seefloh in 250 Meter Tiefe befand, berichtete Laban, die Verbindung mit Falco sei abgerissen: Seefloh I antwortete nicht. Vielleicht war nur unser Gerät ausgefallen; es war aber ebensoleicht möglich, daß die Tauchende Untertasse nicht funktionierte und einen Motorschaden hatte. Wir konnten nichts tun, als das Beste zu hoffen und auf Falcos großes Können und seine Geistesgegenwart zu vertrauen. Acht unendlich lange Minuten vergingen ohne ein Zeichen von Falco – dann tauchte steuerbords der Seefloh neben der *Calypso* auf. Falco war sogar noch geistesgegenwärtig und ruhig genug, den letzten Punkt des heutigen Einsatzplanes gewissenhaft zu erfüllen und den aufblasbaren Schlauchgürtel in Aktion zu setzen, mit dem bei schwerer Dünung ein Absinken des U-Bootes nach dem Auftauchen verhindert werden soll.
Wie erwartet, waren die Batterien ausgefallen, so daß der Seefloh keine elektrische Energie mehr hatte.
Wer mit dem Meer zu tun hat, weiß, daß auf See alles, was irgendwie schiefgehen kann, meist auch schiefgeht. Ist es nicht ein Sturm, eine widrige Strömung oder der Wellengang, dann bestimmt ein technisches Versagen. Aus eben diesem Grund unterziehen wir alle unsere Ausrüstungsgegenstände vorher einer umfangreichen »Feuerprobe«.
Der Seefloh wurde sorgfältig auseinandergenommen; unsere Techniker waren die ganze Nacht über damit beschäftigt, die Fehlerquelle ausfindig zu machen und den Schaden zu beheben. In solchen Situationen gibt es zwischen dem Techniker- und dem Taucherteam keinerlei Unterschiede, denn jeder setzt sich voll und ganz für das gemeinsame Vorhaben ein.
Bei Morgengrauen waren beide Seeflöhe wieder einsatzfähig. Diesmal nahm Laban »Puce N° 1« und ich »Puce N° 2«. Um 7.04 Uhr

gingen wir unseren Einsatzplan noch einmal Punkt für Punkt durch; dann, um 7.23 Uhr, begannen wir mit dem Abstieg. Alles verlief planmäßig und ohne Zwischenfälle. Laban steuerte zum erstenmal einen Seefloh, doch er ging damit um wie ein routinierter, alter Seeflohkapitän.

Laban ist von der Stammbesatzung der *Calypso* wohl der komplizierteste und am schwersten zu verstehende Mensch. Seiner Ausbildung und Berufslaufbahn nach ist er ein hochqualifizierter Techniker, Ingenieur und Chemiker. Seiner ganzen Lebensgeschichte nach war kaum zu erwarten, daß er für eine Zukunft als Wanderer über den Weltmeeren bestimmt war – es sei denn, man nähme seine Hingabe an alles Schöne und seine künstlerische Ausdrucksfähigkeit für alles Erlebte als Zeichen. Laban spielt Cello, malt und taucht. Wenn er sich für die Seeflöhe begeistert, so in erster Linie deshalb, weil sie für ihn zu einem Beobachtungsmittel für die überwältigende Schönheit und Majestät der Tiefseewelt werden.

Laban spricht nicht viel. Wenn er etwas ausdrücken will, so bedient er sich der Sprache der Musik oder der Malerei. Wie viele unserer Kameraden von der *Calypso* liebt er Einsamkeit und Meditation. Spricht man ihn an, so wendet er seinen kahlgeschorenen Kopf und erfaßt seinen Gesprächspartner mit einem intensiven, gesammelten Blick; wenn er antworten muß, so tut er es mit verhaltener Stimme, fast sanft, und mit kurzen Worten.

Eines Tages las Laban irgendwo einen herrenlosen Hund auf und brachte ihn an Bord. Wir fragten uns scherzhaft, wer hier wen adoptiert hatte, denn es entstand eine intensive Freundschaft zwischen ihnen. Laban und sein Hund waren unzertrennlich – man ist versucht zu sagen: Sie hatten die gleiche Lebensphilosophie. Trotzdem respektierte einer die unbedingte persönliche Freiheit des anderen. Pascha, wie Laban den Hund nannte, kam und ging, wie er wollte, wenn wir in irgendeinem Hafen lagen. In Marseille lief er einmal auf ein Frachtschiff, das auf dem Weg nach Tunis war, und wir glaubten, wir würden ihn nie wiedersehen. Ein halbes Jahr später ging Laban in New York an Land – und fand am Kai Pascha, der ihn erwartete.

Nach einer letzten Generalprobe der Seeflöhe, bei der Canoë Kientzy und mein Sohn Philippe die beiden Fahrzeuge steuerten, nahmen wir Kurs auf die Geyser-Bank. Schon von weitem bot sich uns ein zau-

Ein *Aliqueres centriquadrus*, der zu einer großen, im Mittelmeer häufigen Tierfamilie gehört.

berhafter Anblick: Das Farbenspiel des Korallengewässers erinnerte in seiner Transparenz und Schönheit an kostbare Glasmalereien; umrahmt vom Tintenblau des Ozeans, leuchteten hellgrüne und smaragdfarbene Flächen über dem feinsandigen Grund.
Kaum lagen wir vor Anker, machten wir uns zum Tauchen bereit. Das Wasser war sehr flach und bedeckte auf der einen Seite kaum die Sandbank, während es auf der anderen um die 20 Meter tief war; wir hatten selten so kristallklares, reines Wasser gesehen. Weiter draußen fällt der Meeresboden wie ein überdimensionales Treppenhaus in einer Folge steiler Felsabstürze bis in große Tiefen ab. Überall wimmelte es von Fischen, vor allem von etwa einen Meter langen und mindestens dreißig Pfund schweren Makrelen. Sie waren auffallend zutraulich und wohl nie zuvor Menschen begegnet.
Die Geyser-Bank ist unbewohnt; nur wenige Schiffe kommen hierher, denn ihre Lage ist auf den Seekarten nur sehr ungenau verzeichnet, und die Steinkorallenmassive machen die Navigation in diesem Gebiet äußerst gefährlich (wenn auch längst nicht so halsbrecherisch wie einige der Riffe im Roten Meer, die wir befahren hatten). Wir entdeckten, daß die Insel eine gute Meile von der Stelle entfernt lag, an der sie, unseren Karten zufolge, hätte liegen müssen.
Es war ein faszinierendes Fleckchen aus Sand und Wasser und wie für uns geschaffen. Seine Oberfläche ist öd und unbewohnbar und hat nicht genug Erde, um auch nur ein einziges Pflänzchen zu ernähren; nur ein paar steinharte Korallenstöcke ragen abweisend aus dem Wasser. Hier könnte kein Mensch leben – außer uns Tauchern. Die Schiffe meiden diesen Ort als gefährlich; nur wir wissen anscheinend, daß die See auch hier freundlich und liebenswert sein kann und wunderbare Schätze birgt. In diesen jungfräulichen Gewässern fühlten wir uns für all unsere Mühen reich belohnt. Unsere unaufhörlichen Erkundungszüge hatten einen Sinn. Zweifellos werden andere nach uns hierherkommen und hoffentlich das biologische Gleichgewicht dieses unterseeischen Paradieses begreifen und respektieren. Wir wissen aus Erfahrung, wie labil und störungsanfällig dieses ökologische Balancespiel ist.
Ein Beiboot mit einem Taucher an Bord wurde ausgeschickt, um die Bank zu umfahren, während andere Taucher den nach Westen abfallenden Meeresgrund untersuchten. Sie stießen auf zahllose Zackenbarsche und eine ganze Kolonie von Haien.
Bisher war das Wetter herrlich gewesen; nun aber überzog sich der Himmel, die See wurde unruhig, und der Wind begann zu heulen. Es sah so aus, als sollten wir nur bei den Glorioso-Inseln in den Genuß von idealen Wetterbedingungen kommen und einen sicheren,

André Laban gibt auf einer einsamen Insel ein Cellokonzert für seine Freunde.

bequemen Ankerplatz sowie starke, gesunde Korallenbestände finden.
Das Jahresende stand vor der Tür und damit auch die Rückkehr eines großen Teils unserer Mannschaft nach Frankreich. Fünf Monate auf See sind eine lange Zeit, wenn an Land ein Zuhause und eine Familie auf einen warten. Wir nahmen daher Kurs auf Diégo-Suarez, wo uns mein Sohn Jean-Michel erwartete. Jean-Michel hatte für die Dauer dieser Expedition die undankbare Aufgabe übernommen, Nachschub für die *Calypso* zu besorgen und in Zusammenarbeit mit »Air Madagascar« die entsprechenden Lufttransporte zu organisieren. Er brachte uns nun eine liebevoll zusammengestellte Liste mit Orten und Themen, von denen sich seiner Ansicht nach Filmaufnahmen besonders lohnten. Jean-Michels Be-

mühungen verdanken wir es auch, daß uns die Seeflöhe schließlich doch erreicht hatten und daß eine Reihe unserer Kameraden am 20. Februar zu ihrem Heimaturlaub nach Frankreich fliegen konnte. Dr. Millet wollte Weihnachten und Neujahr auf Réunion verbringen, während wir anderen im Hafen von Diégo-Suarez blieben und dort auf die Ankunft unserer neuen Mitarbeiter warteten.

Während dieses Aufenthaltes in Diégo-Suarez ereignete sich etwas, das wir seither scherzhaft die »Affäre Boubouli« nannten.
Boubouli, ein Eingeborener von den Komoren, einer französischen Inselgruppe im Nordwesten von Madagaskar, war einige Zeit zuvor zu uns gekommen und hatte sich unbedingt auf der *Calypso* anheuern lassen wollen; so flehentlich war sein Bitten gewesen, daß wir es nicht übers Herz brachten, ihn abzuweisen und ohne ihn

Der Kugelfisch *(Tetraodon)* glitzert wie von Diamanten.

abzufahren. Wir hatten ihn daher als eine Art »Mädchen für alles« an Bord genommen; er war, offen gesagt, eigentlich zu nichts zu gebrauchen, und jede Arbeit, die er in die Hand nahm, endete mit irgendeinem Fiasko.

Am Samstag vor der Landung in Diégo-Suarez baten wir Boubouli, den Hahn an der Dusche in Ordnung zu bringen, da das Wasser mit solchem Druck und in solchen Mengen herausschoß, daß es oft über das ganze Deck lief.

Am nächsten Tag, einem Sonntag, empfingen wir an Bord der *Calypso* eine Abordnung von Regierungsvertretern, denen der unvermeidliche Schwarm von Schulkindern und neugierigen Eingeborenen folgte. Wir waren gerade alle an Deck versammelt, um unsere Gäste an Bord zu begrüßen, als sich unten ein großes Geschrei erhob. René Le Bosco erschien und berichtete, meine Kajüte und mein Arbeitsraum stünden fußhoch unter Wasser. »Es steigt übrigens noch«, meinte René.

Boubouli hatte die Dusche nach besten Kräften repariert. Er hatte erst das Wasser abgestellt, dann den defekten Hahn in Ordnung gebracht und den Haupthahn wieder aufgedreht – dabei aber leider vergessen, die Dusche vorher abzustellen ...

Wir waren zu diesem Zeitpunkt nur neun Mann an Bord. Vier von uns blieben bei unseren Besuchern; die anderen fünf gingen nach unten, um den Schaden so unauffällig wie möglich zu beheben. Sie pumpten und schöpften das Wasser vom Fußboden und bemühten sich, dabei so »unsichtbar« wie möglich zu bleiben, während wir anderen so taten, als sei überhaupt nichts geschehen. Die meisten unserer Gäste waren so höflich, auf unser Spielchen einzugehen und sich ebenfalls nichts anmerken zu lassen. Nur die Kinder machten sich inmitten unserer Forschungsapparaturen und unserer technischen Erläuterungen dazu ein diebisches Vergnügen daraus – sie schlossen sicher heimlich Wetten darüber ab, wie schnell das Schiff dieser verrückten Ausländer nun wohl sinken würde.

Am 28. Dezember nahmen wir die neue Besatzung und den neuen Kapitän Louis Maritano an Bord, und am 31. Dezember befanden wir uns bereits wieder auf hoher See. Wir hatten die Schiffsmesse für unsere Silvesterfeier mit Fischernetzen und Muscheln dekoriert und feierten eine rauschende Neujahrsnacht. Zufällig befanden wir uns gerade unmittelbar über der Levens-Bank, die etwa 30 Meter unter der Wasseroberfläche liegt. Ich beschloß, Anker zu werfen; alle waren sich darüber einig, daß wir das neue Jahr unbedingt mit einem Tauchausflug begrüßen mußten. Bonnici und Sumian ließen sich daher um Mitternacht im Anti-Hai-Käfig hinab in die Tiefe. Sie kamen mit einer riesigen Fächerkoralle zurück; nun hatten wir, wenn auch etwas verspätet, sogar einen Christbaum.

Unsere Art, Feste zu feiern, mag dem Landbewohner ein wenig seltsam erscheinen, erfüllt aber ganz und gar ihren Zweck, denn auf diese Weise verstärken sich die Bande der Kameradschaft und des gegenseitigen Verstehens, die unsere buntgemischte Crew an Bord der *Calypso* zusammenhalten. Wie schon erwähnt, halte ich die Offenlegung menschlicher Eigenschaften und Eigenheiten für eines der kostbarsten Ergebnisse unseres Abenteuers auf den Meeren. Jedes Mitglied unserer Gruppe zeigt und entwickelt hier sein Bestes, so daß wir an Bord der *Calypso* eine ungewöhnliche Vielfalt und Intensität von Temperamenten und Erlebnisweisen haben.

Da unsere Männer oft aus sehr verschiedenen Gründen zu uns kommen, haben sie auch unterschiedliche Ansatzpunkte und Arbeitsweisen. Gaston beispielsweise verrichtet seine Aufgaben still und recht humorvoll und bereitet uns gelegentlich unter Wasser eine Oase; Laban bereichert unseren Arbeitsablauf durch seine Sensibilität und seinen Einfallsreichtum, und Bernard Delmottes ungewöhnliche Intuition und Einfühlungsvermögen in alles Lebendige ist uns beim Umgang mit den Tieren der See unentbehrlich.

Auch die anderen Besatzungsmitglieder tragen zu dem für die *Calypso* typischen »Teamgeist« bei, so etwa Jean-Paul Bassaget, Bernard Chauvellin und Philippe Sirot. Sie sind alle drei hervorragende Taucher, die unermüdlich an sich arbeiten und mehr, immer noch mehr erreichen wollen. Sie lieben den Einsatz ihrer wohltrainierten Körperkräfte, suchen Abenteuer und Gefahren und werden durch ihre Risiko- und Verantwortungsfreudigkeit mit den Schwierigkeiten, in die sie sich gelgentlich bringen, auch fertig. Für sie ist »Abenteuer« keine bloße Vokabel oder ein Vorwand dafür, tun und lassen zu können, was einem gerade einfällt. Ihr Leben *ist* ein Abenteuer, und es gibt ihnen die Freiheit, die sie brauchen.

Einer unserer Kameraleute, Jacques Renoir, ist der Urenkel des berühmten Malers Auguste Renoir; mit jedem Film bringt er seine künstlerischen Fähigkeiten mehr zur Entfaltung. Ganz abgesehen davon trägt seine Intelligenz und Vitalität erheblich zu der lebensbejahenden Atmosphäre an Bord der *Calypso* bei.

Dies sind nur einige aus der großen Zahl liebenswerter und kompetenter Crew-Kameraden, deren menschliches Potential die Erfüllung unserer Aufgabe erst ermöglicht. Ich bin immer wieder glücklich und froh darüber, daß so viele junge Leute die Enttäuschungen und Desillusionierungen ihrer frühen Jahre überwinden konnten und durch ein gemeinsames Ziel, ein gemeinsames Leben und gemeinsam gemeisterte Schwierigkeiten und Gefahren als Mitglieder der *Calypso*-Crew zu sich selbst gefunden haben.

Die meisten der Männer, die sich uns anschließen, sind hochdifferenzierte und sensible Menschen, die im üblichen Alltagsgetriebe weder Glück noch innere Ruhe finden konnten. Genau das macht sie für uns so wertvoll; ich finde unwillkürlich immer wieder Ähnlichkeiten zwischen den Männern der *Calypso* und denen von Jules Vernes *Nautilus*-Menschen, denen das Leben an Land Wunde um Wunde geschlagen hatte und die daher ihr Vertrauen und ihre Liebe dem Meer zuwandten.

Der Neujahrstag sah uns wieder bei den Glorioso-Inseln, wo wir die Filmszenen von einem ihre Brut verteidigenden Drückerfischweibchen zu Ende drehten. Dabei gab es noch einen Unfall: Raymond Coll wurde von einem wütenden Muttertier gebissen.

Am 5. und 6. Januar besuchten wir das Atoll Bassas da India, einen vollendet schönen Korallengürtel, der kaum bis an die Wasseroberfläche reicht und auch nicht von einer einzigen Kokospalme bewachsen ist. Dieses Atoll liegt wie ein Smaragd in der See – ein gefährliches Juwel, denn es gibt keinerlei Seezeichen hier, und die Angaben auf den Seekarten sind mehr als dürftig.

Ich hatte gehofft, daß wir innerhalb der Lagune einen geschützten Ankerplatz finden würden, und schickte daher zwei Boote aus, deren Besatzung eine Fahrtrinne für uns erkunden sollte. Während wir auf ihre Rückkehr warteten, fuhren Bonnici, Chauvellin und ich auf einem der aufblasbaren Flöße ein Stück weit am Riff entlang. Das zur Erkundung ausgesandte Team berichtete bei seiner Rückkehr, daß es nur eine halbwegs sichere Passage in die Lagune gebe und daß dort eine beträchtliche Strömung herrsche. Selbst wenn wir in die Rinne einfahren konnten, so war es doch sehr fraglich, ob wir auch wieder ungeschoren herauskamen.

Bassas da India ist ein altes Atoll, dessen Korallenstöcke nur vereinzelt über die Wasseroberfläche hinausragen. Es gibt keinen einzigen Grashalm und kein Fleckchen Boden, das groß genug wäre, als Zeltplatz zu dienen. Diese Art von Atollen ist sowohl im Roten Meer als auch im Indischen Ozean sehr selten; die Korallen bilden gewöhnlich Bänke oder Saumriffe. Dieses Atoll hier verfällt zusehends – seine Korallen sind am Absterben.

Dieses Prachtexemplar ist ein Blaufleckiger Zackenbarsch *(Cephalopholis argus)* aus der Familie *Serranidae*.

Atolle können auf verschiedene Weise verschwinden. Immer ist die Bewegung bei ihnen vertikal: Sie steigen also entweder nach oben, oder sie sinken ab. Im ersteren Fall stirbt die Koralle unter dem grellen Licht der Sonne, sobald sie die Wasseroberfläche überschreitet. Manchmal kommt es auch vor, daß sich die Lagune langsam mit lebenden und toten Korallen anfüllt – so ist etwa die Europa-Insel entstanden, die wir kurz darauf besuchten. Jedenfalls scheint es eine natürliche Grenze für die Vermehrung der Koralle zu geben, eine Art Sättigungsgrad im kollektiven Wachstum der Polypen.

Nun aber ist mit der Wasserverschmutzung ein neuer Faktor ins Spiel gekommen, der das Gleichgewicht der Natur empfindlich stört und alle betroffenen Korallen mit Sicherheit tötet. Ich habe bereits erwähnt, daß die Koralle nur in sehr reinem Wasser leben kann; die Weltmeere werden aber immer mehr zu Müllgruben der menschlichen Zivilisation. Ich kann auf diese schreckliche Entwicklung nicht oft genug hinweisen. Bassas da India ist in einem unwiderruflichen Auflösungsprozeß begriffen. Wir stießen auf riesige Strecken abgestorbener Korallen, die das fortgeschrittene Stadium dieser tödlichen Krankheit kennzeichnen. Der Todeskampf des Atolls nähert sich seinem Ende.

Es hat wohl wenig Sinn, diese toten Meeresgebiete wieder und wieder zu beschreiben. Sie gleichen verwilderten Gärten, in denen zwischen Fäulnis und Verfall noch vereinzelte, für kurze Zeit verschonte Formen und Farben schwindende Reste des Lebens symbolisieren. Wo es früher ein pulsierendes Leben gab, sehen wir nur noch öde Kalkbildungen, die im Begriff sind, sich in grauen Sand zu verwandeln. Man findet keine ausladenden Geweihkorallen mehr, nicht einen einzigen Federkorallenbusch. Selbst die Schalen der Mollusken sind glanzlos und blind; auch sie befinden sich in den ersten Stadien des Verfalls. Und überall lesen wir die gleiche Botschaft: Hier wird eine Welt der Wunder zerstört.

Bis in unsere Zeit waren Darwins Beobachtungen und Schlußfolgerungen auch hinsichtlich der Koralle voll und ganz gültig. Von nun an haben sie jedoch keine Bedeutung mehr, denn ein künstlich herbeigeführter Tod hat das Gesetz, nach dem die der Umwelt am besten angepaßten Organismen überleben, außer Kraft gesetzt.

Im Falle einiger Atolle ist die menschliche Zivilisation nur indirekt für die Störung des biologischen Gleichgewichts verantwortlich. In Mikronesien und am Großen Barriere-Riff von Australien haben die Eingeborenen die Flügelschnecken *(Strombidae)* erheblich dezimiert, da sie ihre Gehäuse als begehrte Souvenirs an die Touristen verkaufen. Die Flügelschnecke ist aber der natürliche Feind einer Seestern-Art, die Korallenstöcke zerstört und nun dadurch, daß der Feind fehlt und so ihrer Vermehrung keine Grenze gesetzt ist, große Teile jenes riesigen Korallenkomplexes vernichtet, der sich an der Nordostküste Australiens erstreckt und deren Schutzwall gegen das Meer bildet.

Im Augenblick sind wir nur Zeugen der ersten alarmierenden Symptome für eine allgemeine Katastrophe von unübersehbarem Ausmaß. Bald aber wird das Verschwinden der Koralle von unserer Erde sich beschleunigen und schließlich unaufhaltbar sein. Ich glaube sagen zu können, daß unsere Enkel schon keine Gelegenheit mehr haben werden, lebende Korallenbildungen zu sehen. Dies ist nicht so überraschend, wenn wir uns vergegenwärtigen, daß die Meeresfauna sehr störungsanfällig ist und daß die Bedrohungen in der nächsten Zeit wahrscheinlich nicht nur weitergehen, sondern noch weit intensiver werden dürften. Doch das bisherige Tempo genügt schon, den Schaden in zehn Jahren ein Ausmaß erreichen zu lassen, das jede »Wiedergutmachung« ausschließt.

Leider lassen sich die Menschen von der Verschmutzung der See weit weniger beunruhigen als von der Verunreinigung der Luft und der Erde. Im Falle des Meeres scheinen ja die Gefahren für den einzelnen auch nicht so unmittelbar zu sein, und so wird diese Einstellung einigermaßen verständlich. Jeder kann die Todesschwaden verpesteter Luft über unseren Städten und die im vergifteten Wasser unserer Flüsse und Seen zwischen Unrat und Öllachen treibenden toten Fische sehen; doch nur wenige Menschen haben Gelegenheit, die Welt der Korallen im Indischen oder Pazifischen Ozean zu betreten.

Die Menschheit ist aber für die globale Umweltverschmutzung verantwortlich, und wir haben darauf zu sehen, daß sie sich um dieses Problem nicht herumdrückt. Wir müssen Zeugnis geben von dem, was wir gesehen haben, und allen, die es angeht, mit Nachdruck erklären, was hier mit unseren Meeren geschieht. Es bleibt zu hoffen, daß man diese unerfreuliche Botschaft hört, daß sie die zivilisierte Menschheit aufrütteln wird. Unsere Erwartungen sind vor allem auf die Vereinigten Staaten gerichtet, deren Bevölkerung weit mehr als die Europäer mit der Schönheit der Korallenwelt vertraut ist. Es gibt bereits Maßnahmen zum Schutz der Korallenbestände vor der Küste Floridas; in Key Largo wurde nach dem Prinzip der amerikanischen Nationalparks ein Unterwasserreservat geschaffen. Im Augenblick ist es wohl vor der mechanischen Zerstörung geschützt – aber wie lange kann man es vor giftigem Wasser schützen?

Die *Calypso* kämpft gegen den aufziehenden Orkan an.

9 Wirbelstürme

Die Calypso sucht Meeresschildkröten – Besatzungsmitglieder werden auf der Europa-Insel »ausgesetzt«, inmitten von Moskitoschwärmen und angreifenden Vögeln – Zwei Orkane brechen über die Calypso herein

Nach einem kurzen Aufenthalt in Mayotte auf den Komoren kam am 9. Januar die Europa-Insel in Sicht. Fast einen Monat lang waren wir bei schlechtem Wetter und schwerer Dünung unterwegs gewesen; das Meer war eine brodelnde Masse aus schaumgekrönten Brechern, die am Horizont mit einem bleiern grauen Himmel verschmolzen. Wir hatten es allerdings auch nicht anders erwartet, denn solche Wetterbedingungen sind zu dieser Jahreszeit im Indischen Ozean ganz normal. Wir konnten nichts tun als abwarten. Wind und Wellen blieben tagelang völlig gleich, wurden weder besser noch schlechter und ließen auf absehbare Zeit auch keine Änderung erwarten. Nicht einmal der Wetterbericht deutete auf irgendwelche interessanten meteorologischen Ereignisse hin. Es lag nichts Ungewöhnliches in der Luft, und ich war ganz in die Suche nach einem guten Ankerplatz vor der Europa-Insel vertieft.

Diese kleine Insel mit dem Namen Europa liegt etwa 500 Kilometer vor der afrikanischen Ostküste und mißt einschließlich seiner flachen, brackigen Lagune und weiten, weißen Sandstrände gerade zehn Quadratkilometer. Der Strand der Europa-Insel hat eine große Anziehungskraft auf die Seeschildkröten und dient den Tieren als Ort für die Paarung und die Eiablage[1]. Wir wollten hier das Stelldichein der liebeshungrigen Seeschildkröten filmen. Die bis zu 450 Pfund schweren Tiere kommen von weit her, von Mozambique, Madagaskar und sogar aus dem Golf von Aden, gerade zu dieser Insel – oft 1800 bis 2000 Kilometer weit.

Die Insel Europa hat eine Wetterstation mit einer ständigen Besatzung von vier Mann, deren Aufgabe es ist, nach Orkanen Ausschau zu halten. Sie sind wie ihre Kollegen von den Glorioso-Inseln Eingeborene aus Réunion, von wo aus diese ebenfalls französische Insel

[1] Siehe Anhang C. Wir hatten von Jacques Stevens, einem Taucher und Kameramann, der auf Europa schon einen Film gedreht hatte, von der Paarung der Meeresschildkröten auf dieser Insel erfahren.

verwaltet wird. Diese Männer führen dort ein geradezu spartanisches Leben, denn all ihre Nahrungsmittel müssen für teures Geld eigens aus Réunion herangeschafft werden. Auf Europa selbst gibt es nur ein paar Kokospalmen, einige Fregattvögel und schwarze Ziegen, deren Vorfahren hier wohl einst ausgesetzt wurden und verwilderten. Die Insel zeigt keine nennenswerte Vegetation und besitzt kein Süßwasser – mit einem Wort: Sie ist eine trostlose Korallenwüste. Auch hier findet sich einer der unzähligen über den Indischen Ozean verstreuten Inselfriedhöfe.

Kaum hatten wir vor Europa Anker geworfen, als wir auch schon ein Beiboot mit Falco, Raymond Coll, Dr. Millet und Goupil an Land schickten. Sie teilten uns sofort nach ihrer Ankunft über Funk mit, die Besatzung der Wetterstation habe das Nahen des Orkans »Flossie« gemeldet (Orkane erhalten zu ihrer Kennzeichnung Namen).

Ihre Meldung enthielt noch eine weitere unangenehme Überraschung: Die Moskitoschwärme auf der Insel waren so zahlreich und blutgierig, daß man sich am Strand nur durch Eingraben in den Sand vor dem »Gefressenwerden« retten konnte.

Es gab aber auch noch eine gute Nachricht unter all den Hiobsbotschaften. Die Seeschildkröten waren zum größten Teil bereits eingetroffen und bevölkerten die Untiefen um die Insel. Die Paarungszeit hatte bereits begonnen[1]. Wir beschlossen daher, so schnell wie möglich mit den Dreharbeiten zu beginnen.

Bevor wir uns jedoch den Schildkröten widmeten, mußten wir zunächst alle Vorkehrungen für das zu erwartende Unwetter treffen. Die Wetterstation hatte neben »Flossie« noch einen zweiten Orkan mit dem Namen »Georgette« angekündigt. Zuerst mußten wir das Gewicht der schwer beladenen *Calypso* reduzieren; Seefloh I wurde in seinen Halterungen nochmals befestigt, während Seefloh II mit Roheisengewichten beschwert wurde, damit wir ihn notfalls im Flachwasser versenken konnten. Der Galeazzi-Turm wurde durch Entfernen seiner elektrischen Leitungen ebenfalls auf das Aussetzen im Wasser vorbereitet. Wenn der Orkan abgeklungen war, konnten wir beide Geräte ohne größere Schwierigkeiten wieder an Bord hieven.

In der Zwischenzeit verbrachte Lionel Legros, einer unserer Kamera-

[1] Die Abfolge von Paarung und Eiablage ist durchaus nicht einheitlich. Um diese Jahreszeit paart sich auf Europa eine gewisse Zahl Meeresschildkröten, manche Weibchen legen schon Eier, und gelegentlich schlüpfen an anderer Stelle bereits die Jungen aus. Wir befanden uns daher in der glücklichen Lage, jedes beliebige Stadium zwischen der Paarung und dem Schlüpfen der Jungen filmen zu können.

leute, den Großteil der Nacht unter Wasser und filmte in den Ufergewässern der Insel die Seeschildkröten. Als er seine Arbeit beendet hatte und wieder an Land stieg, erhob sich plötzlich ein Wind, der in Minutenschnelle zu einem tobenden Sturm anwuchs und von schweren Regenfällen begleitet war. Auf der Insel war das Camp unserer Männer ein einziges Chaos; das Zelt wurde umgerissen, und allerlei Ausrüstungsgegenstände gerieten durcheinander. Es blieb unseren Kameraden nichts anderes übrig, als alles im Sand zu vergraben, während der Sturm heulte, Regen herabprasselte und gewaltige Brecher ans Ufer schlugen. Im trüben Licht des Mondes, der von Zeit zu Zeit zwischen den Unwetterwolken erschien, tobte die See mit ungewöhnlich hoher Dünung, die gegen die tiefhängenden Wolken zu schlagen schien.

Als seien die wütenden Elemente für unsere vier Insulaner von der *Calypso* nicht schon mehr als genug, braute sich ein neues Unheil über ihren Köpfen zusammen (im wahrsten Sinne des Wortes). Es war der reinste Hitchcock-Horrorfilm: Plötzlich fiel ohne jeden erkennbaren Grund ein riesiger Vogelschwarm über die Männer her. Vielleicht hatte der heraufziehende Orkan die Tiere sozusagen um den Verstand gebracht – jedenfalls stürzten sie, mit den Flügeln schlagend und mit ihren scharfen Schnäbeln und Krallen hackend, auf die vier Unglücklichen, hoben sich nach dem ersten Angriff allesamt hoch in die Lüfte und attackierten die fast schutzlosen Männer unter schrillem Wut- und Angstgeschrei erneut. Vergeblich versuchten die Überfallenen, sich mit Stücken Treibholz zu verteidigen; bald konnten sie vor Erschöpfung mit den Händen gerade noch die Augen schützen und hoffen, daß es bald ein Ende gab. Die Szene war ein Alptraum vor dem Hintergrund tobender Brandung und heulender Sturmböen. Dann waren die Vögel so plötzlich verschwunden, wie sie gekommen waren; ein gewaltiger Windstoß hatte sie ins Innere der Insel gepeitscht. Die relative Stille, die nun eintrat, war unheimlich und wirkte wie ein Vorbote neuen Unheils. Doch die Vögel kamen nicht zurück. Die auf der Insel zeltenden Männer von der *Calypso* waren fürs erste mit nächtlichen Abenteuern bedient.

Früh am Morgen funkten Falco, Coll und ihre Begleiter, daß sie wegen des Unwetters nicht länger auf der Insel bleiben könnten und an Bord der *Calypso* zurückkehren wollten. Sie machten den Vorschlag, über die Innenseite des Riffs zur Nordseite der Insel zu kommen und von dort aus mit ihrem Gummifloß zur *Calypso* überzusetzen.

Ich konnte trotz der Dunkelheit die wilden, gischtgekrönten Brecher

an der Fahrrinne gegen das Riff peitschen sehen und hielt es für allzu riskant, bei diesem Seegang in der Dunkelheit überzusetzen. Deshalb überredete ich die Männer, bis Tagesanbruch zu warten; gegen fünf Uhr sagte ich ihnen, sie könnten es jetzt versuchen, wenn sie überhaupt noch wollten.

Sie beluden das Floß mit ihren Kameras, Filmen, Essensvorräten, ihrem Zelt und der Taucherausrüstung und begannen, die Rinne zwischen den Riffen zu suchen. Wir an Bord der *Calypso* hielten den Atem an, als ihre Nußschale auf dem Gischt der gewaltigen Wellen wie ein Flaschenkorken hüpfte. Aber sie fanden die Fahrrinne, und in einer ans Wunderbare grenzenden Kombination von Glück, Geistesgegenwart und einer momentanen Wellenflaute schossen sie pfeilschnell durch die schmale Öffnung des Riffs. Donnernder Applaus empfing unsere vier Seehelden, als sie an Bord der *Calypso* kletterten.

Kurze Zeit später beruhigten sich Wind und Wellen vorübergehend ein wenig; ich beschloß, dies auszunutzen und ein zweites Team an Land zu schicken. Es war nicht abzusehen, wann sich wieder eine so günstige Gelegenheit dafür bieten würde. Je länger wir zögerten, desto größer war das Risiko, daß wir die Chance für unsere Filmaufnahmen verpaßten, deretwegen wir schließlich so weit gefahren waren. Falco, Marcellin, Goupil, Laban, Coll und Bonnici setzten sich also wieder ins Schlauchboot und gelangten glücklich durch die Lücke im Riff ans Ufer. Da wir das Gewicht des Floßes so niedrig wie möglich halten wollten, hatten wir sie jedoch ohne Verpflegung und Ausrüstung losgeschickt und vereinbart, daß einer von ihnen zurückkommen und die Sachen holen sollte – vorausgesetzt, daß Sturm und Seegang sich nicht wieder verschlimmerten. Im Laufe des Nachmittags kam Bonnici mit der Nachricht zurück, daß sich nun die ersten frisch geschlüpften Seeschildkröten aus dem Sand buddelten. Er belud sein Schlauchboot mit so viel Proviant und Ausrüstungsgegenständen, wie es fassen konnte, und machte sich sofort auf den Rückweg zur Insel. Inzwischen hatte sich das Wetter aber beträchtlich verschlechtert; der Wellengang war wieder beängstigend hoch. Das leichte Schlauchboot wurde von der Dünung wie ein Gummiball hin und her geworfen, bis es dem Riff gefährlich nahe kam. Eine besonders mächtige Welle schlug den Außenbordmotor gegen einen vorstehenden Korallenblock und riß ihn weg. Der

Der Wirbelsturm »Flossie« zieht herauf; die *Calypso* wird grausam hin und her geworfen. Wir versuchen, wieder eine Verbindung mit unseren auf der Europa-Insel zurückgelassenen Kameraden herzustellen.

Motor sank im seichten Wasser des Saumriffs auf den Grund, von wo ihn Bonnici glücklicherweise wieder ins Boot heben konnte. Er zog sich dabei an den scharfen Korallenkanten erhebliche Schnitt- und Schürfwunden an den Händen zu. Bonnici befand sich trotz des glimpflichen Ausgangs dieser Episode in einer verzweifelten Lage. Wir an Bord der *Calypso* waren uns darüber klar, daß er sich aus eigener Kraft unmöglich daraus befreien konnte, denn es war nur noch eine Frage der Zeit, wann sein relativ zerbrechliches Fahrzeug entweder von den scharfen Korallen zerschnitten oder von der tobenden See in Stücke gerissen wurde.
Wir konnten nichts anderes tun, als noch ein Boot loszuschicken. Kaum hatten wir diese Lösung ins Auge gefaßt, als Chauvellin und Maurice Léandri auch schon im Wasser waren. Angespannt und aufs tiefste besorgt verfolgten wir ihren Weg zur Fahrtrinne. Als sie dort angekommen waren, wurde ihr Boot von einer gewaltigen Welle erfaßt und aufs Riff geworfen; Léandri gelang es irgendwie, es wieder flottzumachen, während Chauvellin mit einem Schleppseil ins Wasser stieg und mit mächtigen Stößen die Rifflücke durchschwamm. An der Binnenseite angelangt, ließ er sich von den Wellen auf den Strand tragen. Inzwischen war auch Falco ins Wasser gestiegen und konnte sich, als Chauvellin an ihm vorbeischoß, gerade noch an ihm festhalten. Die beiden hangelten sich an der Korallenwand entlang bis zu Bonnicis Boot, an dem das Floß vertäut wurde. Léandri zog gerade Bonnicis bereits unter Wasser stehendes Schlauchboot zu sich heran, als zwei riesige Brecher über den drei Männern und ihren Booten zusammenschlugen. Es schien eine Ewigkeit zu dauern, bis diese – noch immer in Fahrt befindlich – wieder auftauchten. Léandris Außenbordmotor war noch nicht einmal naß geworden. Während einer kurzen Wellenflaute gelang es den Männern dann, sich und die Boote sicher zur *Calypso* zu bringen.
Diese Art von Einsatz zeigt, welch großartige Besatzung unser Schiff besitzt. Ich bin sicher, daß nur wenige Seeleute oder Taucher die Ausnahmesituationen und Strapazen heil überstanden hätten, denen wir hier ausgesetzt waren – und die uns noch bevorstanden, bevor »Flossie« und »Georgette« sich ausgetobt hatten.

Rechts oben: Unsere kleinen Boote versuchen, durch die Brandung vor den Korallenriffen der Europa-Insel zu kommen.

Rechts unten: Das von den Wellen bedrängte Schlauchboot bringt unseren kanadischen Kameramann an Bord, der nicht schwimmen kann.

Ich habe Falcos, Chauvellins und Bonnicis Leistung bereits kurz gewürdigt, möchte aber auch noch ein Wort zu Maurice Léandris Geistesgegenwart und Können sagen, die ihn bei dieser Gelegenheit zum Helden des Tages gemacht hatten. Wir sind auf Maurice ganz besonders stolz, weil er gewissermaßen ein Adoptivkind der *Calypso* ist; sein älterer Bruder Octave – Titi genannt – war lange Zeit Erster Maschinist auf der *Calypso* und brachte Maurice an Bord, als dieser kaum den Kinderschuhen entwachsen war. Maurice erhielt seine Ausbildung durch Kapitän Louis Saout, unter dessen Kommando die *Calypso* mehrere Jahre lang fuhr und der nicht nur ein hervorragender Fachmann in allen Dingen der Sieben Meere ist, sondern auch großes pädagogisches Talent besitzt. Diese lange und zuweilen auch sehr harte Lehrzeit hat zweifellos entscheidend dazu beigetragen, daß Maurice an diesem Tage eine so unglaubliche Leistung vollbringen konnte.
Maurice, Bonnici und Chauvellin waren nun zwar wieder an Bord und damit in Sicherheit, aber ein Teil des Teams befand sich noch immer auf der Insel. In der folgenden Nacht tobte das Unwetter mit solcher Gewalt, daß unsere Männer in der Wetterstation um Unterschlupf bitten mußten.
Inzwischen war uns klar geworden, daß wir uns in den nächsten Stunden auf das Schlimmste gefaßt machen mußten. Der Sturm schien von Stunde zu Stunde an Stärke zuzunehmen und hatte nach Norden gedreht. Wir konnten unsere Position nicht länger einhalten; ich beschloß daher, vor Anker zu gehen. Langsam und vorsichtig manövrierend suchten wir nach einer geschützten Stelle. Die Europa-Insel ist jedoch so flach, daß es in ihrer Umgebung keinerlei Windschatten und damit keinen sicheren Ankerplatz gab. Bald sprang der Sturm auch noch alle Augenblicke in wechselnde Richtungen um; wir konnten die schlingernde und unter der Wucht des Sturms und der Dünung erzitternde *Calypso* kaum noch schnell genug gegen den Wind drehen.
Jetzt waren wir nicht mehr in der Lage, die *Calypso* weiter auf Rundkurs um die Insel zu halten. Ich entschloß mich daher zu einem geradezu verzweifelten Schritt: Das Schiff sollte die Inselgewässer verlassen und so manövrieren, daß es hinter die Orkan-»Front« gelangte, wo gewöhnlich ein halbkreisförmiges Gebiet relativer Stille herrscht. Dafür war unser einziger Anhaltspunkt natürlich der Wetterbericht, den wir über Funk empfingen.
Als wir vom Inselbereich weg in tieferes Wasser gelangten, wurde die Farbe des Meeres seltsam undefinierbar. Die See war weder metallisch noch gelb, sondern schien, mit dem Luftraum verschmel-

zend, zu einer nebelartigen Substanz einzukochen. Ich habe weder vor noch nach diesem Tag jemals erlebt, daß die Wellenkämme mit der Wasseroberfläche einen so unglaublichen Winkel bildeten wie hier: Die Dünung war zwar nur vier bis fünf Meter hoch, erhob sich aber buchstäblich senkrecht aus dem Meer. Es fühlte sich an, als ramme die *Calypso* eine Felswand nach der andern. Schließlich konnte ich es nicht länger verantworten, unser Schiff noch länger dieser unerhörten Belastung auszusetzen, wenn ich nicht schwerste Beschädigungen riskieren wollte. Wir drehten deshalb ab und fuhren zur Insel zurück.

Am 21. Januar war es noch immer unmöglich, vor der Insel eine halbwegs beständige Position zu halten. Da unser Anker haltlos über dem Meeresgrund schleifte, konnten wir nichts tun als durch Einsatz der gesamten Maschinenkraft unseres Schiffes verhindern, daß wir gänzlich zum Spielball der tobenden Elemente wurden.
Unser Hauptproblem war jedoch nicht das aufgewühlte Meer, sondern die Frage, wie wir unsere noch immer auf der Insel gefangenen Männer versorgen konnten. Nach langen Debatten brachten wir ein kleines, mit Trinkwasser und Proviant beladenes Boot ins Wasser. Dann bedienten wir uns eines Verfahrens, das wir bereits mit Erfolg erprobt hatten: Wir befestigten eine Schnur an einer Rakete und schossen diese auf den Strand. Das Ende der Schnur hatten wir mit einem starken Nylonseil verknotet, das seinerseits an dem Proviantboot angebracht wurde. Nun konnten die Männer auf der Insel das Tau einholen und ihren ersehnten Nachschub sicher an Land ziehen. Da das Boot nicht bemannt zu werden brauchte, konnte es einfach über das Riff gezogen werden.
Die Operation war ein voller Erfolg; doch inzwischen war der Seegang wieder so stark geworden, daß wir es vorläufig bei dieser einen Bootsladung bewenden lassen mußten. Wir hofften aber, am nächsten Tag auch die schwereren Ausrüstungsgegenstände auf die Insel verfrachten zu können.
Am 22. Januar gab die Wetterstation erneut Sturmwarnung durch: »Flossie« kam direkt auf die Europa-Insel zu. Es schien am vernünftigsten, nicht in diesem Gebiet zu bleiben; bevor wir uns jedoch an der vermutlichen Peripherie des Orkans in Sicherheit brachten, mußten wir unsere Männer auf der Insel erst noch mit entsprechenden Vorräten versorgen. Wir setzten wie am Vortag unser mit Trinkwasser, Proviant und Ton- und Filmgeräten beladenes Beiboot ein; es lief – buchstäblich »am Schnürchen« – fünfmal hin und her, ohne daß es zu irgendwelchen Zwischenfällen gekommen wäre. Wir lie-

ßen sogar einen Benzinkanister am Seil durch die Wellen schwimmen. Dann mußten wir uns irgend etwas einfallen lassen, um noch eine Plexiglaskugel an Land zu schaffen, die unsere Kameraden brauchten, um die Geburt der Seeschildkröten filmen zu können. Die Kuppel war aber viel zu groß, als daß sie ins Boot gepaßt hätte; wir mußten sie daher über der breitesten Stelle des Fahrzeugs befestigen. Als Chauvellin und Bonnici das sperrige Transportgut in einer halben Stunde riskanter Schwerarbeit endlich in die richtige Lage gebracht und vertäut hatten, riß der Sturm den Plexiglassturz wieder los. Die beiden versuchten es noch einmal, diesmal mit Erfolg, schnitten sich aber an den scharfen Plexiglaskanten.

Der Orkan »Flossie« war vorüber. So sehr die Elemente in den Gewässern um die Insel Europa auch getobt hatten – wir konnten immer noch von Glück reden, denn die Insel war von dem Wirbelsturm eigentlich nur gestreift worden. Noch aber waren wir nicht in Sicherheit, denn »Flossies« reizende Schwester »Georgette« stand uns ja noch bevor; allen meteorologischen Voraussagen zufolge bestand für uns jedoch kaum noch Gefahr, denn dieser Orkan hatte unser Gebiet umgangen und näherte sich der afrikanischen Küste. Es stellte sich heraus, daß »Georgette«, wie erwartet, dort auch tatsächlich wütete und 23 Todesopfer forderte. Dann aber tat die stürmische Dame etwas sehr Unfeines und die Meteorologen-Berufsehre unserer »Wetterfrösche« auf Europa zutiefst Verletzendes: Sie machte kehrt und kam genau auf unsere Insel zu. Wieder kochte die See um uns; der Himmel nahm eine nachtschwarze Färbung an, und das wütende Geheul des Sturmes wurde zu einem einzigartigen Inferno.
Es war völlig unmöglich, unsere Kameraden von der Insel zu holen. Wir teilten ihnen daher über Sprechfunk mit: »Grabt euch in den Sand ein und wartet, bis es besser wird! Wir werden versuchen, Tulear zu erreichen und dort einen geschützten Ankerplatz zu finden.«
Es sollte uns sauer genug werden: Kaum liefen die Schiffsmaschinen, als steuerbords die Schraubenwelle brach.
Unsere Lage war alles andere als erbaulich. Der Sturm fegte mit 35 Knoten über uns hinweg und peitschte die Dünung immer höher. Und doch: Wenn wir uns unter diesen Wetterbedingungen wenigstens halbwegs manövrierfähig halten wollten, mußte einer von uns

Es ist gar nicht so einfach, bei schwerer Dünung ein Beiboot zu Wasser zu lassen.

sich in diesen brodelnden Hexenkessel wagen und die gebrochene Welle entfernen, die mit der einen Schiffsschraube das Steuerruder blockierte. Falls wir die Schraubenwelle abbauen konnten, hatten wir die Chance, *vielleicht* auch mit halber Kraft noch Tulear zu erreichen ...

Wir machten uns sofort an die Arbeit. Am Achterdeck der *Calypso* wurde ein doppeltes Hebezeug angesetzt, dessen Stahltrossen hinabgelassen und an der gebrochenen Welle angebracht wurden. Beim Einholen der Trossen kam das gebrochene Stück frei und ließ sich an seinen alten Platz wuchten. Die Operation an sich war nicht sonderlich kompliziert, wurde aber durch die extremen Wetterbedingungen zur mörderischen Schwerarbeit. Das Heck der *Calypso* hob und senkte sich fortwährend so plötzlich, daß sich die Taucher an der Schiffsschraube und am Rumpf selbst anbinden und jeden »Sprung« der *Calypso* schleunigst mitmachen mußten. Trotzdem wurden sie des öfteren brutal an die Schiffswand geschleudert. Raymond Coll, Bonnici und Chauvellin arbeiteten von 11.15 Uhr bis 13.30 Uhr unter Wasser – eine Leistung, die ich auf einem während dieses Einsatzes gedrehten Fernsehfilm verewigt habe.

Am frühen Nachmittag konnten wir schließlich Kurs auf Tulear nehmen. Da wir nur mit einer Maschine laufen konnten, betrug unsere Geschwindigkeit gerade sechs Knoten; »Georgette« kam ungefähr mit dem gleichen Tempo hinter uns her. Uns fiel ein Stein vom Herzen, als wir »auf einem Bein« in den Hafen von Tulear eingelaufen waren, den Orkan dicht auf den Fersen.

Es bestand natürlich nicht die geringste Aussicht, die gebrochene Schraubenwelle in Tulear ersetzt zu bekommen, doch wir wollten hier wenigstens die unbrauchbare Schiffsschraube loswerden, die unsere Fahrt doch nur bremste. Sobald die *Calypso* sicher am Kai vertäut war, machten sich die Taucher sofort daran, die Steuerbordschraube abzumontieren. Bonnici, Coll, Jobert und Le Bosco arbeiteten fieberhaft – und schafften es.

Dann brach »Georgette« über uns herein.

Sie kam so plötzlich, daß die *Calypso* ihren Liegeplatz aufgeben und sich eine sicherere Stelle zum Ankern suchen mußte, während ein Teil ihrer Mannschaft an Land blieb. Ich hatte mir etwas Besonderes ausgedacht, um unser Schiff trotz Sturm und Wellen fest zu verankern. Wir benutzten zwei Anker, von denen der kleinere als »Kattanker« vor den anderen gesteckt und vor ihm fallengelassen wurde. Auf diese Weise – mit dem sogenannten »Verkatten« – ließ sich das Schleifen des Ankers auf dem Grund verhindern, indem man gewissermaßen den Anker vor Anker legte.

Am 27. Januar erreichte der Sturm eine Geschwindigkeit von 70 Knoten und enthielt dabei so viel Wasser, daß er wie ein fester Körper wirkte: Er hobelte die Farbe von Schiffsrumpf und Aufbauten und rasierte die Funkantenne buchstäblich ab.
Im Hafen rissen sich die großen Leichter, die zum Laden und Löschen der Frachtschiffe verwendet werden, vom Kai los und wurden ins offene Meer hinausgespült, wobei einige von ihnen die *Calypso* nur um Haaresbreite verfehlten.
Mein Sohn Jean-Michel war sofort nach unserem Einlaufen im Hafen von Tulear in die Stadt gegangen, um Nachschub zu besorgen. Da wir den Hafen so überstürzt wieder verlassen mußten, konnten wir ihn nicht mehr an Bord nehmen, so daß er die an Land angerichteten Verwüstungen als Augenzeuge miterlebte. Die Dachziegel wurden von den Häusern gerissen und fegten durch die leeren Straßen. Zu fürchten begannen sich jedoch die Bewohner der Stadt erst, als die ersten Kokospalmen abbrachen. Die Bäume können sich nämlich tatsächlich bis zum Boden biegen, ohne Schaden zu nehmen. Wenn sie aber brechen, ist das ein untrügliches Zeichen für einen katastrophalen Orkan.
Die Straßen standen völlig unter Wasser; Autos versanken in den Fluten. Von den Hochspannungsleitungen fielen die Drähte auf die Straße und brachten vielen Menschen den Stromtod. Jede Verbindung mit der Hauptstadt Tananarive war unterbrochen, kein Telefon funktionierte mehr. Jean-Michel blieb glücklicherweise über sein Funksprechgerät in Kontakt mit der *Calypso*. Der Hafenkapitän, unser alter Freund Michel Appert, befand sich unermüdlich im Einsatz, um das Ausmaß der Schäden so gering wie möglich zu halten. Er wagte sich sogar mit einem kleinen Boot ins Hafenbecken und machte einige Leichter los, weil sie die Mole zu demolieren begannen.
Am 28. Januar schien das Schlimmste überstanden. Der Sturm war auf 38 Knoten zurückgegangen; offenbar beruhigte sich die Wetterlage langsam. Wir machten uns daher schleunigst auf den Rückweg zur Europa-Insel, so schnell wir mit unserer einen Schiffsschraube eben konnten. Bei unserer Ankunft erfuhren wir, daß das Anemometer der Wetterstation gerade noch eine Windgeschwindigkeit von 100 Knoten gemessen und sich dann, offenbar überlastet, verklemmt hatte. Kokospalmen waren abgeknickt worden wie Streichhölzer, und die schwarzen Wildziegen hatte der Orkan wie Blätter in die Luft gewirbelt und – sofern sie Glück hatten – irgendwo auf der Insel wieder fallen lassen. Wir sahen einige der noch einmal Davongekommenen verstört dastehen und in das Chaos starren.

Bei klarem Wetter sieht die Europa-Insel aus der Vogelperspektive wie ein ins funkelnde Meer gelegter Korallenring aus.

10 Tauchvorstoß in die Vergangenheit des Meeres

Wir finden eine Stelle, an der Korallen anzeigen, wo sich in der Vorzeit der Meeresspiegel befunden haben muß – Das Tieftauchen – Der Galeazzi-Turm.

Trotz der Unterbrechung unserer Filmaufnahmen durch die Orkane »Flossie« und »Georgette« kamen die Dreharbeiten mit den Meeresschildkröten gut voran. Falco und seine Gefährten waren zehn Tage lang unfreiwillig auf der Europa-Insel gewesen und hatten, den wütenden Elementen zum Trotz, gute Arbeit geleistet.

Nun, da die See sich wieder beruhigt hatte, wollten wir die Gelegenheit nutzen und eine Jahre zuvor aufgestellte Hypothese verifizieren, die sich meiner Ansicht nach auf dieser Expedition immer wieder bestätigt hatte.

Als wir 1963 mit unserer Tauchenden Untertasse im Roten Meer, im Golf von Aden, im Indischen Ozean und im Golf von Oman unterwegs waren, fiel uns jeweils in einer Tiefe zwischen 105 und 110 Meter eine sogenannte *Lithotamnium*-Schwelle auf (*Lithotamnium* ist eine bäumchen- oder strauchähnlich wachsende Rotalge, deren Zellwände mit Kalk inkrustiert sind. Diese Algen bilden selbst Riffe oder sind am Aufbau von Korallenriffen beteiligt). Wie ein Pfad zog sich diese Kalkalgen-Schwelle durch die genannten Meeresgebiete und bildete oben an dem kontinuierlich senkrechten Unterwasser-Kliff eine Art Stufe.

Wir knüpften an diese Beobachtung die Vermutung, daß sich der Meeresspiegel in grauer Vorzeit auf diese Tiefe gesenkt haben müsse, wahrscheinlich während einer damals herrschenden Eiszeit. Nach dieser Theorie hätte also die Oberfläche des Roten Meeres und des Indischen Ozeans um rund 110 Meter tiefer gelegen als heute.

Im Laufe unserer jüngsten Taucheinsätze im Indischen Ozean, vor allem bei den Malediven und der Europa-Insel, erbrachten wir den – zumindest für uns – zwingenden Beweis, daß dieser vorzeitliche Meeresspiegel tatsächlich existiert hatte. Was wir bei all unseren Taucheinsätzen in entsprechender Tiefe zu sehen bekamen, war nicht etwa nur eine stufenartig ausgebildete Formation des Meeresgrundes, sondern eine regelrechte Unterwasserküste mit einer Sandbank, sanft abfallend am Fuß eines senkrechten Felsabsturzes. Dieser Felsen

selbst war mit zahllosen Höhlen und Grotten übersät, die sich alle aufs offene Meer zu öffneten. Daraus schlossen wir, daß sie von der damaligen Brandung herausgewaschen worden waren.
Diese Grotten waren ganz unterschiedlich groß; vor der Powell-Insel auf den Malediven hatten wir eine 50 Meter hohe Höhle erforscht und von ihrer Decke Gesteinsproben mitgenommen, um das ungefähre Alter der dortigen Korallenbildungen bestimmen zu lassen. Wir waren überzeugt, daß die Datierung mit dem Zeitpunkt übereinstimmen müsse, zu dem damals der Wasserspiegel zu steigen und die Grotte zu überfluten begann.

Als uns Jacques Stevens über seine Tauch- und Filmerlebnisse mit den Schildkröten der Europa-Insel berichtete, erwähnte er auch eine Höhle, deren Gewölbe mindestens 55 Meter hoch ist. Da wir noch weit unter die Tiefe des Höhleneingangs bis in etwa 100 Meter Gesamttiefe tauchen und alles gründlich durchforschen wollten, mußten wir ein Verfahren anwenden, das wir »Helium-Einsatz« nennen. Hierbei werden unsere Atemgeräte je zur Hälfte mit reinem Helium und Luft gefüllt, um einen höchst gefährlichen Zustand zu vermeiden, den der Taucher als »Tiefenrausch«[1] kennt und fürchtet. Dieses Phänomen entsteht zumindest teilweise durch das wasserdruckbedingte Eindringen von Stickstoff in die Nervenzellen. Die daraus resultierenden psycho-physiologischen Störungen sind auch vom erfahrensten Taucher nicht unter Kontrolle zu bringen, sobald man eine Tiefe von etwa 50 Meter unterschreitet; die Grenzlinie ist natürlich von Taucher zu Taucher verschieden.
Das häufigste Symptom der Krankheit ist ein euphorischer Zustand, sehr ähnlich einem durch Alkohol oder Psychodrogen erzeugten Rausch. Der vom Tiefenrausch befallene Taucher verliert jegliches Urteil über seine Leistungsfähigkeit, die Grenzen seiner Kräfte und die Möglichkeiten seiner Ausrüstung.
Der Zusatz von Helium im Atemgerät beseitigt diese Gefahr zwar nicht völlig, verringert sie aber doch beträchtlich. Dadurch, daß man den Stickstoffanteil am Atemluftgemisch mit Helium ersetzt, kann man sich immerhin bis in eine Tiefe von 100 Meter wagen, ohne vom Tiefenrausch erfaßt zu werden.
Die Verwendung von Helium würde uns bei diesem Einsatz ebenso klare Sicht wie klaren Verstand bewahren, so daß wir, ohne uns des Leichtsinns schuldig zu machen, bis zur Höhle und weit unter sie begeben konnten. Andererseits mußten wir aber wesentlich mehr

[1] Vgl. Anhang B.

Zeit für die Dekompression, den Druckausgleich, einkalkulieren, um uns nach dem Tauchen ganz langsam vom Wasserdruck auf den atmosphärischen Druck an der Oberfläche umzugewöhnen. Helium verteilt sich im menschlichen Körper nämlich wesentlich schneller als normale Atemluft; wir mußten daher mit einer Druckausgleichszeit von einer Stunde und vierzig Minuten rechnen.

Man benutzt nach dem Tauchen in größeren Tiefen gewöhnlich eine Druckkammer, um sich an die veränderten Bedingungen anzupassen. Auf der *Calypso* erfüllt diesen Zweck der Galeazzi-Turm, der in eine Tiefe von knapp 25 Meter gebracht und von der Oberfläche aus mit Atemluft versorgt wird. Die Taucher klettern von unten durch eine Falltür in die Druckkammer hinein.

Wir setzten bei dieser Gelegenheit ein aus besonders erfahrenen und fähigen Tauchern bestehendes Team ein, denn der erste Abstieg in tiefere Wasserschichten muß ganz besonders sorgfältig und kompetent durchgeführt werden. Auf dem Achterdeck machten sich vier unserer besten Leute bereit: Falco, der über reiche Erfahrungen in solchen Einsätzen verfügt; Raymond Coll, seit seinem sechzehnten Lebensjahr im Taucherhandwerk bewandert; Bonnici, der seine hervorragenden Fähigkeiten ebenfalls schon oft unter Beweis stellen konnte; und schließlich unser Kameramann Deloire, der die gesamte Operation auf Film festhalten sollte. Alle wirkten ruhig und lächelten einander zu.

Die *Calypso* ist glücklicherweise für Taucheinsätze in tieferem Wasser bestens mit Atemgeräten ausgerüstet: Wir haben große Dreifach-Lufttanks, denn der Atemluftverbrauch ist bei derartigen Unternehmen höher als sonst. Die Geräte – die genaugenommen aus drei miteinander verbundenen Gasflaschen bestehen – sind so schwer, daß wir ihr Gewicht im Wasser durch gummiüberzogene Korkstücke verringern mußten. Le Bosco, Chauvellin und Bassaget mußten ihren Freunden beim Anlegen der Apparate behilflich sein, denn ein Mann allein konnte sie gar nicht heben.

Das Tauchen in tieferen Wasserschichten erfordert sorgfältigste Vorbereitungen und (meist sehr teure) Spezialgeräte; doch die aufgewendeten Kosten und Mühen lohnen sich unbedingt, vor allem, wenn das Vorhaben wissenschaftlichen Zwecken dient. Tauchende Untertassen, ferngesteuerte Fahrzeuge und automatische Kameras sind recht und schön, aber nur der lebendige Mensch selbst kann an Ort und Stelle die Dinge, auf die es ankommt, erkennen, betrachten, beurteilen und verstehen. Der Mensch ist zu Wasser wie zu Lande als Naturbeobachter jeder Maschine weit überlegen.

Vor Beginn des Einsatzes hatten wir mehrere Bojen verankert, so daß der Vordersteven der *Calypso* genau über dem Riffgrat festlag, während das Heck über dem unterseeischen Felsabbruch schwamm, an dem die Taucher sich nach unten sinken lassen sollten. Dann wurde der Galeazzi-Turm, die Druckkammer für die aufsteigenden Taucher, in einer Tiefe von etwa 25 Meter aufgehängt.

Unsere Vorbereitungen waren nun abgeschlossen, alles schien in bester Ordnung. Trotzdem wurde ich ein Gefühl der Beklemmung und Sorge nicht los. Obwohl ich jeden einzelnen Schritt der Vorbereitungsarbeiten persönlich überwacht hatte und meinen vier im

Falco hält über das Unterwassertelefon die Sprechverbindung mit dem Galeazzi-Turm und mit unseren Tiefwasser-Tauchern aufrecht.

Der Galeazzi-Turm wird zu Wasser gelassen; er dient unseren aus großen Tiefen aufsteigenden Tauchern als Druckausgleichskammer.

Einsatz befindlichen Kameraden voll vertraute, wußte ich ganz genau, daß ich keine Ruhe finden würde, solange meine Freunde dort unten arbeiteten, 100 Meter unter der sonnenbeschienenen Wasseroberfläche. Ich weiß aus eigener Erfahrung sehr genau, was ein Taucher unterhalb der 50-Meter-Linie empfindet. Ich kenne dieses fast überwältigende Gefühl der Einsamkeit inmitten der anderen Taucher; die lähmende Kälte und tödliche Stille der Tiefe; die Angst, sich den Begleitern im Notfall nicht bemerkbar oder verständlich machen zu können. Die Wasseroberfläche scheint meilenweit entfernt. Bei einem trotz aller Sorgfalt und Sicherheitsvorkehrungen möglichen technischen Versagen würde der ungeheure Wasserdruck den Taucher mit Sicherheit umbringen.

Die vier Männer stiegen nun ins Wasser. Da sie ein Helium-Luft-Gemisch atmeten, mußten sie sich sehr schnell nach unten bewegen, denn unter den Druckbedingungen an der Oberfläche wird bei dieser Gaszusammensetzung das Blut mit viel zuwenig Sauerstoff versorgt. Erst in einer Tiefe von etwa zehn Meter normalisiert sich die Sauerstoffzufuhr. Als das Team den in 25 Meter Tiefe hängenden Galeazzi-Turm passierte, ließ sich eine zweite Tauchergruppe ins Wasser. Sie war mit der üblichen Taucherausrüstung versehen und blieb in Turmnähe, um den vier anderen notfalls Hilfestellung zu leisten, wenn sie zum Druckausgleich nach oben kamen.

Inzwischen hatte das erste Team die Höhle erreicht und begann mit den Filmarbeiten. Ihre Aufgabe war durchaus nicht einfach. Die Taucher und der Kameramann müssen höllisch aufpassen, sich nicht in den Scheinwerferkabeln, die zur *Calypso* hinaufführen, zu verfangen, während sie alle möglichen Geräte bedienen und überprüfen und gleichzeitig Korallen- und Gesteinsproben sammeln. Diese Proben werden dann an ein Speziallaboratorium geschickt, das durch Radioaktivitätsmessungen beispielsweise das Alter eines Korallenbrockens bestimmen kann.

Was die eigentlichen Dreharbeiten betraf, hatten Kameramann und Taucher jeden Handgriff lange zuvor so eingeübt, daß alles wie von selbst lief. Unsere Leute kennen einander außerdem so gut und haben so lange Erfahrungen und so enge Teamarbeit hinter sich, daß sie ihre Arbeiten fast instinktiv aufeinander abstimmen.

Bei solchen Einsätzen kommt der Kameramann – in diesem Fall Deloire – als erster. Ihm folgte Bonnici mit zwei je 1000 Watt starken Scheinwerfern und Coll, der diesmal der »Hauptdarsteller« des Filmes war. Über ihnen, in der Höhe des Galeazzi-Turms, ließen Sumian und einige andere Taucher die Kabel für die Scheinwerfer zu ihnen hinunter. An der Wasseroberfläche hielten sich weitere Taucher bereit, um sofort nach unten zu steigen, falls sie aus irgendeinem Grund gebraucht wurden. Insgesamt waren zwölf Mann unmittelbar an diesem Einsatz beteiligt.

Deloire, der Kameramann, schwamm als erster in die Höhle, um die anderen aus einer günstigen Position im hinteren Teil der Grotte filmen zu können, sobald sie den Höhleneingang erreichten. Die Taucher müssen einen guten »Riecher« dafür entwickeln, wo sich die Kamera gerade befindet, und dürfen sich möglichst nicht aus dem Objektivbereich bewegen. Sie haben daher einen sehr begrenzten Spielraum, der durch die überall herumliegenden Kabel noch weiter eingeengt wird. Außerdem ist natürlich die Sicht in einer Unterwasserhöhle ohnehin nicht besonders gut.

Wie immer bei derartigen Einsätzen im tiefen Wasser ist höchste Sorgfalt und Vorsicht geboten, denn jeder noch so kleine Fehler kann unter Umständen eine Katastrophe heraufbeschwören. Diesmal hatte sich – wie so oft – alle Mühe und Anstrengung wieder einmal gelohnt. Der Film zeigte im Licht der Scheinwerfer aufleuchtende Grottenwände mit einem dichten Teppich aus blauen Schwämmen, farbenprächtigen Algen, Moostierchen, Hydrozoen und roten und gelben Fächerkorallen. (Madreporen-Steinkorallen, sonst überall reich vertreten, gibt es in dieser Tiefe bereits nicht mehr.) Deloire legte sich rücklings auf den Höhlenboden und konnte auf diese Weise einige außerordentlich schöne Einstellungen von dem Grottengewölbe drehen, das sich durch den Eingang gegen das Blau des Außenwassers abhob. Genau an der fotogensten Stelle wuchs an der Decke eine fliederfarbene Seemannshand *(Alcyonium)*; die Grotte war das reinste Filmstudio. Derartige Szenen findet man nur in der See (und auch da nur im tieferen Wasser); die Umweltbedingungen außerhalb dieser Meereswelt würden etwas Vergleichbares gar nicht zulassen.

Während seiner Filmarbeiten erfüllte das Taucherteam auch seine wissenschaftlichen Aufgaben. Die Männer konnten hier, in einer Tiefe von 55 Meter, genau die gleichen morphologischen und geologischen Merkmale beobachten, wie wir sie bereits auf den Malediven kennengelernt hatten. Es war dies eine sehr wichtige Entdeckung, denn sie bekräftigte unsere Theorie über den vorzeitlichen Wasserspiegel des Indischen Ozeans. Die Europa-Insel und die Malediven trennt eine beträchtliche Entfernung. Die Beobachtungen unseres Teams berechtigten uns daher zu dem Schluß, daß die Absenkung des Meeresspiegels, die wir in unserer Hypothese angenommen hatten, den gesamten Indischen Ozean betraf.

Jedenfalls können wir heute mit Sicherheit sagen, daß der Meeresspiegel einmal so tief gelegen haben muß wie diese Höhle. Wir haben Beweismaterial dafür erbracht, daß in der Frühzeit dieses Atolls vor Hunderttausenden von Jahren eben diese Grotte mit lebenden Steinkorallen bedeckt war. Bei der heutigen Wassertiefe, in der die Höhle jetzt liegt, sind diese Tiere jedoch längst abgestorben. Unsere Taucher lösten einige ihrer Überreste von den Höhlenwänden und brachten sie an die Oberfläche.

Als die Taucher die Höhle eingehend untersucht und gefilmt hatten, ließen sie sich mit der noch immer laufenden Kamera bis zum Fuß des Kliffs in etwa 100 Meter Tiefe absinken. Ihr Auftrag war damit erfolgreich ausgeführt. Es war vormittags um 11.10 Uhr und Zeit für den Aufstieg zur Oberfläche.

Einige Kameraden in normalen Taucheranzügen helfen den Tiefwasser-Tauchern beim Ablegen ihrer schweren Ausrüstung und beim Einstieg in den Galeazzi-Turm. Die Netze enthalten Korallenproben aus größeren Wassertiefen.

Ich wußte natürlich, daß wir alles Menschenmögliche getan hatten, um die Gefahren für unsere Männer auf ein Minimum zu senken, trotzdem erreicht meine innere Spannung und Besorgnis stets genau in dieser Zeit des Aufstiegs nach einem abgeschlossenen Tiefwassereinsatz ihren Höhepunkt. Es gibt einfach zu viele Dinge, die außerhalb unserer Macht stehen. Ein schadhaftes Kabel oder ein undich-

Links: Lederkorallen, Fächerkorallen und Schwarze Korallen am Höhleneingang.

tes Ventil genügen bereits, das Leben der vier Männer, für deren Sicherheit ich verantwortlich bin, in größte Gefahr zu bringen.
Die Taucher erreichten ohne jeden Zwischenfall den Galeazzi-Turm und hatten damit den ersten Teil ihres Aufstiegs glücklich hinter sich gebracht. Noch waren sie nicht in Sicherheit. Das Innere des Turmes ist so eng, daß die Männer ihre großen Heliumtanks draußen lassen müssen. Die in dieser Wassertiefe »stationierten« Taucher in ihren auffallenden, gelben Anzügen müssen ihren »Tiefwasserkollegen« daher zunächst einmal aus dem »Geschirr« heraushelfen, d. h. sie von den schweren Atemgeräten befreien, die dann in Spezialhalterungen an der Außenseite des Galeazzi-Turmes verstaut werden. Die vier Taucher nehmen noch einen tiefen Zug ihrer Helium-Luft-Mischung, lösen dann das Mundstück und schwimmen zum Eingang der Druckkammer. Im Innern des Turmes angelangt, schließen sie sofort die inneren und äußeren Türen, worauf einer der Taucher – in diesem Fall Falco – die Ventile einstellt, die das langsame Abnehmen des Kabinendruckes regeln. Dann meldet er über das Unterwassertelefon nach oben, daß die Luken der Druckkammer geschlossen sind und die Druckautomatik eingestellt ist, worauf die 40 Zentner schwere Anlage auf das Achterdeck der *Calypso* gehievt wird. Nun ist das Schlimmste überstanden – mir fällt ein Stein vom Herzen.
Falco und seine Kameraden blieben eine Stunde und vierzig Minuten in der Druckkammer. Während der letzten dreißig Minuten atmeten sie reinen Sauerstoff, um den Blutkreislauf von etwaigen Heliumrückständen oder Stickstoffüberschüssen zu reinigen. Der Druckausgleich wird natürlich unter sorgfältiger ärztlicher Kontrolle durchgeführt.
Falco, Bonnici, Coll und Deloire verließen die Druckkammer nach Ablauf der genannten Wartezeit in bester Gesundheit und glänzender Stimmung. Sie waren – genau wie wir alle – auf eine Fortsetzung am folgenden Tage erpicht.
Das Hauptproblem bei diesen Einsätzen ergab sich aus unserem Vorhaben, das gesamte Unternehmen zu filmen. Wir mußten mehrere Tage darauf verwenden, eine Unzahl von Einstellungen und Szenen nachzudrehen, zu denen wir während der eigentlichen Taucheinsätze aus Sicherheitsgründen nicht kamen, so etwa den Einstieg in den Galeazzi-Turm und den Prozeß des Druckausgleichs.
Unsere Arbeit wurde empfindlich gestört, als sich am 3. Februar die Buganker der *Calypso* aus dem Korallenboden lösten. Wir verloren viel Zeit, bis wir das Schiff wieder in die richtige Position über dem

Felsabbruch gebracht und es besser verankert hatten. Dann setzten wir die Taucheinsätze fort, um so viele unserer Männer wie möglich mit der Helium-Technik und der Handhabung des Galeazzi-Turmes vertraut zu machen und weitere Korallenproben und fossile Tiefwassertiere heraufzuholen.

Am 5. Februar verbrachten wir den ganzen Tag mit Dreharbeiten am Galeazzi-Turm und führten am darauffolgenden Tag einen letzten Helium-Einsatz mit einem Filmteam durch. Am Abend des 7. Februar hievten wir nach einem überaus anstrengenden Tag den Galeazzi-Turm zum letztenmal an Bord und verstauten ihn im Laderaum. Die »Operation Tiefwasser« war beendet.

Wir hatten nun ein Kilo sorgfältig beschrifteter Gesteinsproben aus der Höhle, von verschiedenen Abschnitten des Felsabsturzes und von der »Stufe«, die unserer Ansicht nach den früheren Küstenverlauf kennzeichnet. Alles wurde für spätere Untersuchungen durch Spezialisten sorgsam verpackt. Diese unterseeischen Proben sind, so meinen wir, gewiß ebenso wertvoll wie Mondgestein.

Dies mag manchem meiner Leser etwas übertrieben scheinen, ist jedoch mein voller Ernst. Die Beobachtung der lebenden Tiere am Korallenriff hat mich zwar immer außerordentlich fasziniert, doch der größte Reiz liegt für mich zweifellos darin, aus längst zu Kalkgestein gewordenen toten Korallen das physische Leben eines Atolls und seine Entstehungsgeschichte zu rekonstruieren. Es ist durchaus möglich, daß unsere Proben – wie auch die sonst allenthalben auf dem Grund der Weltmeere gefundenen und ans Licht gebrachten Lebewesen und Versteinerungen – der Wissenschaft die Entschleierung jener Geheimnisse ermöglichen werden, die die Koralle seit Jahrmillionen in sich birgt. Denn eines der wichtigsten Ziele bei unserer Arbeit besteht darin, unser Wissen über die Entstehung der Erde und der Meere zu erweitern.

Während der Tiefeneinsätze unserer Taucher bei der Europa-Insel stießen wir am Fuß des Riffs auf die Spuren der Lebewesen, die diese gewaltigen Wände erbaut haben: Aus Milliarden winziger Polypen, die den Kalk für ihr Außenskelett aus dem Wasser aufnahmen, wuchs mit der Zeit ein riesiges Felsenmassiv empor, an dem zahllose Korallengenerationen entstanden und vergingen und sich, einem geheimnisvollen Bauplan der Natur folgend, aufeinandertürmten. Das Riff, das sie schufen, lebt und wächst noch immer; an seinen Wänden und in der Höhle kann man die Geschichte dieser komplexen Beziehung ablesen, die zwischen seiner Flora und seiner Fauna schon bestand, als auf dem festen Land der Mensch noch in Höhlen hauste.

Die Anwesenheit unserer Taucher schien die Meeresschildkröten nicht im geringsten zu stören. Manche der Tiere sind riesengroß und erreichen über 200 Pfund Gewicht.

11 Die unheimliche Insel

Ein »Totes Meer« – Die Eiablage der Meeresschildkröten auf Europa – Massaker unter den frisch geschlüpften Schildkröten durch Fregattvögel – Einige Bemerkungen zur Seeschildkrötenzucht – Abschluß der ersten Etappe unserer Expedition mit der *Calypso*

Die anstrengenden Arbeiten im Rahmen der Taucheinsätze in tieferem Wasser und die Wartung des Galeazzi-Turmes hatten jeden an Bord der *Calypso* bis an die Grenzen seiner Leistungsfähigkeit beansprucht. Wir waren alle erschöpft und brauchten dringend eine Ruhepause. Die Europa-Insel ist allerdings nicht ganz der Ort, an dem man gerne einen Erholungsurlaub verbringen möchte. Es ist ein verwunschenes Eiland, heimgesucht von wahrhaft mörderischen Moskitoschwärmen.

Solange die Orkane getobt hatten, war von der Stechmückenplage wenig zu spüren gewesen; doch nun war sie wieder in voller Stärke da. Einmal ging Dr. Millet mit Zoom an Land. Wir wollten beide später wieder von der Insel abholen, vergaßen das jedoch über anderen Arbeiten völlig. Herr und Hund standen volle zwei Stunden einsam am Strand und warteten auf uns. Ab und zu suchte Zoom im Unterholz ein wenig Schatten, kam aber jedesmal, von einer Moskitowolke fast verhüllt, sofort wieder zurückgelaufen. Als wir endlich an die beiden dachten, waren sie von den Mücken fürchterlich zerstochen.

Den Moskitos hätte man dadurch entkommen können, indem man der Insel einfach fern blieb. Doch auch das Wasser hier hatte seine »bösen Geister« in Gestalt von Seeblasen *(Physalia),* nahen Verwandten der Quallen, deren Nesselgift bei unseren Tauchern schwere allergische Reaktionen verursachte. Laban wurde ganz besonders übel zugerichtet; tagelang hatte er ebenso schmerzhaft wie grotesk verschwollene Lippen.

Der Unfall mit den Seeblasen ereignete sich bei einem Taucheinsatz, der sehr leicht hätte tragisch enden können. Laban und Philippe Sirot waren nicht weit von der Insel ins tiefe Wasser getaucht. Die See war an diesem Tage sehr unruhig, so daß das Begleitboot sie bald verlor; zwischen den schaumgekrönten Wellen waren die Luftblasen, denen das Boot folgte, kaum zu erkennen. Delmotte, der das Beiboot steuerte, war äußerst beunruhigt und alarmierte über

Sprechfunk sofort die *Calypso*. Laban und Sirot trugen an diesem Tag leider nicht die neuen Taucheranzüge, die mit Unterwassertelefonen ausgerüstet sind; wir konnten also keinerlei Verbindung mit ihnen aufnehmen.

Inzwischen waren die beiden Schwimmer ein gutes Stück von der *Calypso* entfernt an der Wasseroberfläche aufgetaucht. Infolge der Wellen konnten weder sie Delmotte noch Delmotte sie sehen. Zu allem Unglück erfaßte sie eine starke Strömung und zog sie auf das offene Meer zu. Laban und Sirot waren viel zu erfahrene Taucher, als daß sie in einem vergeblichen Kampf mit der Strömung sinnlos ihre Kräfte vergeudet hätten. Sie hörten auf zu schwimmen und ließen sich von den Wellen treiben. Laban hatte eine Unterwasserkamera mit Blitzlichtgerät bei sich, dazu noch einige Blitzlichtbirnen. Er ließ eine nach der anderen aufblinken, während er die Kamera so hoch wie möglich über seinem Kopf hielt. Als er keine Birnen mehr hatte, fing er mit dem Reflektor das Sonnenlicht ein und signalisierte so der *Calypso*.

Sobald wir von Delmotte erfahren hatten, daß die beiden Taucher seinem Gesichtskreis entschwunden waren, ließ die gesamte Besatzung der *Calypso* alles liegen und stehen und hielt nach den Vermißten Ausschau. Doch selbst die stärksten Ferngläser konnten an der Nadel-im-Heuhaufen-Situation kaum etwas ändern, in der sich zwei Menschen befinden, die bei rauher See im offenen Meer treiben. Eine halbe Stunde später endlich hatte Jean-Paul Bassaget die beiden gesichtet. Sofort wurde ein Beiboot ausgeschickt, das sie aufnahm. Laban hatte mehrere schmerzhafte Zusammenstöße mit den Seeblasen hinter sich; auch Sirot war gestochen worden, wenn auch nicht so schwer. Offenbar hatte das Blitzlicht die Tiere angezogen und gegenüber Laban besonders aggressiv gemacht. Trotzdem waren die beiden Männer die Ruhe in Person und regten sich nicht im mindesten über die bestandene Gefahr auf.

Das Wasser war, trotz all seiner bösartigen Quallen und hohen Wellen, der moskitoverseuchten Insel noch immer weit vorzuziehen. Wir beschlossen daher, ein paar ruhige Tage beim Tauchen zu verbringen und die Seeschildkröten weiter zu beobachten.

Als Chauvellin, Jobert, Deloire und Raymond bei einem ihrer Taucheinsätze Seeschildkröten filmten, entdeckten sie zufällig eine Meeresstelle, die sie sofort »Totes Meer« nannten, da sich in ihr ein weites Feld abgestorbener Korallen hinzog. Noch trostloser war die Tatsache, daß es hier auch kaum andere Seetiere gab – nicht einen einzigen Fisch. So weit das Auge reichte, erblickte man nur blaßgraue, tote Korallenstöcke. Den Grund für dieses Massensterben kannten wir nicht. Europa ist wie Bassas da India ein altes, im Verfall befindliches Atoll, ja, eigentlich schon gar kein richtiges Atoll mehr. Seine Lagune ist eingeschlossen und mit brackigem Wasser gefüllt. Die Meeresfauna in seiner Nähe verkümmert so rasch, daß man das um sich greifende Korallensterben beinahe von einem Tag auf den andern verfolgen kann. Gewiß, in den Gewässern um die Europa-Insel gibt es noch Korallen, doch auch sie wirken bereits verkümmert, und die Steinkorallenstöcke am Außenrand des Riffs, einst voller Leben, siechen dahin. Vielleicht bietet das »Tote Meer«, auf das unser Team gestoßen ist, nur einen Vorgeschmack dessen, was die Zukunft der Meeresfauna in diesem Gebiet noch bringen wird.

Auf der Europa-Insel selbst sollte sich uns aber noch eine Überraschung bieten. Wir hatten praktisch das ganze Eiland erkundet. Es war allerdings keine sonderlich erfreuliche Aufgabe, denn das Innere der Insel ist flach und unwirtlich und hat eine faulig-dumpfe Ausdünstung, wie wir sie sonst nur aus Sumpfgebieten kennen. Für längere Zeit oder gar für immer kann man hier wahrscheinlich nur mit dem Mut der Verzweiflung leben; einige Menschen haben es offenbar versucht und sind an der Kargheit des Landes gescheitert. Wir können nur ahnen, welche Tragödien sich hier abgespielt haben.

Falco hatte während seines unfreiwilligen Aufenthaltes auf der vom Orkan gepeitschten Insel mehrere Gräber entdeckt, Zeugnisse für einige dieser Lebensschicksale. Vor langer Zeit hatten mehrere Familien den Versuch unternommen, die Insel zu besiedeln. Es gibt auf Europa, wie gesagt, kein Trinkwasser. Als die mitgebrachten Vorräte erschöpft waren, machten sich die Männer mit ihren Booten auf, um auf anderen Inseln nach einer Süßwasserquelle zu suchen. Die Frauen und eine Gruppe von Negersklaven blieben auf Europa zurück. Als die Schiffer zurückkehrten, waren alle Frauen vergewaltigt und ermordet. Nach einem furchtbaren Massaker unter den schwarzen Sklaven kehrten die Siedler der Insel für immer den Rücken. Dies ist die Geschichte der Gräber, die Falco entdeckt hatte.

Eine Schönwetterperiode gab uns die Möglichkeit, die Seeschildkröten an Land zu filmen. Raymond Coll und Goupil hatten das Glück, im Wasser einer Gruppe von etwa 30 dieser mächtigen Reptilien zu begegnen, in deren Mitte zwei ebenso gewaltige Stechrochen schwammen. Deloire beobachtete hinter einem Korallenfelsen ebenfalls eine große Anzahl von Seeschildkröten, die auf einem Sandstreifen am Meeresgrund lagen. Als Deloire und seine Gefährten sich ihnen näherten, erhoben sich die Tiere langsam und sichtlich widerwillig und ruderten davon.

Schließlich gelang es einem unserer Kamerateams, das Liebesspiel mehrerer Schildkrötenpaare zu filmen. Die Befruchtung der Weibchen dauert volle zehn Minuten; das Männchen besteigt das weibliche Tier von hinten und hält sich mit Schwanz und Vorderfüßen an dessen Rückenpanzer fest. Man kann die Männchen übrigens an dem wesentlich längeren Schwanz leicht von den Weibchen unterscheiden. Wenn die sich paarenden Tiere gestört werden, flieht nur das Weibchen, während sein Partner sich unbeirrt an ihm festklammert und sich von ihm durchs Wasser schleppen läßt.

Die Frage nach der Intelligenz der Seeschildkröte ist nur schwer zu beantworten. Wenn man ihre kleinen Köpfe betrachtet, wird man die Tiere allerdings schwerlich für »Intelligenzbestien« halten. Andererseits berichten die Taucher aber immer wieder, daß die Seeschildkröten über einen außerordentlich feinen Gehörsinn verfügen. Wenn man sich ihnen nähert, erhebt sich ein Teil von ihnen und schwimmt davon, während andere auf dem Meeresgrund liegenbleiben, bis der Taucher praktisch über ihnen ist. Diese Tiere befinden sich in tiefem Schlaf (dies scheint übrigens die Hauptbeschäftigung der Seeschildkröten zu sein). Ihre Sehfähigkeit ist dagegen offenbar wesentlich weniger ausgeprägt als ihr Gehörsinn. Es ist durchaus möglich, daß die Seeschildkröten mit ihren winzigen Augen überhaupt nur vage Umrisse im Wasser wahrnehmen können.

Raymond Coll schwamm eines Tages unter der Wasseroberfläche am seichten Meeresgrund, als er plötzlich eine riesige Seeschildkröte direkt auf sich zukommen sah. Mit einem untrüglichen Sinn für das Leben der Meerestiere hatte Raymond sofort erfaßt, daß dieses Tier blind war. Er wartete regungslos, bis es sich unmittelbar vor ihm befand, und berührte es. Sofort schoß das Tier voll wilder Panik im Zickzack davon. Raymond vermutet, daß diese Seeschildkröte weit über hundert Jahre alt war; ihr Panzer war ganz mit Algen und Muscheln bewachsen und ihr schwarzer Kopf so runzelig, daß es sich bei dem Tier sicher um den Methusalem unter den Seeschildkröten der Europa-Insel handelte.

Bei den bisher beschriebenen Exemplaren handelte es sich ausnahmslos um Lederschildkröten, die ihren Namen ihrer glatten, lederartigen Haut verdanken. Wir sahen auch einige Meeresschildkröten mit richtigem Panzer, die sogenannten Echten Seeschild-

Dieser Fledermausfisch *(Platax)* wurde so anhänglich, daß er nicht mehr abzuschütteln war und unseren Tauchern während des gesamten Abstiegs folgte.

kröten, die jedoch alle vergleichsweise klein waren und nur etwa 30 bis 40 Pfund gewogen haben dürften.
Beide Arten zeigten sich als bemerkenswert gutmütig. Was immer wir auch mit ihnen anstellten – es schien nahezu unmöglich, sie in Wut zu bringen; nicht einer unserer Taucher wurde von den Tieren angegriffen oder gar gebissen. Nur ein einziges Mal ging eine Seeschildkröte auf mich los, weil sie sich offensichtlich zu Tode erschreckt hatte. Diese Tiere sind alles andere als gefährliche Gegner; ich konnte meinen »Angreifer« ziemlich leicht dadurch abwehren, daß ich ihm einfach einen kleinen Schubs gab.
Wie sich die Seeschildkröten durch unsere Anwesenheit auch nicht irritieren ließen, so waren ihnen auch unsere behutsamen Annäherungsversuche völlig egal. Wir konnten kein einziges der Tiere dazu bringen, Futter von uns anzunehmen. Obwohl sie sich vorwiegend von Pflanzen ernähren, versuchten wir sie mit einer Reihe von Leckerbissen wie Fisch, Weichtieren und Algen zu locken. Wir hielten ihnen das Futter schließlich buchstäblich unter die Nase, doch sie zeigten keinerlei Interesse. Es ist natürlich durchaus möglich, daß sie während der Paarungszeit ohnehin keine Nahrung zu sich nehmen.
Die Meeresschildkröten verbringen das ganze Leben im Wasser, außer wenn die Weibchen am Ufer ihre Eier ablegen. Bei dieser Gelegenheit lassen sich dic weiblichen Tiere von der Flut möglichst weit den Strand hinauftragen. Dann schleppen sie ihren plumpen Körper unter der sengenden Sonne bis zu einer Stelle oberhalb der Flutlinie. Dabei folgten auf der Europa-Insel die Schildkröten im Gänsemarsch einem Leittier, das den glattesten Anstiegsweg aussuchte; man kann sich vorstellen, wie quälend langsam sich dieser lange Zug dahinschleppte.
Hatten die Weibchen endlich eine Stelle am Strand erreicht, die vor der Flut sicher war, so boten sie alle Anzeichen totaler Erschöpfung. Trotzdem machten sie sich sofort an die Arbeit und schaufelten mit den Vorderbeinen Gruben in den Sand, so groß, daß der ganze Körper der »werdenden Mutter« Platz darin hatte. Dann setzte sich die Seeschildkröte in dem Sandnest zurecht, hob mit den Hinterbeinen auf dem Boden der Grube ein kleines, aber tiefes Loch aus, das ihr Gelege offenbar vor räuberischen Krabben schützen sollte, und ließ ein Ei nach dem andern einzeln hineinfallen. Es sind gewöhnlich um die hundert Eier mit weicher, aber zäher Schale – mit einem Wort: typische Reptilien-Eier. Die Eiablage dauert manchmal die gesamte Nacht hindurch. Während der ganzen Zeit »weinen« die Schildkröten regelrechte Tränen, die ihnen

An den Panzern der Suppenschildkröten wurden Markierungen, sogenannte »Kytoons«, befestigt, so daß wir beobachten konnten, wohin die Tiere nach der Eiablage zogen.

in gleichmäßigem Strom über das Gesicht laufen. Sie sind freilich kein Zeichen von Schmerz oder Trauer, sondern biologisch sehr sinnvoll und notwendig: Ohne die Tränenflüssigkeit, die die Augen ständig feucht hält, müßten die Tiere höchstwahrscheinlich erblinden.
Wenn alle Eier abgelegt sind, wird das Gelege mit Sand bedeckt. Damit enden die Mutterpflichten der Seeschildkröte; die weitere

Brutpflege übernimmt die Natur. Die Glut der Sonne, die den Sandstrand erhitzt, brütet die Eier in etwa 60 Tagen aus.
Am Morgen müssen die Schildkröten vor dem Einsetzen der großen Hitze das Meer erreichen, da sie sonst zugrunde gehen. Die Tiere schleppten sich daher wieder über den Sand zurück. Ein kleiner Felsbrocken oder eine vorstehende Wurzel reichen schon aus, eine Schildkröte so lange aufzuhalten, bis die Sonne sie – oft nur wenige Meter vor dem rettenden Naß – umbringt. Der Strand der Europa-Insel ist übersät mit den Überresten von Schildkröten, die hier verendet sind: Die Anstrengung, die das Atmen und das Anheben des schwerfälligen Körpers erfordert, genügt in dieser Tropenhitze völlig, die Tiere den Tod finden zu lassen. Die Leiden der unglücklichen Geschöpfe werden durch die blutgierigen Moskitos noch vermehrt, die Kopf und Beine der Schildkröten in dicken Trauben bedecken.
Der Anblick dieser gequälten Tiere, die so dicht vor dem lebenspendenden Meer dem Tod geweiht schienen, erfüllte unsere Männer mit spontanem Mitleid; sie versuchten, so viele Schildkröten wie möglich zu retten. Es war ein schweres Stück Arbeit, denn

Links: Eine Suppenschildkröte bei der Eiablage.

Hier sind die eben gelegten Eier zu erkennen; jedes Weibchen kann über hundert davon legen.

manche waren so schwer, daß man sie nicht heben konnte. Anderen dagegen konnte auf die Beine geholfen werden, indem immer drei oder vier Männer gleichzeitig zupackten. Sobald die Tiere merkten, daß sie sich wieder bewegen konnten, krochen sie mit letzter Kraft, aber erstaunlich schnell, dem Wasser zu. Die Männer waren fest davon überzeugt, daß die Schildkröten die Hilfeleistung voll erkannten.

Ich wollte unbedingt herausfinden, was mit den Tieren geschieht, wenn die Weibchen ihre Eier abgelegt haben und ins Meer zurückgekehrt sind. Halten sie sich noch eine Zeitlang in der Nähe der Europa-Insel auf oder machen sie sich sofort auf den Rückweg? Die Antwort auf diese Frage ließ sich am leichtesten durch Markieren einiger Schildkröten finden. Wir bohrten jeweils ein kleines Loch in den Rückenpanzer und befestigten daran eine ähnliche Plakette, wie wir sie auch bei den Haien verwenden. Den Schildkröten schien diese Prozedur überhaupt nichts auszumachen; ihre Panzer sind schließlich sehr hart und offenbar nicht stärker mit Nerven versorgt als etwa der Fingernagel beim Menschen.

Es stellte sich heraus, daß sich die gekennzeichneten Tiere zumindest während der Zeit, die wir in diesem Gebiet noch verbrachten, nie sehr weit von der Insel entfernten.

Was wir erlebt hatten, ließ den Eindruck entstehen, als hätten die Muttertiere – ob sie nun überlebten oder nicht – ihre biologische Aufgabe erfüllt und reichlich Nachwuchs in die Welt gesetzt, um so die Art zu erhalten. Dies wäre jedoch ein allzu übereilter Schluß; der letzte Akt des Fortpflanzungsdramas stand ja noch aus.
Gegen Ende der Zeit, während der die Eier vom sonnenwarmen Sand bebrütet wurden, hockten Goupil und Deloire mit gezückter Kamera am Strand, um die Jungen beim Schlüpfen zu beobachten und zu filmen. Überall krochen die wie grüne Kröten aussehenden Jungtiere aus den Eiern und wühlten sich aus ihren Sandlöchern ins Freie. Und sofort nach dem Schlüpfen trieb sie ihr Instinkt in Richtung Meer. Doch nun erschienen urplötzlich Tausende von schwarzen Vögeln – anscheinend die gleichen Fregattvögel, die am ersten Tag des Orkans über unsere auf der Insel gebliebenen Kameraden hergefallen waren. Sie hatten nichts von ihrer Wildheit und Grausamkeit eingebüßt und stürzten sich in solchen Scharen auf die neugeborenen Seeschildkröten, daß es aussah, als könne ihnen kein einziges der hilflosen Wesen entkommen. Selbst Jungtiere, die das Uferwasser erreicht hatten, fielen den Vögeln zum Opfer.
Unsere Männer, von der Grausamkeit dieses Massakers erschüttert, rannten am Ufer entlang und versuchten, wenigstens einige der kleinen Seeschildkröten zu schützen. Die Vögel aber waren dreist genug, ihnen ihre Schützlinge buchstäblich zu entreißen. Unsere Kameraden merkten bald, daß diese Rettungsmethode sinnlos war, und versuchten daher, die Jungtiere in Eimern zu sammeln und im tieferen Wasser auszusetzen. Die kleinen Schildkröten mußten aber an der Wasseroberfläche bleiben, um atmen zu können (denn sie brauchen wesentlich mehr Luft als die erwachsenen Tiere); daher fielen auch sie den Vögeln zum Opfer. Die Fregattvögel verstanden offenbar sehr genau, was die Männer taten, und folgten diesen einfach in der Luft bis über das Wasser. Uns allen fiel es sehr schwer, diese Vögel nicht zu verabscheuen und zu hassen, obwohl sie ja nur ein Grundgesetz der Natur befolgen – jenes Gesetz, das die Selbsterhaltung ihrer eigenen Art und die dazu nun einmal erforderliche Nahrungssuche betrifft. Die Räuber, vor allem die Fregattvögel, waren so gierig und wild, daß man sich nur mit großer Mühe von der allzu starken Vermenschlichung freimachen konnte, hinter diesem unvorstellbar grausamen Spiel müsse eine Absicht und eine Art sadistischer Lust stehen.

Es blieb nur noch eine Chance, ein paar der jungen Schildkröten zu retten: Man mußte sie sofort beim Verlassen ihrer Sandwiege aufsammeln und sie in einem am Strand aufgestellten Zelt verstecken.

Falco, Goupil und einige andere hoben eine große Sandgrube aus, die sie mit kleinen Schildkröten füllten und mit der Plexiglaskuppel abdeckten, mit der Chauvellin während des Orkans so viel Ärger gehabt hatte. Die Vögel attackierten den Glassturz mit ihren scharfen Schnäbeln, konnten ihm aber nichts anhaben. Nach Einbruch der Dunkelheit wurden die geretteten Jungtiere im Meer ausgesetzt.

Wir wissen nicht genau, wie vielen von ihnen auf diese Weise das Leben geschenkt worden ist; etwa 750 Seeschildkröten waren schätzungsweise im Zelt versteckt oder durch die Plexiglashaube geschützt, von denen ungefähr hundert den Tag überlebten. Mehrere Exemplare wurden an Bord der *Calypso* gebracht. Einige davon schenkten wir Freunden in Tulear, die anderen brachten wir ins Museum von Monaco. Dort leben sie noch immer, erfreuen sich bester Gesundheit und sind inzwischen beträchtlich gewachsen.

Offenbar war keine der anderen bei Tag geschlüpften Seeschildkröten den Vögeln entkommen: Von ungefähr zweihundertfünfzigtausend Schildkröteneiern erreichten nur diejenigen Jungtiere das rettende Meer, die das Glück hatten, im Dunkel der Nacht aus ihren Sandlöchern zu kriechen! Alle anderen – mit Ausnahme der von uns geretteten – Tiere fielen wenige Augenblicke nach dem Ausschlüpfen den räuberischen Vögeln zum Opfer.

Es mag den Anschein haben, als herrsche in diesen Naturvorgängen der reine Wahnsinn: Hunderttausende von eben aus dem Ei geschlüpften Meeresschildkröten müssen ihr Leben lassen, damit diese uns widerlich und nutzlos anmutenden Vögel überleben können. Aber der Mensch macht es, genaugenommen, doch nicht sehr viel anders: Seit Jahrhunderten jagt er die Seeschildkröten so schonungslos, daß sie heute vom Aussterben bedroht sind. Wenn der Mensch anfinge, sie zu züchten, wie er beispielsweise Rinder oder Hühner züchtet, könnte er für jene zwei Drittel seiner Artgenossen, die ständig vom Hunger bedroht sind, eine einzigartige Nahrungsquelle erschließen. Dieser Gedanke und andere, ähnliche kamen uns, als wir an jenem Tag zu erschütternden Zeugen des Massakers am Strand der Europa-Insel wurden.

Und es ist durchaus möglich, Schildkröten zu züchten. In Indochina geschieht es bereits (wenn auch nicht des Fleisches, sondern des »Schildpatt«-Panzers wegen); es handelt sich dort um eine

Suppenschildkröten schwimmen – offenbar sehr gelassen und gleichgültig – mitten in einem Fischschwarm. Unsere Taucher versuchten vergeblich, sie zu füttern; die Tiere verweigerten jedes noch so verlockendes Futter.

fleischfressende Art, die mit Weichtieren und kleinen Fischen leicht zu füttern ist.

In Japan züchtet man ebenfalls eine fleischfressende, im Süßwasser lebende Weichschildkrötenart, deren Fleisch zur menschlichen Ernährung dient.

Die Experten nehmen an, daß sich die Echten Meeresschildkröten nur sehr schwer züchten lassen werden. Das gilt ganz besonders für die Suppenschildkröte, da sie reine Pflanzenfresserin ist, für die man entweder riesige Mengen von Algen heranschaffen oder aber

entsprechende »Weidegründe« anlegen müßte. All diesen Einwänden zum Trotz sahen wir auf Cosmoledo eine recht erfolgreiche Schildkröten»farm«, die (wenn auch noch in relativ bescheidenen Größenordnungen) die Eingeborenen mit Fleisch versorgt.
Die Suppenschildkröte stellt sich übrigens ziemlich leicht auf eine Ernährung mit Fleisch um. Die Exemplare, die wir dem Museum von Monaco geschickt hatten, ernähren sich heute von Weichtieren und kleinen Fischen – offenbar bei gutem Appetit.
Bisher hat der Mensch das Meer nur als Jagd- und Fanggebiet gekannt und das Potential der See als »Anbaugebiet« überhaupt noch nicht entdeckt. Die Fischer treiben mit ihren Netzen und Harpunen, ihrem modernen Arsenal von Radar, elektronischen Geräten zur Ortung von Fischschwärmen und Explosivstoffen Raubbau an den Vorräten der Meere.
Die Seeschildkröten zeigen uns einen besseren Weg, eine Möglichkeit, unsere alten Fehler noch zu korrigieren: Wir müssen endlich damit beginnen, Meerestiere zu züchten, wie unsere Vorfahren vor zwanzigtausend Jahren die Zucht von Tieren des festen Landes in Angriff nahmen. Die Zukunft des Menschen der Neuzeit liegt in der See, wie die seiner Ahnen auf dem Lande. Wir müssen daher die Gewässer unserer Erde und die in ihnen lebenden Tiere hegen und pflegen lernen.

Mit unserem Aufenthalt bei der Insel Europa ging auch die erste Etappe unserer Expedition zu Ende. Wir wollten von hier nach Süden gehen, zum Kap der Guten Hoffnung und in die Gewässer des Atlantischen Ozeans. Es wurde mir ein wenig wehmütig ums Herz, als ich vom Korallenriff Abschied nehmen mußte, das für mich die meistgeliebte Landschaft der Welt – die Tropenmeere – versinnbildlicht. An dieser Stelle erhob sich vor Jahrmillionen aus der See stolz eine vulkanische Insel mit Wäldern, Blumen und Vögeln. Heute ist all diese Pracht im Meer versunken; nur die Welt der Korallen erinnert noch an sie. Und doch ist es eine Welt, in der sich das Rätsel des Werdens unserer Erde lösen kann, wenn man nur versteht, die richtigen Fragen zu stellen.
Wir müssen uns aber gleichzeitig fragen, ob es die Welt der Korallen noch so lange geben wird, daß wir die Antwort erfahren können. Der Alptraum vom »Toten Meer« um die Europa-Insel mit ihren sterbenden Korallen verfolgt mich noch im Schlaf. Überall auf unseren Fahrten durch das Rote Meer und den Indischen Ozean fanden wir die Anklage der Korallenwelt geschrieben: *Der Mensch hat unsere Meere vergiftet.*

Nachwort

Dem Sterben der Meere durch Wasserverschmutzung und Störung des ökologischen Gleichgewichts muß Einhalt geboten werden

Die große Fahrt der *Calypso* geht weiter und wird, so hoffen wir, noch Jahre dauern. In dem vorliegenden Buch habe ich mich auf einen Bericht über unsere Reise durch die Korallengebiete des Roten Meeres und des Indischen Ozeans beschränkt. Dabei ist es mir, so hoffe ich, gelungen, meine Leser ein wenig mit jener ebenso fremden wie faszinierenden Welt bekannt zu machen, deren Geheimnisse bisher nur einigen wenigen Menschen zugänglich waren. Es ist mein sehnlichster Wunsch, daß dieses verborgene Reich der Tiefe künftigen Generationen ebenso vertraut sein möge wie die Kontinente der Erde dem Menschen von heute.

Dies setzt aber voraus, daß die Welt unter Wasser am Leben bleibt. Der Mensch hat gerade erst angefangen, die Meere zu erforschen und das Geschehen in ihnen zu verstehen, wobei er zugleich erfahren mußte, daß der Gegenstand seines erwachenden Interesses und seiner wissenschaftlichen Bemühungen in tödlicher Gefahr ist. Die goldgefleckten Steinkorallen, die zarten, durchsichtigen Seefedern, die prachtvollen Fächerkorallen und all die anderen Kostbarkeiten der Meeresfauna sind heute von den Auswirkungen der Zivilisation, insbesondere von ihrem Abfall, unmittelbar bedroht. Deshalb dürfen wir nicht aufhören, uns gegenüber der Nachwelt für die Erhaltung der Lebewesen des Meeres ebenso verantwortlich zu fühlen wie für die der Tiere und Pflanzen des festen Landes. Auf die Gefahr hin, etwas altmodisch zu wirken, möchte ich mit Nachdruck die große moralische Verpflichtung betonten, die wir unseren Nachfolgern auf diesem Planeten gegenüber haben. Wir dürfen nicht einfach denken: »Nach uns die Sintflut!« und unseren Erben nur tote Korallenriffe und vergiftete Wasserwüsten hinterlassen.

Die Bewohner des Korallenreiches sind weitaus anfälliger für Störungen und sehr viel empfindlicher als andere Tiere; auch schadet ihnen der Zugriff des Menschen wesentlich mehr als den meisten Lebewesen des Landes. Sie können nicht fliehen, können sich nicht, wie etwa die Seelöwen oder die See-Elefanten, in entlegenen, vor dem Menschen vorläufig noch sicheren Gebieten der Erde einen Schlupfwinkel suchen. Die Korallenfische sind aufs engste ihrer Lebensstätte verhaftete Tiere, die mit der Koralle leben und sterben; und die Erbauer der Riffe und Atolle, die zahllosen Hohltiere, Riesenmuscheln, Röhrenwürmer und die vielen anderen Tierarten, sind im engsten Sinne des Wortes »festsitzende« Tiere, die am gleichen Fleck leben und sterben.

Ich möchte nicht den Eindruck erwecken, als sei ich hinsichtlich des künftigen Schicksals der Meere hoffnungslos pessimistisch. Meine Bedenken und meine Warnungen entspringen einer gründlichen Kenntnis der Situation, denn ich erforsche nun schon seit dreißig Jahren gemeinsam mit meinen Freunden und Mitarbeitern die Ozeane. Wir haben Mittel erdacht und geschaffen, mit deren Hilfe sich der Mensch sozusagen in der See zu Hause fühlen kann, sei es durch den von der Außenversorgung unabhängigen Taucheranzug, der meinen und Gagnans Namen trägt, sei es durch unsere Tauchende Untertasse und andere Unterwasserfahrzeuge, sei es durch unsere Spezialverfahren der Tiefseefotografie oder sei es durch die *Argyronète*, ein neuentwickeltes Unterseeboot, das die meereskundliche Forschung revolutioniert.

Alle diese unsere Leistungen und Erfahrungen qualifizieren uns meines Erachtens dazu, Bestandsaufnahmen und Diagnosen über das Geschehen im Meer zu geben, die keine bloßen Meinungen sind, sondern stichhaltige Argumente. Wir tauchen beispielsweise seit siebzehn Jahren im Roten Meer und sind vermutlich die einzigen, die den heutigen Zustand der Korallenbildungen dieses Gebietes mit dem von 1953 vergleichen können. In zahlreichen Inselgewässern kennen wir jeden Korallenfelsen, jede Fächerkoralle und jeden einzelnen Busch Schwarzer Koralle im Riff- und Atollbereich. Bei diesen Reisen haben wir etwa um Mar Mar, im Farasanen-Archipel und in den Gewässern der Europa-Insel die »Toten Meere« gesehen und sind in Regionen, in denen es früher von buntem Leben nur so wimmelte, auf bleiche, verkümmerte, wenn nicht abgestorbene Korallenstöcke gestoßen. Wenn schon so wenige Jahre genügen, derlei Verwüstungen anzurichten, dann sieht die Zukunft der Korallenmeere wahrhaftig sehr düster aus.

Dies gilt um so mehr, als nicht nur das Rote Meer und der Indische Ozean von diesem rapiden Korallensterben befallen sind. Ich kenne die Weltmeere gut genug, um zu wissen, daß die Verpestung des Wassers und damit das Massensterben der Meeresfauna allenthalben grassiert, sei es in Kalifornien, in der Karibischen See oder in den Gewässern Mikronesiens.

Ich habe in diesem Buch immer und immer wieder auf den katastrophalen Rückgang der Korallenbestände hingewiesen – und dies zu Recht. Das Rote Meer und der Indische Ozean sind die Korallenmeere par excellence und daher besonders anfällig für den Tod durch Verschmutzung. Wenn dieses Sterben in dem bisherigen Ausmaß weitergeht, werden wir abermals eines der großen Schöpfungswunder auf dem Gewissen haben und um eine Hoffnung ärmer sein – um die Aussicht nämlich, Lebensformen zu entdecken, die uns bisher völlig unbekannt sind. Sollte sich meine Befürchtung bewahrheiten, daß unsere Enkel keine Gelegenheit mehr haben könnten, lebende Korallenbildungen zu sehen, so hat unser Jahrhundert nur noch eine Scheußlichkeit mehr auf ihrem Schuldkonto zu verbuchen.

Aber selbst wenn die Koralle vorläufig noch nicht aussterben sollte, wird sie doch immer in Gefahr sein. Die Riffe sind ohnehin beständig den zerstörenden Kräften der Natur ausgesetzt: Sturm und Brandung reißen sie ein, die schweren tropischen Regenfälle reduzieren den lebenswichtigen, hohen Salzgehalt des Wassers, und Strömungen begraben die das Riff bauenden Polypen mit Schlamm und Sand. Gegen diese natürlichen Einwirkungen könnte sich die Koralle jedoch ganz sicher mit ihrer Lebenskraft durchsetzen – wenn sie nicht gleichzeitig vom »künstlich« herbeigeführten Tod bedroht wäre – durch den Menschen nämlich. Ein Öltanker, der in der Nähe eines Riffs seine Tanks reinigt, oder eine unterseeische Ölbohrung, die ausläuft, kann in weitem Umkreis das Leben der zarten Polypen zerstören. Theoretisch gäbe es eine sehr einfache Lösung: die durch internationale Abkommen gesicherte drastische Bestrafung jeden Urhebers von Ölpest und Umweltverschmutzung.

Weit wichtiger als alle juristischen Maßnahmen ist jedoch eine tiefgreifende, weltweite Bewußtseinsänderung: Wir müssen im Hinblick auf die See umdenken lernen. Die Unermeßlichkeit, Tiefe und Lebensfülle der Ozeane und deren scheinbare Unberührtheit haben uns zu dem Vorurteil verleitet, die See sei unzerstörbar und unsterblich. Das stimmt einfach nicht: Wir haben in jüngerer Zeit mehr als genug Beweise dafür, daß das Meer nicht nur nicht »unverwüstlich« ist, sondern sogar äußerst empfindlich und störungsanfällig. Die vor Gesundheit und Tierreichtum »strotzenden« Korallenriffe, von denen wir gesprochen haben, sind im Grunde nur eng begrenzte und zudem ständig bedrohte »Oasen des Lebens« und auch dies nur bis in eine Tiefe von 30 bis 40 Meter und an der Außenseite der Felswand, so daß sie nur für eine beschränkte Zahl

Ein Doktorfisch und einige junge Einhornfische *(Naso)* an einer Fächerkoralle.

von Korallenfischen und anderen Riffbewohnern Raum bieten. Es ist ein Kinderspiel, diese so eng an ihre Lebensstätte gebundenen Tiere zu jagen; drei mit Harpunen und anderem Jagdgerät bewaffnete Taucher genügen vollauf, ein Riff wie Abulat oder Maf Zuber in kürzester Zeit um all seine Fische zu bringen – und dies für immer, denn wir haben keinen Grund zu der Annahme, daß sich die Bestände mit Tieren der gleichen Art von außerhalb her wieder auffüllen könnten. Wir müssen daher nicht nur gegen die Wasserverschmutzung, sondern auch gegen das sinnlose Abschlachten der Fische kämpfen. Ein erster Schritt in diese Richtung ist die Schaffung von Unterwasserreservaten, wie es mit Key Largo in den Vereinigten Staaten und bei der Hyèren-Insel Port-Cros im französischen Teil des Mittelmeeres bereits geschehen ist.
Darüber hinaus müssen wir alle Massenmedien mit Wort und Bild

Der Clownfisch lebt in »freundschaftlicher« Beziehung zu der Seeanemone, die ihm zwischen ihren für andere Fische giftigen Tentakeln Schutz bietet. Die Frage, weshalb dieser Fisch gegen das starke Gift immun ist, bedarf noch der Klärung. Bernard Delmotte gelang diese Aufnahme von der Fütterung einer Seeanemone durch einen Clownfisch.

dafür einsetzen, daß die breiteste Öffentlichkeit Ehrfurcht auch vor dem Leben in der Wunderwelt der See lernt. Daß sich eine solche Einstellung leicht und schnell zu entwickeln scheint, bedeutet für jeden Menschen, der das Meer und die Natur liebt, eine große Befriedigung und stetigen Ansporn. Die Reaktion der Öffentlichkeit auf unsere Filme, die in den USA ebenso wie in Europa so großen Anklang gefunden haben, spricht für die doch eigentlich erstaunliche Tatsache, daß so viele Millionen Menschen vom Leben der Meere, vor allem von dem der großen, noch wild und frei lebenden Meerestiere außerordentlich beeindruckt sind – vielleicht liegt das daran, daß sie in diesen Geschöpfen eine Freiheit und Würde ahnen, die wir zum großen Teil verloren oder selbst aufgegeben haben. Vielleicht aber ist die Kraft der Faszination, die von der Meeresfauna ausgeht, auch zu erklären aus der Entfremdung des modernen Menschen von seiner natürlichen Umwelt und einer archaischen Sehnsucht nach dem Meer, aus dem alles Leben kam. Wenn das stimmt, so läßt sich dazu sagen, daß der Mensch heute über die Mittel verfügt, ins Meer zu gehen und in ihm, mit ihm und von ihm zu leben. Wir wollen hoffen, daß es nicht eine leer gewordene See ist, in die er zurückkehrt.

Durch unsere Fahrten mit der *Calypso* befinden sich meine Freunde und ich seit zwei Jahrzehnten in engstem Kontakt mit dem Meer. Wir hatten uns mit vielen Fragestellungen auseinanderzusetzen, solchen der Tierpsychologie ebenso wie denen des Tauchens und der Filmtechnik. Mit anderen Worten: Wir haben wesentlich mehr getan, als einfach auf den Weltmeeren herumzuvagabundieren. Dabei drängten sich uns immer mehr Beobachtungen über eine Entwicklungstendenz auf, deren Endpunkt die Vernichtung des Lebens unserer Meere sein wird. Haben wir aber erst einmal die See zu einer Wasserwüste gemacht, dann kann die Verödung unseres gesamten Planeten gar nicht ausbleiben. Denn die Meeresvegetation liefert uns einen großen Teil des Sauerstoffes, den wir zum Atmen brauchen. Ist aber die See vergiftet, stirbt die Meeresflora; mit ihr hört auch ein Großteil des Sauerstoffnachschubs auf, ohne den ein Leben auf dem festen Land unmöglich wird.

Noch ist nicht alles verloren, noch haben wir eine Chance. Der Mensch kann der Umweltverschmutzung Einhalt gebieten und die Pflanzen- und Tierwelt des Meeres vor der Vernichtung bewahren. Nur dürfen wir diesen Tatbestand nicht einfach zur Kenntnis nehmen und die Hände in den Schoß legen, sondern müssen all unsere Kräfte aufbieten und im ureigensten Interesse der Menschheit Partei ergreifen für die bedrohte Natur.

Vor ein paar Jahren war es große Mode, von der See als dem »Farmland« und dem »Anbaugebiet der Zukunft« zu sprechen, das die überbevölkerte Erde ernähren könne. Dieser Traum ist auch durchaus realisierbar. Als erstes ist allerdings ein halbwegs intelligentes Verhalten gegenüber den Ozeanen notwendig sowie eine sachkundige und genau gezielte Planung. Im Augenblick jedenfalls scheint es mir reichlich makaber, von den Ozeanen als unserer Rettung vor dem Hungertod zu schwärmen und gleichzeitig alles zu tun, um dieses Potential zu vernichten, noch bevor die ersten Früchte geerntet sind.
Es ist nicht das erste und gewiß nicht das letzte Mal, daß der Mensch Fehler macht, die an Schwachsinn grenzen. Seinerzeit galt beispielsweise Afrika als unerschöpfliche Quelle des Reichtums; es hat sich gezeigt, daß man einen Kontinent durch Raubbau schnell und gründlich »kahlfressen« kann – und so ist es auch mit einem Ozean. Der Unterschied liegt nur darin, daß der Mensch heute bei der Ausbeutung der Meere wesentlich systematischer arbeitet als unsere kolonialherrlichen Väter. Der angerichtete Schaden ist also auch entsprechend größer. An Land versuchen wir immerhin – wenn auch noch stümperhaft genug –, die Natur zu zähmen, zu kultivieren und zu pflegen; im Meer haben wir noch nicht einmal den Versuch dazu gemacht. Unsere große technische Potenz ist bisher ausschließlich darauf gerichtet, so viele Meerestiere so schnell und so billig wie möglich abzuschlachten. Wir scheuen uns nicht, unseren Fischereimethoden eine Aura des »Sportlichen« und »Kämpferischen« anzuhängen, da das Fischen eine archaisch menschliche Tätigkeit ist, die auf unsere prähistorischen Vorfahren zurückgeht. Die heldische Verbrämung des hochtechnisierten Massenmords, den wir »modernen Fischfang« nennen, ist eine ebenso bösartige wie dumme Rationalisierung unserer primitiven Profitgier; die Menschheit ist fröhlich dabei, einen der Äste abzusägen, auf denen sie sitzt.
Wir dürfen nicht vergessen, daß wir dem Meer im Grunde nur sehr wenig an Lebensformen und Rohstoffen entnehmen können, ohne sein ökologisches Gleichgewicht zu stören. Alles, was über dieses wenige hinausgeht, ist katastrophaler Raubbau. Man kann den

Zu der Abbildung auf den folgenden Seiten: Bei diesen Fischen handelt es sich um *Ostorhynchus fleuriei*. Die Korallenfischarten leben häufig in großen Schwärmen, da dies ihr einziger Schutz vor Raubfischen ist. Die letzteren verlieren angesichts solcher Fischmassen die Orientierung und können sich auf keinen zielgerichteten Angriff konzentrieren. Durch den Menschen ist diese farbenprächtige Welt der Korallen tödlich bedroht.

Reichtum und die Vielfalt der Meeresfauna nur erhalten, wenn man die Gesetze der Biologie kennt und einhält. Jeder Versuch, in die natürliche Ordnung der Ozeane einzugreifen, löst eine Kettenreaktion aus, denn die »lebendige See« ist zwar ein Garten Eden, aber doch ein stets *bedrohtes* Paradies. Es hat Raum für den Menschen, gewiß, genau wie es Raum für den Hai hat, aber es ist ein bescheidenes Plätzchen, das in keinem Verhältnis zu dem Ausmaß der Vernichtung steht, die der Mensch unter den Meerestieren anrichtet.
Die Rohstoffmenge, die wir künftig ohne schädigende Wirkung aus dem Meer entnehmen können, läßt sich gewiß noch ganz beträchtlich steigern. Dies muß jedoch mit geeigneten Mitteln und Methoden geschehen. Wir müssen damit beginnen, eine der Landwirtschaft vergleichbare »Wasserwirtschaft« zu betreiben, Zuchtprogramme auszuarbeiten und Schutzmaßnahmen zu ergreifen, um Raubbau auszuschalten. Einen anderen Weg gibt es nicht. Wenn wir ihn nicht gehen wollen oder können, sollten wir möglichst schnell die Hoffnung aufgeben, die beständig wachsende Weltbevölkerung aus dem Unterwasserpotential unserer Ozeane ernähren zu können.

Der Mensch von heute muß endlich aufhören, sich noch länger seinen romantischen Knabenträumen über das Meer hinzugeben. Auch sollten wir nicht mehr in die See hinein»geheimnissen«, als in ihr ist. Wir haben es hier nicht so sehr mit *Geheimnissen* zu tun, als vielmehr mit *Problemen*, für die wir eine Lösung finden müssen und können. Wir stehen an der Schwelle zu einer neuen Ära von Entdeckungen und wissenschaftlichen Erkenntnissen und müssen so schnell wie möglich lernen, wie wir die tierischen, pflanzlichen und mineralischen Vorräte der See nutzen und mehren können und wie sich die in ihnen steckenden ungeheuren Energien der Ozeane anwenden und kontrollieren lassen. Gleichzeitig müssen wir aber lernen, diese Welt unverletzt zu erhalten und ihr Gleichgewicht zu schützen, denn sie ist aufs engste mit der unseren verknüpft. Vielleicht dämmert uns bald schon die Erkenntnis, daß die See nur ein – allerdings immenser – Teilbereich unserer eigenen Menschenwelt ist, eine Provinz unseres Universums, ein uns anvertrautes Lehen, das wir schützen und pflegen müssen, wenn wir selbst überleben wollen.

Anhang

Grundfragen des Tauchens
Welt der Korallen
Die Korallenfische
Die Meeresschildkröten
Glossar
Register

Anhang A

Grundfragen des Tauchens

Die Aqualunge, ein von der Versorgung von außen unabhängiges Unterwasser-Atemluftgerät, wurde 1943 von Jacques-Yves Cousteau und dem Ingenieur M. Émile Gagnan entwickelt. Seine wichtigsten Merkmale bestehen darin, daß die verbrauchte Luft unmittelbar ins Wasser geleitet wird und daß die Atemluft nicht kontinuierlich nachströmt, sondern geregelt vom Atemrhythmus des Tauchers. Die benötigte Luft befindet sich in einer oder mehreren »Flaschen« (oder »Tanks« oder »Zylindern«) auf dem Rücken des Tauchers. Ein automatisches Reglersystem läßt das Gas beim Einatmen in die Maske einströmen und verändert seinen Druck je nach den Wasserdruckbedingungen, unter denen sich der Taucher gerade befindet. Beim Ausatmen wird die Luft durch eine Art »Auspuff« unter der Verkleidung des Reglersystems an das Wasser abgegeben. Der Regler ist durch zwei flexible Schläuche mit dem Mundstück verbunden; einer davon dient dem Ein-, der andere dem Ausatmen.
Die Erfindung dieser Aqualunge bedeutete einen entscheidenden Schritt vorwärts in der Eroberung der Meere durch den Menschen und generell in der Entwicklungsgeschichte des technischen Fortschritts. Trotzdem ist dieses Gerät im Grunde sehr einfach und sicher, vollautomatisch und leicht zu handhaben, wodurch auch dem Amateurtaucher und damit einer breiteren Schicht die Tür zum Meer geöffnet wird.
Die Cousteau-Gagnansche Aqualunge hat das Tauchen revolutioniert und die alten Taucherausrüstungen mit ihren schweren, unbeweglichen Taucherhelmen abgelöst, die sehr schwer zu handhaben und außerdem ebenso unbequem wie unsicher waren. Diese starren Unterwasser-»Panzer«, den meisten Lesern sicher aus früheren Taucherfilmen bekannt, verlangten lange Ausbildungs- und Trainingszeiten und gewährten dem Taucher auf dem Meeresgrund nur einen sehr beschränkten Aktionsradius. Wenn die See in den letzten zwanzig Jahren für den Menschen erst richtig zugänglich wurde, so durch die von der Außenversorgung unabhängige Taucherausrüstung und

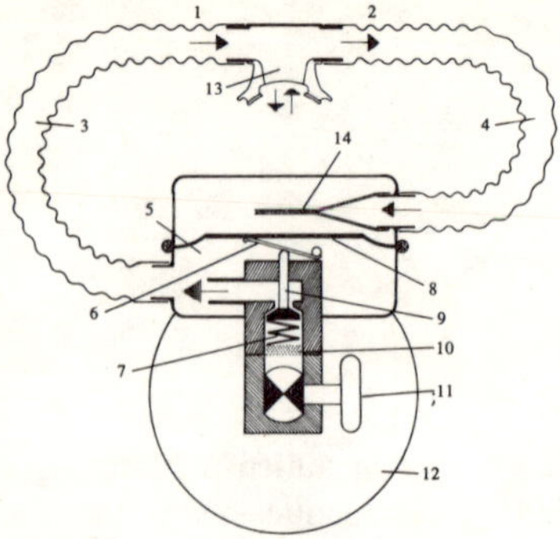

1 Einatmen
2 Ausatmen
3 Einatemschlauch
4 Ausatemschlauch
5 Niederdruckluft
6 Ventilhebel
7 Feder
8 Membran
9 Lungengesteuertes Ventil
10 Filter
11 Ventil
12 Preßluftflasche
13 Mundstück
14 Schnabelventil

Schema der Aqualunge von Cousteau und Gagnan

ihr weiteres Zubehör, wie etwa die von Korvettenkapitän de Corlieu entwickelten »Flossen«[1], die Tauchermaske oder den Ballastgürtel, der den Taucher im Wasser stabilisiert. Weit über ihre Bedeutung für den Tauchsport hinaus ist diese Ausrüstung eine wichtige Voraussetzung für die wissenschaftliche Erforschung der Tiefe geworden.

Obwohl der Mensch nun gelernt hat, sich als Taucher von den »Nabelschnüren« zu seinem Versorgungsboot zu lösen und sich frei und selbständig auf dem Meeresgrund zu bewegen, ist er noch immer zwei Gefahrenmomenten ausgesetzt, die auch bei der früheren, starren Taucherausrüstung auftraten: dem Tiefenrausch und der Möglichkeit von Unfällen beim Druckausgleich.

Der Tiefenrausch ist ein durch den Stickstoff in der Atemluft hervorgerufener, toxisch-euphorischer Zustand, der das Denken und die Reaktionen des Tauchers schwer beeinträchtigt. Die Wassertiefe, in der dieser Tiefenrausch einsetzt, ist je nach Taucher verschieden; der eine wird bereits bei etwa 45 Metern davon befallen, während der andere erst in weit größeren Tiefen und nach längerer Tauchzeit die ersten Symptome dieses gefährlichen Zustandes zeigt. Oft erkennt der Taucher diese Anzeichen erst, wenn es bereits zu spät ist. Man kann die Reizschwelle für den Tiefenrausch allerdings dadurch erheblich heraufsetzen, daß man den Stickstoffanteil der Atemluft durch ein leichteres Gas, etwa Helium, ersetzt.

Unfälle beim Druckausgleich (bei der Dekompression) dagegen entstehen infolge der Tatsache, daß sich Gase aus der Atemluft im

[1] Etwa gleichzeitig schuf Hans Hass seine »Flossen« (Anm. d. Übers.).

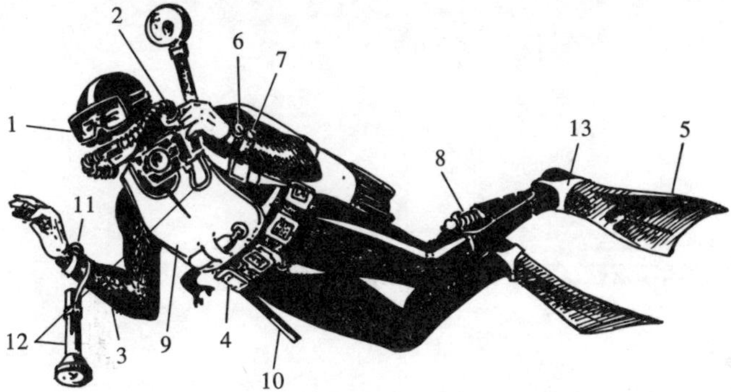

Freitaucher-Atemgerät von Cousteau und Gagnan, Typ »Mistral«, und Tauchzubehör

Unentbehrlich
1 Maske
2 Luftzufuhr und
3 Tauchanzug
4 Ballastgürtel
5 Flossen

Notwendig
6 Tiefenanzeiger
7 Uhr
8 Messer
9 Schwimmweste
10 Schnorchel

Nützlich
11 Kompaß
12 Blitzlichtgerät
13 Knöchelbindung

Blutkreislauf lösen und beim allzu schnellen Auftauchen an die Wasseroberfläche Luftblasen im Blut bilden. Dadurch entsteht die gefürchtete »Taucherkrankheit« (auch »Caissonkrankheit« genannt), deren Schwere eine Funktion von Tauchzeit und Tauchtiefe ist, wenn man zu schnell an die Wasseroberfläche steigt, d.h. sich zu plötzlich Druckveränderungen aussetzt. Man kann die Taucher-

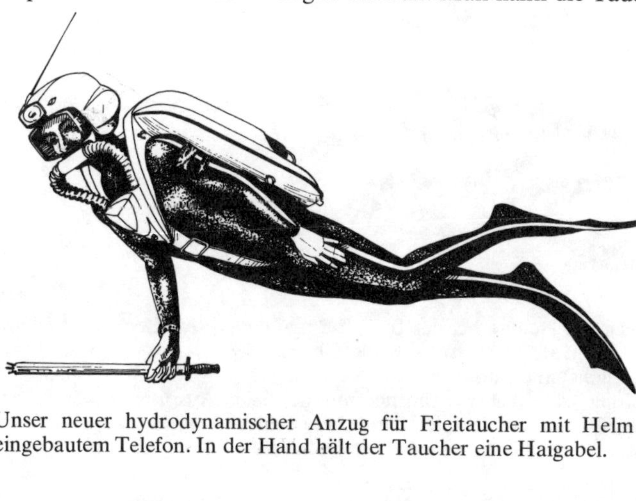

Unser neuer hydrodynamischer Anzug für Freitaucher mit Helm und eingebautem Telefon. In der Hand hält der Taucher eine Haigabel.

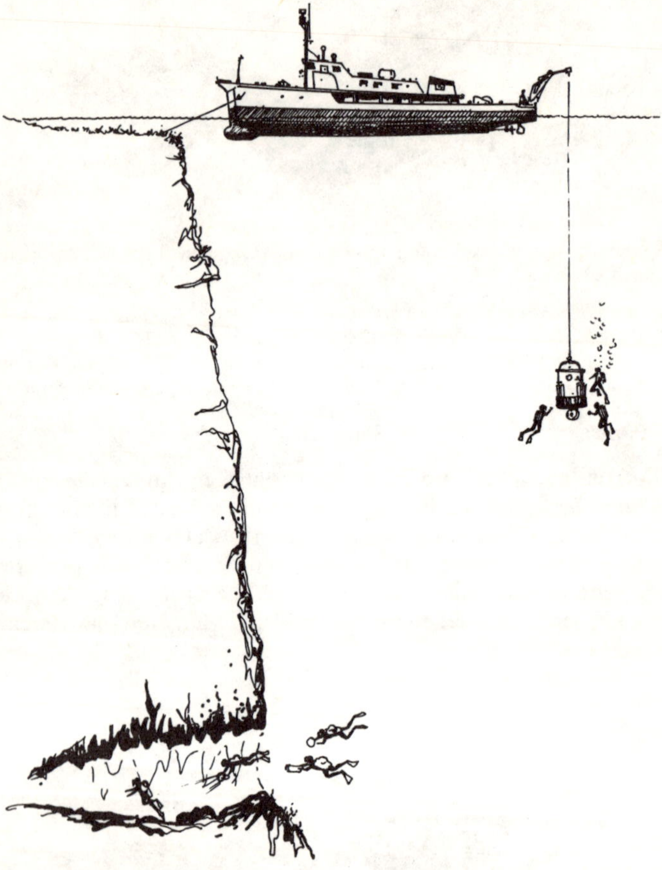

Tauchen mit Helium bei der Insel Europa. Unter dem Heck der *Calypso* hängt der Galeazzi-Turm, der als Unterwasser-Dekompressionskammer dient. Links unten dringen die das Heliumgemisch atmenden Taucher in die Höhle ein. Andere Taucher mit normaler Ausrüstung warten am Galeazzi-Turm, um den Heliumtauchern behilflich zu sein, wenn diese ihr Tiefwasser-Tauchunternehmen beendet haben.

krankheit vermeiden, indem man seinem Blutkreislauf genug Zeit gibt, das Gas auf natürliche Weise unschädlich zu machen, indem man also die Aufstiegszeit beträchtlich erhöht. Es wurden zu diesem Zweck eigens Druckausgleichstabellen entwickelt, die je nach Tauchzeit und -tiefe eine entsprechende Anzahl von »Zwischenaufenthalten« beim Auftauchen und deren jeweilige Mindestdauer angeben. Bei sehr kurzen Einsätzen unter Wasser sind diese Auftauchphasen nicht notwendig, da der Blutkreislauf in der kurzen Zeit keine gefährlichen Gasmengen absorbiert. Je größer aber Tauchtiefe und Tauchzeit werden, desto längere Fristen werden für den Druckausgleich benötigt.

Dieses Phänomen veranlaßte uns zu unserem Experiment mit den »Unterwasserquartieren«. Der Körper unserer Taucher war dabei bereits nach einigen Stunden völlig mit Gas gesättigt und blieb für die gesamte Dauer seines Aufenthaltes in der Unterwasserkolonie in diesem Zustand. Man brauchte sich nur einmal, nämlich beim Aufstieg an die Wasseroberfläche nach Abschluß des Experiments, einem Prozeß des Druckausgleichs zu unterziehen, nachdem man mehrere Tage (im Falle unseres weiteren Experiments Precontinent III sogar einen ganzen Monat) unter Wasser verbracht hatte. Auf diese Weise konnte sich eine Gruppe von Tauchern für längere Zeit im Meer aufhalten und den unumgänglichen Preis für die dort herrschenden Druckbedingungen mit einem einzigen Ausgleichsaufenthalt am Ende bezahlen. »Alles in einem Aufwasch«, meinten unsere Taucher dazu.

Wenn man eine Druckkammer verwendet, bleibt der Taucher während des Aufstiegs an die Wasseroberfläche unter den gleichen Druckbedingungen, die bei seiner Arbeit auf dem Meeresgrund geherrscht hatten. Der Druckausgleich geschieht dann unter ärztlicher Aufsicht an der Oberfläche. Bei diesem Verfahren atmet der Taucher Sauerstoff, sobald er sich an die Wasserdruckbedingungen bei etwa 12 Meter Tiefe angepaßt hat. An Bord der *Calypso* dient dabei der Galeazzi-Turm einem doppelten Zweck: Er ist eine versenkbare Druckkammer und zugleich ein Beobachtungsraum.

Anhang B

Welt der Korallen

Die Koralle bildet – selbst an den Maßstäben der anderen Meereswunder gemessen – eine einzigartig schöne Welt, die ebenso eng begrenzt wie komplex ist und von der wir noch immer sehr wenig wissen.
Mehrere günstige Umweltbedingungen müssen zusammentreffen, damit die winzigen Tiere, die wir »Korallen« nennen, existieren können. Das Wasser darf nie unter eine Temperatur von 10 Grad Celsius absinken und muß frei von Treibsand, Schlick und Anschwemmsubstanzen sein. Man findet die Koralle daher nur in den tropischen und subtropischen Gewässern zwischen dem 32. Grad nördlicher und dem 27. Grad südlicher Breite. Selbst in diesem wegen seiner hohen Wassertemperaturen günstigen Gebiet gibt es die Koralle nur dort, wo auch die anderen Wachstumsvoraussetzungen erfüllt sind. Vor den Küsten Brasiliens, Indiens oder Westafrikas beispielsweise gibt es Korallen überhaupt nicht, da die großen Ströme dort zuviel Schlamm und Süßwasser ins Meer tragen.
Korallenriffe sind Lebensgemeinschaften, bei denen die Koralle nicht den einzigen, wohl aber den hauptsächlichen Anteil stellt. Man unterscheidet drei verschiedene Arten von Riffen. Das *Saumriff* »säumt« die Küstenlinien und zieht sich, nur durch flache Lagunen vom Land getrennt, in nächster Nähe des Meeresufers dahin. Es ist daher bei Ebbe besonders stark den Witterungseinflüssen ausgesetzt. Das ebenfalls mit der Küste parallel laufende *Barriere-Riff* liegt in größerer Entfernung vom Ufer und ist von diesem durch breite Lagunen und manchmal durch tiefe Kanäle getrennt. Die dritte Riffart, das *Atoll*, ist kreisförmig und umschließt eine runde Lagune.
Obwohl die Koralle hinsichtlich ihrer Umweltbedingungen relativ anspruchsvoll ist, hat sie sich doch über riesige Gebiete der Erde ausgebreitet und dehnt sich über mehr als 200 Millionen Quadratkilometer aus, was rund 25mal der Fläche der Vereinigten Staaten oder 20mal der von Europa entspricht. Jedes Korallenriff ist eine

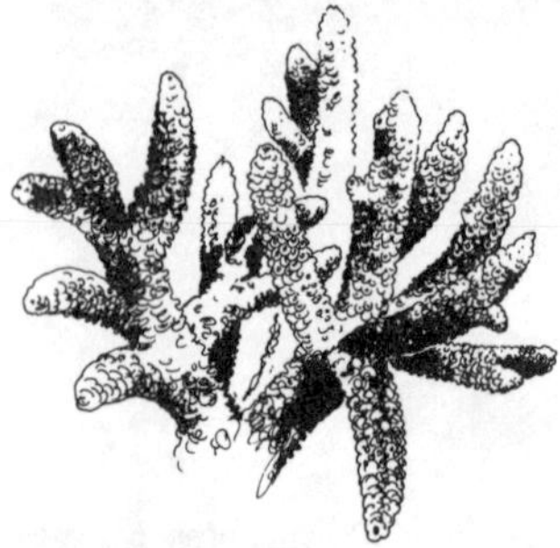

Die stockbildende Geweihkoralle *Acropora hebes* aus der Ordnung der Steinkorallen *(Madreporaria = Scleractinia)*.

Die Geweihkoralle *Acropora pharaonis*, eine wegen ihrer zerbrechlichen »Äste« nur im Stillwasser lebende Art.

aus Millionen lebender Korallenpolypen bestehende Kolonie. Entwickelt haben sich die Korallen seit dem Erdaltertum: Soviel wir wissen, erscheinen sie erstmals vor rund vierhundert Millionen Jahren auf unserem Planeten. In manchen Abschnitten der Erdgeschichte, in denen es offenbar wärmer war, erstreckte sich das Verbreitungsgebiet dieser Tiere bis nach Grönland; von ihrem Vorkommen in England, Frankreich und Mitteleuropa zu einer Zeit, in der diese Gebiete noch vom Meer bedeckt waren, zeugen versteinerte Riffe. Wenn wir daher sagen, die Koralle komme nur in einem relativ schmalen Wassergürtel nördlich und südlich des Äquators vor, so sprechen wir natürlich von ihrer heutigen Ausbreitung.

Wie bereits erwähnt, stellt die Koralle den Hauptanteil beim Bau der Riffe. Diese Tierkolonien bilden eine Ansammlung unterschiedlichster Lebensformen, die zueinander in vielerlei Arten von Beziehungen stehen, von der Nahrungsgemeinschaft bis zur echten Symbiose. Zu den Erbauern eines Riffs gehören beispielsweise auch die Riesenmuscheln *(Tridacna gigas)*, die Röhrenwürmer *(Sabellidae* und *Serpulidae)* aus der Klasse der Borstenwürmer, Kalkschwämme *(Calcarea)* und Hydroidpolypen wie die *Stylasteridae* und *Milleporidae*, welch letztere die berüchtigten »Feuerkorallen« sind, so genannt, weil sie ein den echten Korallen ähnliches Wachstum haben, aber besonders übel »nesseln«. Hinzu kommen schließlich als wichtige pflanzliche »Teilhaber« die Kalkalgen (*Corallinaceae* aus der Gruppe der Rotalgen).

Trotz der Vielzahl der Lebensformen, aus denen ein Riff besteht,

sprechen wir meist nur von »Korallenriffen«, wenn wir diese vielgestaltige Tiergemeinschaft bezeichnen wollen. Die eigentlichen Korallentiere sind die Polypen, deren gallertiger Körper in ein Außenskelett (eine »Theka« aus Kalziumkarbonat) eingebettet ist. Dieser Körper besteht vorwiegend aus dem Verdauungsapparat mit einer am unbefestigten Körperende sitzenden »Mund«öffnung; sie ist von Tentakeln umgeben und führt zu einem »Schlund«, der sich schließlich zu einem strahlig in »Taschen« unterteilten »Magen« erweitert. Unverdautes wird durch den Mund ausgeschieden.
Die weitaus meisten Arten von Korallen haben die Tendenz, mit ihresgleichen in mehr oder minder großen, oft sogar riesigen Komplexen (»Stöcken« oder »Kolonien«) zusammenzuleben, ja zusammenzuwachsen.
Im allgemeinen Sprachgebrauch wird das Wort »Koralle« meist als Synonym für die kostbare Edelkoralle *(Corallium rubrum)* verwendet, die man vor allem im Mittelmeergebiet findet; sie ist für die Schmuckherstellung nach wie vor sehr begehrt. Zoologisch gesehen unterscheidet sich die Edelkoralle jedoch beträchtlich von den riffbildenden Korallen, denn sie gehört zu den *Octocorallia* oder Achtstrahligen Blumentieren, während die Riffkorallen *Hexacorallia* sind, deren radialsymmetrischer Bau – man denke an die obenerwähnten

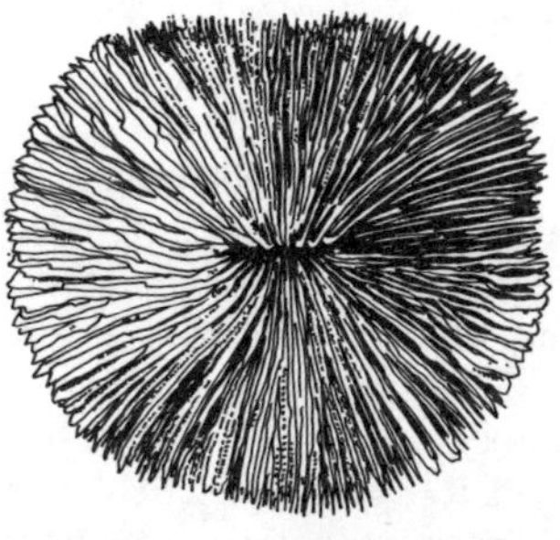

Die Pilzkoralle *(Fungia)* ist ein stets solitär, also nicht in Kolonien, sondern einzeln lebender Steinkorallen-Polyp, der bis 25 cm Durchmesser erreicht. Von Zeit zu Zeit stößt der Polyp das scheibenförmige Gebilde ab, das um den Mund (in der Mitte, wo die radiären Lamellen zusammenlaufen) entsteht; es wird von der Strömung fortgeführt.

Eine Kolonie von Lochkorallen der Steinkorallen-Gattung *Porites.* Jeder Punkt entspricht einem winzigen Polypen von etwa Bechergestalt. Stöcke wie diese können mehrere Meter hoch werden.

»Magentaschen« – nur aus sechs Strahlen (oder einem Vielfachen dieser Grundzahl) besteht. Manchmal werden die eigentlichen Korallen, die Steinkorallen, auch »Madreporen« genannt, doch diese Bezeichnung ist ebenfalls ungenau: *Madrepora* ist nämlich ursprünglich nur der zoologische Name einer einzigen Steinkorallenart.

Die festsitzenden Polypen, die wir Korallen nennen, sind ihrer genauen zoologischen Klassifikation nach Nesseltiere *(Cnidaria)* und gehören zur Klasse der Blumentiere *(Anthozoa)* sowie zur Ordnung der *Scleractinia* (die man auch *Madreporaria* nennt). Die Nesseltiere wiederum zählt man zu den Hohltieren *(Coelenterata)*; zu diesem Stamm gehören außer den Nesseltieren auch die nessellosen Rippenquallen *(Ctenophora)*. Manche modernen Zoologen trennen allerdings die Rippenquallen von den Nesseltieren.

Die Steinkorallen oder *Scleractinia* werden in drei Gruppen unterteilt:

a) Die Gruppe der *Aporosa* schließt sowohl als Einzeltiere (»solitär«) lebende als auch kolonienbildende *Scleractinia* ein, darunter die Gattungen *Caryophyllia, Lophophelia, Maeandra* (Gehirnkoralle) und *Coenocyanthus*.

b) Die *Fungiacea* kommen ebenfalls als Einzeltiere oder als Kolonien vor. Die typischste Vertreterin dieses Stammes ist die Pilzkoralle *(Fungia)*, die durch ein blätterpilzartiges Aussehen und zahlreiche Lamellen gekennzeichnet ist.

c) Die *Porosa* oder Lochkorallen leben stets in Kolonien. Hierher gehören *Dendrophyllia* und *Madrepora*.

Die Nesseltiere haben ihre Namen nach den Nesselkapseln, die auch »*Cnidae*« oder »Nematocysten« genannt werden. Es handelt sich um eine winzige, von einem Deckel geschlossene, giftgefüllte Kapsel, die einen darin aufgerollten, mit Borsten und Stacheln besetzten klebrigen Schlauch enthält. Wird eine außen an den Nesselkapseln freistehende Borste (das »Cnidocil«) gereizt oder berührt, so springt die Giftkapsel auf und schleudert den Stachelschlauch heraus, der sich im Fleisch des Angreifers oder Beutetieres verhakt und Gift injiziert.

Die Korallenbildungen entstehen nur in relativ flachem Wasser. In Tiefen von mehr als 40 Meter kommt die Koralle nicht vor. Sie lebt nämlich in einer Symbiose mit den sogenannten Zooxanthellen oder Zoochlorellen. Diese Algen sind in ihr Zellgewebe eingelagert, liefern den Korallen Sauerstoff und sorgen für den Abbau von Stoffwechselprodukten der Koralle, vor allem von solchen, die Stickstoff und Phosphor enthalten. In Notzeiten greift die Koralle

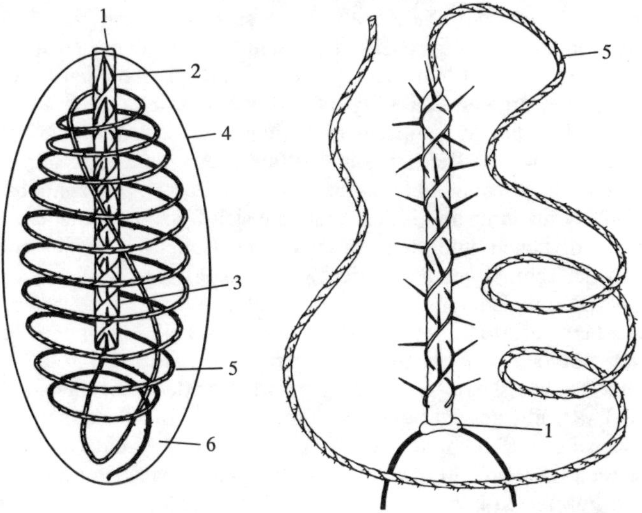

Schema einer Nesselkapsel *(Cnida, Nematocyst, Nematoblast, Cnidocyst).* Links ist der stechende Faden eingerollt, rechts infolge eines Reizes zum »Nesseln« ausgestülpt.

1 Deckel	3 Stilett	5 Nesselschlauch
2 Dornen	4 Außenwand	6 Kapselinhalt (Sekret)

auf die Algen als Nahrungsreserve zurück. Diese Algen erhalten jedoch bei rund 45 Meter Tiefe nicht mehr genug Licht für ihren eigenen Stoffwechsel; das gilt auch für einen weiteren pflanzlichen Mikroorganismus, der in grünen Fädchen in den Korallenpolypen eingelagert ist. Und da die Koralle ohne ihre »Untermieter« nicht existieren kann, ist ihr die gleiche Tiefengrenze gesetzt.

Man unterscheidet etwa 2500 Korallenarten und eine Fülle verschiedener Formen, in denen sie auftreten. Einige wachsen ganz regelmäßig, andere in bizarren Verzweigungen; viele sind außerordentlich zart, ja filigranartig und würden sofort zusammenfallen, wenn das Wasser ihr Gewicht nicht trüge, sofern sie etwa an Land der Schwerkraft ausgesetzt wären. Zu der Vielzahl der Formen kommt noch ein großer Farbenreichtum hinzu; es gibt die Koralle in allen Schattierungen von Rot, Rosa, Blau, Violett, Gelb und Goldbraun. Diese Farben entstehen durch die in das Zellgewebe eingelagerten winzigen Pigmentkörper.

Der Formenreichtum der kolonienbildenden Korallenarten ist in erster Linie das Ergebnis einer ungeschlechtlichen Vermehrung durch Sprossung. Die Koralle kann sich aber auch geschlechtlich fortpflanzen, also durch Ei- und Samenzellen. Diese entstehen im »Mesenterium« (dem Gewebe jener dünnen Scheidewände oder »Septen«, die von den Körperwänden aus strahlig nach innen laufen und so die »Magentaschen« bilden) und werden ins Wasser ausgestoßen, wo die Befruchtung stattfindet. Aus dem Ei schlüpft nach einiger Zeit eine mikroskopisch kleine Larve, die zunächst frei umherschwimmt und sich, sobald sie sich festsetzt, zu einem Polypen entwickelt und dann ein kalkiges Außenskelett ausscheidet. Mit der schnell anwachsenden Zahl von Polypen und deren emsiger Bautätigkeit sind die weiter unten sitzenden Korallen zum Sterben verurteilt: Auf ihren Skeletten wächst eine neue Schicht von Polypen. Äußere Einwirkungen wie die Brandung oder korallenfressende Tiere zerstören den wuchernden Korallenstock, so daß sich mit der Zeit aus den abgerissenen Kalkskeletten eine Art »Korallengeröll« bildet. Seine Anhäufung im Laufe von Jahrtausenden läßt Riffe und Inseln entstehen, auf denen später auch Pflanzen Fuß fassen können.

Anhang C

Die Korallenfische

Die Korallenriffe der tropischen Gewässer beherbergen eine große Zahl von Fischarten, die wegen ihrer ungewöhnlichen Farben und Formen auffallen. Nur in unmittelbarer Nähe von Korallenformationen findet man diese Tiere, und hier verbringen sie auch ihr ganzes Leben. Man kann also durchaus von »seßhaften« Fischen sprechen. Ihre Lebensgewohnheiten sind besonders stark von ihrer spezifischen Umwelt geprägt und an die Bedingungen der Riffe, Korallenlabyrinthe, Felsgrotten, Spalten und Ritzen angepaßt. Vielleicht sollte man überhaupt besser von »Riff-Fischen« sprechen, denn einige von ihnen leben in Unterwasserlandschaften, die den Korallengebieten topographisch sehr ähneln, in denen aber wegen der zu niedrigen Temperaturen keine Korallen wachsen. Strenggenommen dürfte man also nur die Riffbewohner, die wirklich nur mit den riffbildenden Kolonien zu tun haben (die sich z.B. von den Korallenstöcken ernähren, wie der Papageifisch es tut), »Korallenfische« nennen.

Die Zoologie unterscheidet etwa 30000 verschiedene Fischarten, von denen die im Bereich der Korallen lebenden sicher die auffallendsten sind. Sie kommen fast in allen Farben des Regenbogens vor und zeigen oft wahrhaft grandiose Farbkombinationen. Ihre pop-bunte Pracht wird häufig noch dadurch gesteigert, daß sie phantastische Muster aus Streifen, kreisrunden Flecken und rautenförmigen Zeichen tragen. Selbst innerhalb ein und derselben Art kann es ein wahres Kaleidoskop von Plakatfarben und -mustern geben – bei manchen Korallenfischarten sehen nämlich die Individuen je nach Alter, Geschlecht oder Jahreszeit völlig verschieden aus. Andere dagegen wechseln ihre Farbe nur bei Gefahr oder zu besserer Tarnung.

Die meisten Korallenfische sind bei geringem Körperdurchmesser relativ hoch gebaut und mehr oder weniger scheibenförmig. Ihr Körperbau ermöglicht es ihnen, in beinahe jeder Position zu schwimmen. Diese außergewöhnliche Beweglichkeit kommt den Tieren sehr zustatten, wenn sie blitzschnell flüchten und sich in einer winzigen Korallenspalte verstecken müssen. Die oft relativ großen Schwanzflossen und vergleichsweise dazu kurzen Brustflossen ermöglichen es ihnen außerdem, unglaublich schnell zu wenden.

Während der letzten Jahre haben zahlreiche Taucher die hinreißende Schönheit der Korallenfische entdeckt und ihnen ohne Rücksicht auf die wissenschaftliche Klassifikation und Nomenklatur alle möglichen Namen gegeben. Diese aus den verschiedensten Sprachen stammenden Bezeichnungen haben – so treffend und originell sie auch sein mögen – unter Tauchern, Tierfreunden und Aquarianern leider große Verwirrung gestiftet, die ebenso unnötig wie störend ist. Die Arten haben nämlich bereits allgemein anerkannte und leicht identifizierbare Namen, die teilweise sogar schon seit dem 18. Jahrhundert verwendet werden. Es sind dies die zoologischen Bezeichnungen nach »Gattung« und »Art« – beide für den Fachmann ebenso unentbehrlich wie die nach »Familien«. Nun hat sich aber die Beziehung des Menschen zum Meer, die ihren wichtigsten Ausdruck doch wohl in der Sprache findet, in den vergangenen zwanzig Jahren einschneidend geändert: Heutzutage ist das Tauchen für viele Zehntausende zur beliebten Ferienbeschäftigung geworden, und damit haben all die Tauchsportler Gelegenheit, Fische der Subtropen und der Tropen in ihrer natürlichen Umgebung zu beobachten. Es ist durchaus verständlich, daß der Tauchsportler, der zugleich Tierliebhaber ist, das von ihm Gesehene auch benennen möchte. Außerdem wehrt sich der Laie im allgemeinen gegen die oft reichlich komplizierten, aber eben doch auch sehr präzisen lateinischen Tiernamen und gibt einem Fisch lieber selbst irgendeinen hübschen Namen, der meist auf »populären« Erkennungsmerkmalen und Besonderheiten des »Täuflings« basiert. Ich möchte daher einige der offenbar allgemein anerkannten und in meinen eigenen Beschreibungen vorkommenden Trivialnamen und ihre zoologischen Äquivalente anführen.

Zwar hat eine ganze Reihe wissenschaftlicher Namen von Fischen auch schon Eingang in die Alltagssprache zumindest der Aquarianer gefunden, doch trifft dies gerade bei den Korallenfischen noch kaum zu, denn sie sind erst vor kurzem zu »Liebhaberfischen« geworden.

Die korallenfressenden Fische aus der Familie *Scaridae* (darunter *Scarus pseudacorus* oder *Scarus taeniopterus*) heißen allgemein Papageifische; bei dieser Gelegenheit sei angemerkt, daß der Name einer zoologischen »Familie« stets auf *-idae* endet. *Scarus* ist der Name der »Gattung«, *pseudacorus* der einer »Art« dieser Gattung *Scarus*.

Die *Acanthuridae*, die in großen Schwärmen auftreten und die beiderseits am Schwanzende einen stilettartigen Stachel tragen, haben wegen dieses »Instruments« den sehr passenden Namen Doktorfische erhalten.

Auch der Name Trompetenfisch für die *Aulostomidae*, deren schlanke, steife Körper einen auffallend langgezogenen Schädel mit »Rüssel« haben, ist durchaus treffend, genau wie die Bezeichnung Grunzer für die Fische der Gattung *Haemulon*, die tatsächlich laute Grunztöne von sich geben, wenn ihre Zähne aufeinander reiben und die Schwimmblase als Resonanzraum dieses Geräusch verstärkt. Die *Ostraciontidae* werden wegen ihres kistenförmigen, aus harten Knochenplatten bestehenden Panzers Kofferfische genannt. Es lag ebenfalls sehr nahe, die über und über mit Stacheln bedeckten *Diodontidae* Igelfische zu taufen. Wenn ein Taucher unbedingt darauf besteht, die beiden Arten *Lactophrys quadricornis* und *bicuspis* Kuhfische zu nennen, so wird ihm dies sicher auch der Zoologe zugestehen, denn diese Tiere wecken wegen ihrer hornartigen Stacheln am Kopf ganz sicher entsprechende Assoziationen.
Zu den faszinierendsten und schönsten Lebewesen der tropischen Meere gehört der Rotfeuerfisch *(Pterois volitans)* mit seinen prachtvollen Streifenmustern und schleierartig wehenden Flossen. In anderen Sprachen bezeichnet man ihn als »Skorpions-«, »Zebra-«, »Truthahn-«, »Löwen-« oder »Drachenfisch«. Er ist trotz seiner majestätischen Schönheit mit größter Vorsicht zu behandeln, denn die 18 Rückenflossenstacheln enthalten ein gefährliches Gift.
Viele der volkstümlicheren Namen tropischer Fische stammen ursprünglich aus den Vereinigten Staaten und wurden entweder wörtlich in zahlreiche andere Sprachen übersetzt oder einfach übernommen. Einige davon sind so allgemein gehalten, daß sie bei der Bestimmung von Fischen erhebliche Verwirrung gestiftet haben. Der »Butterflyfisch« wurde beispielsweise im Deutschen zum »Schmetterlingsfisch« und im Französischen zum »poisson papillon«; diese in den meisten Sprachen einheitliche Bezeichnung wird nun aber ziemlich wahllos auf alle möglichen Fische angewendet, die außer ihrem »schmetterlingshaften« Aussehen oft nur sehr wenig gemeinsam haben. Da einige dieser Fischarten auch noch andere Trivialnamen tragen, ist inzwischen eine Art babylonisches Fischnamengewirr entstanden. »Schmetterlingsfische« werden nämlich sowohl die Angehörigen der Familie *Pantodontidae* genannt, die aber Süßwasserfische sind und vorwiegend in den Flüssen Zentralafrikas leben, als auch die Familie der *Chaetodontidae* oder Borstenzähner. Zu

den bekanntesten und beliebtesten Schmetterlingsfischen unter den Korallenfischen gehören die Kaiserfische *(Pomacanthus semicirculatus, P. arcuatus* und *P. imperator)*, der Wimpelfisch *(Heniochus acuminatus)* und der Pinzettfisch *(Chelmon rostratus)*. Eine zweite »langnasige« Pinzettfischart trägt den zoologischen Namen *Forcipiger longirostris*. Unter den Korallenbarschen *(Pomacentridae)* ist vor allem der Clownfisch *(Amphiprion percula)* wegen seiner Lebensgemeinschaft mit großen Seeanemonen besonders bekannt geworden.

Ein weiteres Problem besteht darin, daß ein in der einen Sprache durchaus bedeutungsvoller Name in der anderen kaum noch einen Sinn ergibt. Bei unseren amerikanischen Kollegen heißt der *Abudefduf saxatilis* wegen seiner breiten gelben Streifen sehr treffend »Sergeant Major« (»Hauptfeldwebel«fisch), was aber wohl nur demjenigen etwas sagt, der in der amerikanischen Armee gedient hat. Während das deutsche Äquivalent nur ganz einfach witzlos ist, denkt ein Franzose bei dieser Bezeichnung zunächst an eine bekannte Schreibfedermarke gleichen Namens. Die Anschauungsfunktion des Begriffs »Sergeant Major« geht damit in den anderen Sprachen völlig verloren. Wenn man all dies bedenkt, wird man verstehen, daß es so gut wie unmöglich ist, ein zugleich internationales und umgangssprachliches Vokabular für die Meerestiere zu schaffen. Bei dem genannten Beispiel wird die Verwirrung noch dadurch erhöht, daß man den *Abudefduf saxatilis* auch schon »Schmetterlingsfisch« genannt hat. Zoologisch gehört er, wie der Clownfisch, zu den Korallenbarschen *(Pomacentridae)*.

Im angelsächsichen Sprachgebrauch geistert ein »Engelfisch« (angel fish) sogar quer durch mehrere Gattungen und bedeutet neben *Pterophyllum, Pomacanthus* und *Centropyge* auch noch *Holacanthus*. Was wir Franzosen einen »l'ange de mer« nennen, ist im Deutschen ein »Engelhai« und im Amerikanischen ein »monkfish« (Mönchsfisch): eine Form, die zwischen Haien und Rochen steht.

Man könnte mit ähnlichen Beispielen Bände füllen, doch ich glaube, es ist auch so deutlich geworden, worauf ich hinaus will: Irgendwann muß irgend jemand irgendwo einmal diese babylonische Sprachverwirrung durch ein international verständliches Verfahren der Namensgebung beenden, damit der amerikanische Taucher weiß, was der Franzose unter »l'ange de mer« meint, und damit der Deutsche, Japaner oder Inder auch an den gleichen Fisch denkt, wenn der Amerikaner vom »angel fish« erzählt. Bis es soweit ist, werden wir uns mit der international gültigen zoologischen Nomenklatur behelfen müssen.

Natürlich gibt es noch eine Reihe anderer Probleme, die sich nicht so einfach lösen lassen, da sie mit den uns noch immer rätselhaften Lebensvorgängen in der Welt der Koralle zusammenhängen. Charles Darwin hat 1835 eine dieser schwierigen Fragen formuliert, als er an Bord der *Beagle* einige der Inseln des Indischen Ozeans besuchte, die auch wir im Laufe unserer Expedition erforscht haben. »Ich stellte eingehende Untersuchungen über die äußerst interessante Struktur dieser Inseln an«, schrieb er in sein Tagebuch. »In Wasserrinnen und Senken schwammen die schönsten grünen und andersfarbigen Fische, und die Farben und Formen vieler Zoophyten setzten mich immer wieder neu in Erstaunen.«
Das Rätsel um die vielfarbigen Rifflebewesen, das bereits Darwin beschäftigte, ist noch immer nicht gelöst. Wir sind, neben vielen anderen Tauchern, mit unserer Spezialausrüstung, unseren Kameras, Unterwasserfahrzeugen und wissenschaftlichen Apparaturen, von denen sich Darwin noch nichts hätte träumen lassen, in die Tiefe gestiegen. Doch auch wir konnten noch keine befriedigende Antwort auf die Frage finden, warum die Korallenfische so farbenprächtig und oft mit so bizarren Mustern gezeichnet sind. Der Augenfleck-Schmetterlingsfisch *(Chaetodon ocellatus)* hat beispielsweise zu beiden Seiten des Schwanzes einen großen, dunklen, weißumränderten Fleck, als wolle er durch diese Augenattrappen seine Verfolger verwirren, so daß sie nicht genau wissen, was hinten und was vorne ist. Es ist aber auch durchaus möglich, daß diese auffallenden Merkmale mit der Frage des »Revier«anspruchs zusammenhängen, auf die wir im Falle des Zackenbarsches bereits näher eingegangen sind.
Der große Zoologe und Tierpsychologe Konrad Lorenz hat in jüngster Zeit eine Deutung gegeben, die wir in diesem Buch bereits erwähnt haben: Nach jahrelangen Beobachtungen und Untersuchungen über die Bewohner der Korallenriffe kam Lorenz zu dem Schluß, daß die Korallenfische ihre jeweiligen Artgenossen an ihrer artspezifischen Färbung und Musterung erkennen, daß also Farbe und Muster eine wichtige Signalfunktion besitzen. Der gesamte Bereich eines Riffs ist in streng umrissene »Reviere« eingeteilt, von denen jedes einem Exemplar einer Fischart gehört. Der Revierinhaber verteidigt sein Territorium verbissen gegen jeden Artgenossen; anders gefärbte und gemusterte Fische bedeuten jedoch offenbar keine Gefährdung seines Revieranspruchs, denn der »Hausherr« läßt Angehörige anderer Fischarten unbelästigt in sein Territorium. Der »Revierbesitz«, wie er sich hier auch bei Meerestieren hat beweisen lassen, hängt ganz klar und eindeutig mit der Fortpflanzung der Fische zusammen.

In den Kapiteln dieses Buches war außer von Korallen und Korallenfischen häufig auch von anderen Riffbewohnern die Rede. Diese von den Landtieren so grundverschiedenen Lebewesen kommen in einem unerhörten Artenreichtum vor; sie sind oft ebenso faszinierend wie zerbrechlich zart.

Seit Jahrmillionen existieren diese Geschöpfe schon, ohne daß der Mensch bis in allerjüngste Zeit Kenntnis von ihnen genommen hätte. Heute aber bedroht unsere Zivilisation alles, was diese Lebewesen an Umweltbedingungen zum Leben brauchen. Das ökologische Gleichgewicht in der Welt der Korallen ist das Ergebnis eines unendlich langen und komplexen biologischen Entwicklungsprozesses, an dem eine Vielzahl von Meerestieren ihren Anteil hat

Der ausführliche lexikalische Teil, der sich an den Anhang anschließt, mag dem interessierten Leser Auskunft über die Tiere geben, die neben den Fischen und den Korallen in diesem Buch erwähnt wurden, etwa die Seeigel und Riesenmuscheln, die Seesterne, Flügelschnecken und Röhrenwürmer sowie eine Reihe weiterer Bewohner der Korallenriffe.

Anhang D

Die Meeresschildkröten

Die Meeresschildkröten gehören innerhalb der Klasse der Reptilien zur Ordnung der Schildkröten *(Chelonia* oder *Testudines)* und bilden in ihr eine der zwölf Familien, die der *Cheloniidae.* Ihre Hauptmerkmale sind ein massiver Schädel, starke, scharfe und zahnlose Kiefer und ein harter Panzer mit Hornschildern und darunterliegenden Knochenplatten, die Rippen und Wirbel miteinander verbinden. Die obere Panzerhälfte, Rückenschild (Carapax) genannt, ist seitlich mit dem Bauchpanzer, dem Plastron, verwachsen. Anders als bei den Landschildkröten mit ihren vier Füßen und anders auch als bei den Süßwasserschildkröten, die Schwimmhäute zwischen den Zehen besitzen, haben die Meeresschildkröten vier richtige Ruderflossen. Wie alle Schildkröten pflanzen sie sich durch Eier fort. Neben der Echten Meeresschildkröte gibt es noch eine weitere, in den tropischen Ozeanen lebende Schildkröte, die Lederschildkröte *(Dermochelys coriacea).*

Man teilt die Schildkröten in zwei Unterordnungen, in die Halsberger *(Cryptodira)*, die den Kopf ähnlich wie ein Teleskop unter dem Panzer einfahren, und die Halswender *(Pleurodira)*, die den Kopf durch eine seitliche Bewegung in den Schutz des Panzers bringen.

Die Echten Meeresschildkröten gehören zur Unterordnung der *Cryptodira*; drei Arten, jede zugleich eine Gattung bildend, sind besonders wichtig:

1. Die Suppenschildkröte *(Chelonia mydas)*, die wir auf der Europa-Insel beobachten konnten. Sie wiegt im Durchschnitt etwa 75 Kilo, wird aber in Einzelfällen auch bis zu 400 Kilo schwer. Dieses Tier, das sich von Pflanzen ernährt, verdankt seinen Namen dem wohlschmeckenden Fleisch, das der Gourmet als Schildkrötensuppe besonders schätzt. Die *Chelonia mydas* wird daher seit langer Zeit unerbittlich gejagt und dezimiert.

2. Die Unechte Karettschildkröte *(Caretta caretta)* ist Fleisch-, vielleicht Allesfresser und ebenfalls eßbar. Sie liebt Flachwassergebiete und findet sich daher meist in Küstennähe und in seichten Buchten.

Sie unterscheidet sich durch ihre braune Farbe von der (grünlichen) Suppenschildkröte.

3. Die Echte Karettschildkröte *(Eretmochelys imbricata)* wird nur selten einen Meter lang und mehr als 75 Kilo schwer. Sie hat den Vorzug – oder Nachteil –, einen außerordentlich schönen Hornpanzer zu besitzen, der für den gesamten Schildpattbedarf des Welthandels herhalten muß. Aus diesem Grund wird die Echte Karettschildkröte ebenso hochgeschätzt und erbarmungslos gejagt wie die Suppenschildkröte. Man gewinnt das Schildpatt dadurch, daß man den Carapax des Tieres in kochendes Wasser taucht, damit er sich vom Knochengerüst löst. Diese Prozedur überlebt die Schildkröte selbstverständlich nicht. Alle drei Meeresschildkrötenarten finden sich in den tropischen und subtropischen Ozeanen.

Eine vierte Meeresschildkrötengattung bilden die wesentlich kleineren Bastardschildkröten. Die im Atlantischen Ozean lebende *Lepidochelys kempi* ist mit nur 60 Zentimeter Länge wohl die kleinste Meeresschildkröte; die mit ihr verwandte Bastardschildkröte des pazifischen Raumes *(Lepidochelys olivacea)* wird nur wenig größer als sie.

Wie alle Reptilien brauchen die Schildkröten wegen ihres vergleichsweise trägen Stoffwechsels recht wenig Sauerstoff (etwa 300- bis 440mal weniger als der Mensch, wobei der Unterschied in der Körpergröße schon berücksichtigt ist). Sie können daher sehr lange unter Wasser bleiben, ohne zum Atmen an die Oberfläche kommen zu müssen.

Die Schildkröten sind wahre Überlebenskünstler: Vor zweihundertfünfzig Millionen Jahren gab es bereits 24 Familien von Wasserschildkröten, von denen die Hälfte heute noch so gut wie unverändert existiert. Und einhundertfünfzig Millionen Jahre lang waren die Reptilien – darunter auch die Wasserschildkröten – die Herren unseres Planeten.

Glossar

Acropora siehe Geweihkorallen

Alcyonium, von den Seeleuten »Toten Manns Hand« oder »Seemannshand« genannt, gehört zur Ordnung der Leder- oder Weichkorallen *(Alcyonaceae)* und damit zu den Achtstrahligen Blumentieren *(Octocorallia)*. In ihren Stöcken schließen sich Einzelpolypen zu riesigen Kolonien und formschönen Gebilden zusammen. Im Gegensatz zu den Steinkorallen *(Scleractinia = Madreporaria)* fehlt ein festes Außenskelett. Statt dessen sitzen im fleischigen Gewebe Nadeln *(Spiculae)* einer kalkhaltigen Substanz. Wie alle Leder- oder Weichkorallen zeichnet sich *Alcyonium* durch Vielfalt und Transparenz der Farbnuancen in allen Rot-, Grün- und Blautönen aus. Bemerkenswert ist auch, daß sich die *Alcyonaceae* nachts durch Wasseraufnahme um ein Vielfaches vergrößern und im Laufe des Tages wieder ihre normale Ausdehnung einnehmen. Dieser Gestaltenwandel ist einer der erstaunlichsten Eindrücke, wenn man nachts in tropischen Gewässern taucht. Ein Exemplar von *Spongodes merletti* »wuchs« auf diese Weise innerhalb weniger Stunden von 5 Zentimeter Größe auf etwa 40 Zentimeter an.

Anaphylaxie ist ein Zustand überhöhter allergischer Empfindlichkeit gegenüber einer bestimmten Substanz. Entstanden ist diese Überempfindlichkeit in dem betreffenden Organismus dadurch, daß man ihm einst eine gewisse Menge dieser Substanz injiziert hat. Verabreicht man später eine neue Dosis der gleichen Substanz, so kann es selbst bei minimaler Dosierung zu heftigen, ja lebensgefährlichen Abwehrreaktionen kommen.
Das Phänomen der Anaphylaxie wurde 1902 von den französischen Physiologen Charles Richet und Paul Portier entdeckt. Sie injizierten einem Hund eine geringe Dosis Seeanemonengift, das sie aus den Tentakeln der Tiere gewonnen hatten. Das Versuchstier zeigte keine feststellbaren Reaktionen auf diese Vergiftung. Drei Wochen später wurde die Injektion wiederholt, wobei jedoch nur ein Zwanzigstel der ersten Dosis verabreicht wurde. Dieses Mal erkrankte der Hund im Anschluß an die Injektion schwer und verendete wenige Tage später.
Die Ergebnisse dieses Experiments schienen auf den ersten Blick der Theorie von der Immunisierung zu widersprechen: Das Versuchstier war ja durch die erste Injektion gegen das Gift der Seeanemone nicht immunisiert, sondern im Gegenteil »sensibilisiert« worden und dadurch äußerst anfällig für diesen Stoff. Die Erklärung für dieses Phänomen, die zur damaligen Zeit noch unbekannt war, ist darin zu suchen, daß der anaphylaktische Zustand durch die gleichsam überschießende Entwicklung von »Antikörpern« oder Abwehrstoffen im Organismus entsteht, die der Verabreichung des »Antigens« (der die Erzeugung von Abwehrstoffen auslösenden Substanz) folgt.

Argyronète, ein Unterseeboot, dessen Entwurf vom Autor stammt. Gebaut wurde es vom Centre d'Études Marines

Avancées, Marseille, dem Französischen Erdöl-Institut sowie dem Nationalen Komitee für Meeresforschung. Seine Aufgaben sind ozeanographische Forschungsarbeiten sowie die Suche nach neuen unterseeischen Erdöllagerstätten. Das U-Boot bietet einer zehnköpfigen Besatzung (darunter vier Taucher) Platz, die darin drei Tage auf dem Meeresgrund leben kann. Das Unterwasserfahrzeug besteht aus zwei voneinander getrennten Abteilungen, von denen die eine ständig unter normalem atmosphärischen Druck gehalten wird. In der anderen Hälfte kann man den Luftdruck je nach dem draußen herrschenden Wasserdruck verändern. Die beiden durch eine Folge von Druckschleusen miteinander verbundenen Teile bilden folglich ein bewegliches Unterwasserquartier.
Die *Argyronète* kann in Tiefen bis zu 700 Metern eingesetzt werden und hat bei einer Geschwindigkeit von 7 Knoten an der Oberfläche einen Aktionsradius von 500 Seemeilen. Unter Wasser beträgt ihre Höchstgeschwindigkeit 4 Knoten. Der Name stammt aus dem Griechischen und ist aus den Worten *argyros* (Silber) und *nëein* (spinnen oder weben) gebildet. *Argyroneta* ist nämlich der Name der auch bei uns heimischen Wasserspinne, die in einem glockenförmigen »Netz« unter der Wasseroberfläche lebt; sie füllt diese ihre »Taucherglocke« mit Luft, die an ihren Körperhaaren haftet. Das Tier kann daher sicher und bequem im Wasser leben – genau wie die Mannschaft der *Argyronète.*

Barrakudas oder Pfeilhechte *(Sphyraenidae)* sind in den tropischen Meeren weitverbreitete Raubfische; durch die scharfen, vorstehenden Zähne, die kantigen Kiefer und den langen, schlanken, wie polierter Stahl glänzenden Körper haben sie ein hechtähnliches Aussehen. Der Große Barrakuda *(Sphyraena barracuda)* wird bis zu zwei Meter lang; er zieht vorzugsweise in Dreier- oder Vierergruppen durch das Meer. Die kleineren Barrakuda-Arten bilden oft große Schwärme, die meist die gleiche Größe und das gleiche Alter haben.
Der Barrakuda hat einen sehr schlechten Ruf und wird in manchen Gegenden mehr gefürchtet als der Hai. Der Grund dafür ist wohl zum größten Teil in seinem gefährlichen Aussehen, seinen rasiermesserscharfen Zähnen und seinen bösartig wirkenden Augen zu suchen. Auch das allgemeine Verhalten dieser Tiere wirkt oft sehr beunruhigend; ein gereizter Barrakuda verfolgt den Taucher beispielsweise unermüdlich und läßt ihn keinen Augenblick aus den tückischen, kalten Augen, während er ihn drohend umkreist. Manche Fachleute sehen darin das Pirsch- oder Jagdverhalten der Barrakudas. Meinen Erfahrungen nach ist solches Gebaren jedoch weit mehr dramatisches Imponiergehabe als wirklich gefährlich.
Man findet Barrakudas in den tropischen Bereichen vom Atlantik, Pazifik und Indik häufig in Form von lokal begrenzten Arten und Unterarten.

Brownsche Molekularbewegung, die eigenartig »zitternde« Bewegung winziger Materieteilchen in Flüssigkeiten, 1827 von Robert Brown entdeckt.

Clownfisch *(Amphiprion percula),* ein Korallenbarsch aus der Familie *Pomacentridae*; er kommt in Korallengewässern sehr häufig vor. Sein Name paßt sehr gut zu ihm, denn Färbung und Musterung erinnern tatsächlich an einen Zirkusclown: Um Hals, Mitte und Schwanzansatz trägt der orangefarbene Fisch weiße Streifen. Berühmt ist der Clownfisch vor allem wegen seiner Lebensgemeinschaft mit großen Seeanemonen, deren Gift für alle anderen Fische tödlich ist. Man bezeichnet diese Beziehung häufig als »Symbiose« (Lebensgemeinschaft auf Gegenseitigkeit) oder »Kommensalismus« (bei dem der eine Partner vom Nahrungsüberschuß des anderen lebt). Der Zoologe Dr. René Catala schlägt für diese Art des Zusammenlebens den Ausdruck »Mutualismus« vor, »da hier ein ausgesprochen komplementäres Verhältnis herrscht. Der Fisch füttert und säubert die Seeanemone und ›streichelt‹ ihre Tentakeln, während die Seeanemone ihrerseits dem Clownfisch Unterschlupf bietet und ihn vor äußeren Gefahren schützt«. Abgesehen von kurzen Ausflügen in die unmittelbare Umgebung seines Wirtes, die zum Fang von Beutetieren notwendig sind, verbringt der Clownfisch sein ganzes Leben zwischen den gastlichen Tentakeln der Seeanemone. Zur Paarungszeit hält sich ein Clownfischpärchen in der gleichen Seeanemone auf; das Weibchen legt auch seine Eier in unmittelbarer Nähe der Tentakeln ab, so daß der Nachwuchs ebenfalls geschützt ist.

Delphine *(Delphinidae)* sind Säugetiere aus der Ordnung der Wale *(Cetacea)*, also Warmblüter. Kennzeichnend für die eigentlichen Delphine der Gattung *Delphinus* und die ihnen nahe verwandten Tümmler *(Tursiops)* sind die schnabelartig verlängerten, dicht mit Zähnen besetzten Kiefer. Die verschiedenen Delphinarten findet man in allen Weltmeeren und Breiten; die Tiere werden im allgemeinen drei Meter lang. Sie jagen in Schwärmen (»Schulen«). Die Färbung ist oben dunkel bis schwarz, am Bauch weiß; manche Arten haben an den Körperseiten gelbe, graue oder weiße Flecken.

Die bekannteste Delphinart ist der Gemeine Delphin *(Delphinus delphis)*, der tropische oder gemäßigte Wassertemperaturen bevorzugt und oft »Schulen« von über 100 Tieren bildet. Mit einer Geschwindigkeit von 25 bis 30 Knoten ist er ein hervorragender Schwimmer und vollführt häufig phantastische Sprünge aus dem Wasser.

Die in den Ozeanarien Amerikas am häufigsten vertretene und auch bei uns auf »Delphinschauen« gezeigte Art ist *Tursiops truncatus*, der mit Ausnahme der Polarmeere weltweit verbreitete, auch in Nord- und Ostsee lebende Große Tümmler, ein leicht dressierbares, verspieltes und hochintelligentes Tier mit einer Länge von 2,5 bis 4, manchmal 5 Metern.

Im Angloamerikanischen wird noch ein anderes Meerestier »dolphin«, also »Delphin« genannt, nämlich ein echter Fisch: *Coryphaena hippurus*, den man im Deutschen als »Große Goldmakrele« bezeichnet. Bemerkenswert am *Coryphaena hippurus* ist die Tatsache, daß dieser Fisch seine Farbe wechselt, wenn er in Gefangenschaft gerät; die leuchtenden Gold-, Grün- und Blautöne verblassen, während er im Tod schmutzig-olivfarben wird. Dieser »Delphinfisch« mag wohl der Anlaß zu dem englischen Dichterwort sein: »Dying dolphin's changing hues« (das Farbenspiel des sterbenden Delphins).

Doktorfische *(Acanthuridae)*, eine Familie mit mehr als 100 Arten – am bekanntesten *Acanthurus chirurgicus* –, die gekennzeichnet sind durch je einen scharfen und spitzen abspreizbaren Dorn beiderseits der Schwanzwurzel. Diese stilettartige Waffe, die man mit etwas Phantasie als Skalpell bezeichnen könnte, hat den Tieren zu ihrem Namen verholfen. Die »Messer« reißen einem Angreifer tiefe Wunden ins Fleisch, sind aber nicht giftig. Manche Doktorfischarten haben auf jeder Körperseite zwei Stacheln, andere nur unscharfe Buckel.

Die *Acanthuridae* kommen im Indischen und Pazifischen Ozean sehr häufig vor und ernähren sich in der Hauptsache von Algen, die sie von Korallenstöcken und Felsen abschaben. Die meisten Arten werden 40 bis 50 Zentimeter lang.

Drückerfische *(Balistidae)*, bemerkenswert schöne und farbenprächtige Fische, die leuchtend blau, golden, braun oder weiß gestreift, getupft oder gemasert sind. Ein weiteres Hauptmerkmal ist ihr »Verteidigungsstachel« an der Rückenflosse, der im Gefahrenfall aufgerichtet und durch einen zusätzlichen kleineren Stachel gleichsam gesichert und verstärkt werden kann. Wird ein Drückerfisch von einem Raubfisch verfolgt, so flüchtet er sich blitzschnell in Höhlungen, Spalten und Klüfte des Riffs oder ins »Geäst« eines Korallenstockes und »verkeilt« sich darin, indem er seinen Rückenstachel aufrichtet, so daß man ihn nicht aus seinem Versteck ziehen kann. Die Drükkerfische haben auffallend große Köpfe

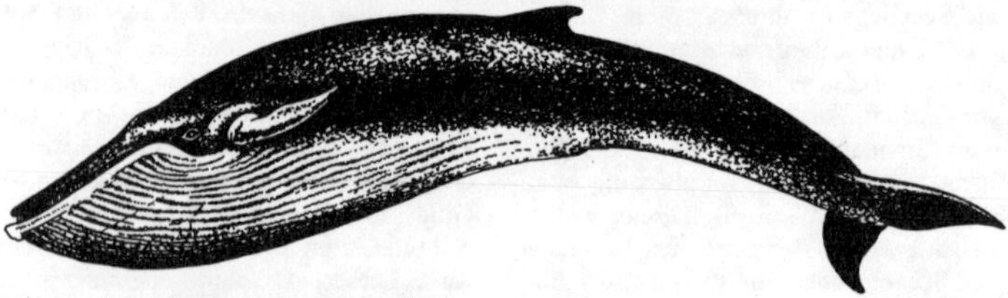

Finnwal *(Balaenoptera musculus)*

und kleine Mäuler; ihre Haut ist lederartig fest.
Man findet diese kaum über 35 Zentimeter groß werdenden Tiere nur in tropischen oder subtropischen Gewässern.

Fächerkorallen siehe Seefächer

Federkorallen siehe Seefedern

Federsterne oder Haarsterne *(Comatulida)* gehören zum Stamm der *Echinodermata* und (wie die Seelilien) zur Klasse der *Crinoidea.* Von der zentralen Körperscheibe gehen zehn paarweise angeordnete Arme aus. Die Tiere vermehren sich geschlechtlich durch Eier, die im Wasser befruchtet werden. Die etwa 550 verschiedenen Arten von Haar- und Federsternen zeichnen sich durch die Farbenpracht ihrer Rot-, Gelb- und Orangetöne aus. Mit ihren langen Armen sind die Tiere durchaus zum Schwimmen und Klettern befähigt; sie setzen sich jedoch meist an Korallen oder Felsbrocken fest und bewegen sich ihr Leben lang nicht mehr von der Stelle. Die Nahrung besteht aus Kleinstlebewesen, die sie sich mit ihren tentakelbesetzten Armen in die Mundöffnung fächern.

Feuerkorallen *(Milleporidae),* Nesseltiere *(Cnidaria)* aus der Klasse *Hydrozoa.* Die Milleporiden leben als geweihartig verzweigte oder lappig-buckelartige Kolonien in warmen Meeresgebieten, wo sie wie die Steinkorallen zum Aufbau der Riffe beitragen. Ihren Namen »Feuerkorallen« haben die Milleporiden wegen ihrer zahlreichen giftigen Nesselkapseln erhalten, die einen brennenden Schmerz verursachen. Glücklicherweise sind die *Millepora*-Polypen an ihrer leuchtendgelben Farbe schon von weitem zu erkennen.
Wie die meisten Hydrozoen haben auch die Feuerkorallen bei der Fortpflanzung einen Generationswechsel: In den Polypen entstehen durch Sprossung winzige Medusen beiderlei Geschlechts, die sich geschlechtlich vermehren, aber keine neuen Medusen hervorbringen, sondern wiederum Polypen. Diese Polypen verbinden und verzweigen sich dann zu großen Korallenkolonien.

Finnwale *(Balaenoptera)*, eine 5 Arten umfassende Gattung der Bartenwale *(Mystacoceti)*, die man an ihrer charakteristischen Rückenflosse (der »Finne«), dem »fliehenden« Oberkiefer und zahlreichen parallel verlaufenden Furchen an der Bauchseite erkennt. Der größte Bartenwal, der größte Wal und das riesigste Tier überhaupt ist der Blauwal *(Balaenoptera musculus),* der über 30 Meter lang und 135 Tonnen schwer wird.
Der Gemeine Finnwal *(Balaenoptera physalus)* erreicht gelegentlich eine Länge von 25 Metern, ist im Durchschnitt aber »nur« 20 Meter lang. Sein Durchschnittsgewicht liegt bei 60 Tonnen.
Nach einer alten Faustregel der Walfänger kommen bei den Bartenwalen auf einen Meter Körperlänge drei Tonnen Gewicht. Darin ist natürlich die Tatsache nicht berücksichtigt, daß es – wie bei allen Säugetieren – eben fette und magere Exemplare gibt!

Flügelschnecken *(Strombidae),* eine Familie Meeresschnecken mit etwa 80 Arten, darunter eine ganze Reihe im Roten Meer, im Indopazifik sowie an den Küsten Ostafrikas und Polynesiens, deren Gehäuse bis 30 Zentimeter hoch wird. Solche Schalen sind beliebte Sammlungsstücke. Früher hatte man sie auch gern als Zimmerschmuck. Man schneidet außerdem Kameen aus dem innen schön rosafarbenen Gehäuse. Die Eingeborenen der Inseln im Pazifik nutzen diese günstige »Marktlage« und dezimieren die Tiere erheblich, wodurch das ökologische Gleichgewicht auf die Dauer empfindlich gestört wird.

Fregattvögel *(Fregata),* Meeresvögel der Tropen, von denen man 3 Arten unterscheidet. Sie sind hervorragende Flieger mit Flügelspannweiten von über 2,1 Metern, kräftig und aggressiv. Der mächtige Hakenschnabel und die scharfen Krallen machen den Fregattvogel zu einem gefährlichen Räuber. Das Weibchen legt jeweils nur ein einziges Ei.

Geweihkorallen sind koloniebildende Steinkorallen (Ordnung *Scleractinia* = *Madreporaria*); man findet sie in tropischen und subtropischen Meeren äußerst häufig. Ihre Farben sind grün, malvenfarben oder blau; ihre gelegentlich bis 2,5 Meter hohen Stöcke zeigen reiche Verästelung und erinnern damit, wie der Name sagt, an Geweihe, doch gibt es auch im Roten Meer schirmförmige Gestalten, wie auf manchen Fotos dieses Buches zu sehen ist.

Haarsterne siehe Federsterne

Haie *(Selachii),* eine Ordnung der Knorpelfische *(Chondrichthyes),* die diesen Namen wiederum der Tatsache verdanken, daß ihr Skelett nicht aus Knochen-, sondern aus Knorpelsubstanz besteht. Die Knorpelfische sind nach entwicklungsgeschichtlichen Maßstäben wesentlich altertümlicher als die Knochenfische. Immerhin verfügen die Haie aber z.B. über ein hochdifferenziertes Nervensystem.
Kopf und Rumpf des Haies sind äußerst reichlich mit hochempfindlichen Sinnesorganen ausgestattet, die dem Fisch die Wahrnehmung auch der geringfügigsten Umweltveränderungen ermöglichen. Es handelt sich um die 1938 von Professor Paul Budker beschriebenen, sogenannten »Sinnesgruben«. Die Wissenschaft bemüht sich noch immer um die völlige Klärung der Frage nach der genauen Funktion dieser Sinnesorgane, die es dem Hai ermöglichen, etwa den hydrostatischen Druck zu »messen«, Ultraschall-Töne aufzunehmen, die chemische Zusammensetzung des Wassers zu prüfen usw. Seine berühmt-berüchtigte Fähigkeit, Blut über weite Entfernungen hin wahrzunehmen, verdankt der Hai seinen hochempfindlichen Geruchsorganen.
Was die Fortpflanzung beim Hai betrifft, so liegt das Hauptproblem für den Zoologen nach Professor Budkers Ausführungen darin, »daß man Paarung und Vermehrung des Haies nur sehr schwer und sehr selten beobachten kann«. Während die in Bodennähe lebenden Haiarten sich durch Eier mit hornartiger Hülle fortpflanzen, bringen die Haie der Hochsee lebende Junge zur Welt, deren Zahl je nach Art sehr verschieden ist. Beim Sandhai *(Carcharias taurus)* besteht der Wurf regelmäßig aus 2 Jungen, während der Tigerhai *(Galeocerdo cuvieri)* jedesmal 6 oder 7 Dutzend Junge wirft.
Es gibt über 250 Haiarten in allen tropischen und gemäßigten Meeren. Nur etwa zwölf Arten davon sind für den Menschen wirklich gefährlich. Der sogenannte Menschenhai *(Carcharodon carcharias)* und der Hammerhai *(Sphyrna zygaena)* sind wohl die bekanntesten und »blutrünstigsten« der »menschenfressenden« Haie. Auch die Makrelenhaie *(Lamnidae)* sind wahre Meeresungeheuer und werden mehr als zehn Meter lang. Die Größe eines Haies läßt jedoch nicht unbedingt auf das Ausmaß der Gefahr schließen, die er für den Taucher darstellt. Der Walhai *(Rhinocodon typus)* beispielsweise wird fast 20 Meter lang und über 25 Tonnen schwer, nährt sich aber ausschließlich von kleinen Fischen, Tintenfischen und Plankton. Ein dem Menschen wirklich gefährlicher Hai wie

etwa der Hammerhai erreicht dagegen nur ein Drittel dieser Größe; man findet dieses an seinem scheußlich hammerförmigen Kopf leicht zu erkennende Tier in allen Tropenmeeren. Seine Augen sitzen an den Enden großer Seitenauswüchse am Schädel.
Der Haifang wird einmal wegen des (allerdings bescheidenen) Wertes betrieben, den die Haut des Tieres darstellt, zum anderen, weil einige Haiarten eßbar sind (oder zumindest gegessen werden). Die Flossen des *Galeorhinus zyopterus* oder Glatthai sind ein wichtiger Bestandteil eines berühmten chinesischen Gerichtes, während einige andere Arten die Grundlage für »fish 'n' chips«, eine britische Nationalspezialität, abgeben. Die geräucherten »Schillerlokken« stammen vom Dornhai *(Squalus acanthias)*.
Alles Wissenswerte über die Haie enthält der erste Band der Reihe »Knaurs Geheimnisse und Rätsel des Meeres«: »*Haie – Herrliche Räuber der See*«.

Halfterfische *(Zanclidae)*, mit ihrem scheibenförmigen Körperbau typische Korallenfische. Es gibt nur eine Gattung *Zanclus*. Sehr auffallend ist die breite gelb-schwarze Streifung, zu der kleinere Zeichnungen in Rot, Weiß und Blau kommen. Der Halfterfisch gehört wegen seiner Körperform, der antennenartig lang ausgezogenen Rückenflosse (deretwegen wir das Tier an Bord der *Calypso* »Radiofisch« nennen) und seiner leuchtenden Farben zu den schönsten Korallenfischen.

Herzigel *(Spatangoidea)*, herzförmige, kurzstachelige Seeigel, die auf dem Meeresgrund im Sand leben und etwa faustgroß werden. Es gibt darunter sehr flache Formen, z.B. den »Sanddollar« *(Echinarachnius)*.

Hydrokorallen *(Hydrocorallidae)* sind Nesseltiere *(Cnidaria)*, die äußerlich den Steinkorallen *(Scleractinia = Madreporaria)* ähneln und sich wie diese in kompakten oder weitverzweigten Kolonien zusammenschließen, jedoch nicht zur Klasse der Blumentiere *(Anthozoa)* gehören, sondern zu den Hydroiden *(Hydrozoa)*. Wie die Steinkorallen sind sie am Bau der Korallenformation beteiligt.
Zu den Hydrokorallen stellt man die Milleporiden, z.B. *Millepora nodosa*, die der Taucher wegen ihrer sehr stark wirkenden Nesselkapseln »Feuerkoralle« nennt, und die *Stylasteridae*, die auf dem Grund des Roten Meeres beispielsweise riesige goldene Schirme von äußerst komplexer Struktur bauen.

Igelfische *(Diodontidae)*, Fischfamilie mit etwa 15 Arten, die ausnahmslos in warm-gemäßigten und tropischen Meeren leben. Die größten werden knapp 1 Meter lang. Wie ihre Verwandten, die Kugelfische (Familie *Tetraodontidae)*, besitzen die Igelfische die bemerkenswerte Fähigkeit, sich kugelförmig aufzublasen, wenn sie sich bedroht fühlen. Sie können dabei jedoch außerdem noch zahlreiche spitze und äußerst scharfe Stacheln aufrichten, die sonst dem Körper eng anliegen. Trotz dieser etwas unangenehmen Eigenschaften werden die Igelfische beispielsweise in Japan als kulinarische Leckerbissen geschätzt, obwohl man sie gleichzeitig für die Ursache zahlreicher Fischvergiftungen hält.

Kaiserfische siehe Schmetterlingsfische

Kalkalgen siehe Lithotamnium

Killerwal siehe Schwertwal

Kopra, das in Streifen geschnittene und getrocknete Fruchtfleisch der Kokosnuß, das zu Kokosöl und -fett verarbeitet wird.

Korallenalgen siehe Lithotamnium

Korallenbarsche *(Pomacentridae)*, kleine, farbenprächtige Korallenfische, die man in allen Flachwassergebieten der tropischen Meere findet. Der am häufigsten anzutreffende Vertreter dieser Familie ist der *Abudefduf saxatilis* oder »Hauptfeldwebelfisch«, der auf leuchtendgelbem Grund schwarze Streifen trägt. Allerdings ist dieses Tier nicht immer leicht zu identifizieren, da es seine Färbung von Gelb in Silber oder Schwarz verändern kann. Die meisten Korallenbarsche werden nicht länger als 12 bis 15 Zentimeter, machen aber ihre geringe Körpergröße durch ihre außergewöhnliche Schönheit mehr als wett. Am auffallendsten ist wohl das strahlende Blau mit feinen, schwarzen Schattierungen bei *Chromis cyanea.* In den indopazifischen Gewässern und im Roten Meer trifft man gelegentlich auf Schwärme von andersfarbigen, vor allem roten *Chromis.* Zu den Korallenbarschen gehören auch der Clownfisch *(Amphiprion percula)* und der Goldschwanz *(Microspathodon chrysurus).* Beide Arten sind häufig in Aquarien zu sehen.

Kraken *(Octopus),* Tintenfische aus der Klasse der Kopffüßer *(Cephalopoda),* die wie die der Schnecken und der Muscheln zum Stamm der Weichtiere *(Mollusca)* gehören. Wie nahezu allen heute lebenden Kopffüßern fehlt auch den Kraken eine äußere Schale; sie ist nur noch andeutungsweise als stützender »Schulp« im Körperinnern erhalten. Die Kraken haben acht Fangarme, die jeweils mit einer Doppelreihe von Saugnäpfen besetzt sind. Neben den Kraken mit acht Armen *(Octopoda)* gibt es noch zahlreiche Tintenfischarten mit zehn Armen *(Decapoda).* Irreführend ist der Name »Polyp«; er sollte nur für die Hohltiere, insbesondere die Korallen, verwandt werden.

Die Kraken haben nicht das geringste mit jenen Meeresungeheuern zu tun, wie sie in manchen Abenteuerbüchern oder Gruselfilmen auftauchen. Fast alle Tintenfische sind relativ klein, der Oktopus erreicht mit ausgestreckten Armen höchstens drei Meter Gesamtlänge. Riesen sind lediglich einige zehnarmige Arten der Tiefsee, die bis zwanzig Meter lang werden, aber nur sehr selten auftauchen. Kraken sind im Gegensatz zu all dem Seemannsgarn, das über sie gesponnen wird, außerordentlich scheu und greifen den Menschen niemals aus bloßer Aggressivität an. Manche Arten sondern beim Biß mit ihrem Schnabel, der aussieht wie der eines Papageien, ein starkes Gift ab, das Beutetiere wie kleine Fische, Krustentiere und Mollusken lähmt; vereinzelt haben sich Taucher an diesen Tieren schon gefährliche Bißwunden zugezogen, wenn sie den Kraken gereizt oder in Panik versetzt hatten.

Lippfische *(Labridae),* etwa 600 Arten Knochenfische, die meist in küstennahen tropischen und gemäßigten Gewässern leben, vor allem an Felsenküsten. Viele Arten sind auffallend gefärbt und gemustert, wobei die Färbung je nach Lebensalter und Geschlecht ganz verschieden sein kann.

Unter den Lippfischarten gibt es eine ganze Reihe von »Putzerfischen«: Sie befreien andere Fische, etwa Zackenbarsche oder Aale, von Parasiten.

Die Lippfische sind ausnahmslos Fleischfresser; einige Arten werden ihrerseits in den Tropen als Speisefische sehr geschätzt.

Lithotamnium (auch *Lithotamnion*) ist eine Gattung aus der Familie *Corallinaceae* in der Klasse der Rotalgen *(Rhodophyta).* In allen Meeren findet man die etwa 120 Arten; malvenfarbig bis rötlich gefärbt, überziehen die büschel- bis strauchartig gewellt, gelappt oder knorpelig geformten Pflanzen die Küstenfelsen. Die Zellwände sind mit Kalk inkrustiert, denn diese Algen vermögen Kalziumkarbonat aus dem Wasser zu absorbieren. In den Tropenmeeren spielen diese Algen eine wichtige Rolle, denn sie verbinden und verkitten gleichsam die Stöcke der Steinkorallen.

Makrelen *(Scombridae).* Wie der zur gleichen Familie gehörende Thunfisch sind auch die Makrelen an der tief eingeschnittenen Schwanzflosse, dem schlanken Körperbau und der praktisch schuppenlosen, glänzenden Haut leicht erkennbar. Makrelen ziehen meist in großen Schwärmen umher; nur der in den Riffen aller tropischen Meere lebende Wahoo *(Acanthocybium solandri)* bildet in dieser Hinsicht eine Ausnahme. Man findet Makrelen, die oft weite Wanderungen unternehmen, überall in tropischen und gemäßigten Breiten, sowohl in Küstennähe als auch auf hoher See; als wertvolle Speisefische werden sie allenthalben rücksichtslos verfolgt. Die nach dem Thunfisch größte Makrelenart ist die Königsmakrele *(Scomberomorus cavallo)* der amerikanischen Atlantikküste, die am Rücken goldgetupft aussieht. Sie wird bis zu 1,7 Meter lang und 45 Pfund schwer.

Manta, Teufelsrochen *(Manta birostris)*, einer der größten Fische. Er erreicht eine Spannweite von 7 Metern und wird bis zu anderthalb Tonnen schwer. Man nennt ihn auch Hornrochen, da er zu beiden Seiten des Kopfes je eine kleine Flosse hat, die hornähnlich aussieht. Trotz der enormen Größe, des ziemlich beängstigenden Aussehens und des (dem Namen angemessen!) schlechten Rufes, der auf Fischerlatein und Seemannsgarn beruht, ist die Manta durchaus kein aggressives Tier. Sie ernährt sich von Krustentieren und anderen kleinen Meereslebewesen und hat nur am Unterkiefer Zähne, die zudem klein und ungefährlich sind.
Im Gegensatz zu anderen Rochenarten lebt die Manta nicht in Bodennähe, sondern relativ dicht unter der Wasseroberfläche. Sie vollführt oft erstaunliche Luftsprünge – offenbar eine Art Spiel – und läßt sich dann mit einem weithin hörbaren, gewaltigen Platschen ins Wasser zurückfallen.
In manchen Gegenden ist das Fleisch der Manta als Leckerbissen geschätzt; auch bedeutet das Erlegen einer Manta wegen der großen Kraft und Schnelligkeit des Tieres eine reizvolle Herausforderung für viele Fischer. Im Indischen und Pazifischen Ozean gibt es etwa 10 verschiedene Formen von Teufelsrochen, die sich aber möglicherweise zu einer einzigen Art zusammenfassen ließen.

Milleporiden siehe Hydrokorallen und Feuerkorallen

Moostierchen *(Bryozoa = Polyzoa)*, ein selbständiger Stamm des Tierreichs mit etwa 6000 Arten. Die winzigen Tiere leben in Kolonien, die aus zahllosen Individuen bestehen. Die Gestalt solcher Kolonien kann büschel- oder strauchartig sein oder einen netzförmigen, krustenartigen oder gallertartigen Bewuchs bilden. Das einzelne Tier mißt nur einen Millimeter oder weniger, ist etwa wurmförmig und bewohnt ein »Gehäuse«, aus dem nur seine Tentakelarme herausragen. Diese Tentakel dienen der Atmung und dem Fang von Mikroorganismen, von denen das Moostierchen lebt.
Moostierchen vermehren sich durch Eier, aus denen winzige Larven entstehen. Diese setzen sich am Meeresboden fest und bilden den Anfang einer Kolonie, die sich nun durch ungeschlechtliche Knospung erweitert. Bryozoen gibt es auch im Süßwasser.

Mordwal siehe Schwertwal

Muränen *(Muraenidae)*, langgestreckte Fische ohne Brustflossen aus der Verwandtschaft der Aale. Muränen schwimmen wie Aale mit schlängelnden Bewegungen. Es gibt etwa 80 Arten in allen warm-gemäßigten und tropischen Meeren; sie leben versteckt in Felsenhöhlungen oder Korallenspalten. Nachts machen sie Jagd auf kleine Fische und Krustentiere. Wegen ihres kräftigen Gebisses kann eine gereizte Muräne äußerst gefährlich werden. Trotz ihres abschreckenden Äußeren und ihres schlechten Rufs läßt sich die Muräne – wie Frédéric Dumas bewiesen hat – durchaus auch »zähmen«.

Orgelkorallen *(Tubipora)*, kolonienbildende Achtstrahler *(Octocorallia)* der Ordnung Röhrenkorallen *(Stolonifera)*. Sie bestehen aus ganzen »Bündeln« ziegelroter Kalkröhren, die ähnlich wie Orgelpfeifen angeordnet sind. Die Röhren oder »Pfeifen« laufen allerdings nicht parallel, sondern sind von der Basis an etwas nach außen gerichtet und durch horizontale Verstrebungen miteinander verbunden. Die Orgelkorallen, deren Polypen smaragdgrün sind, wachsen in senkrechter Richtung und bilden einen wichtigen Bestandteil der von ihnen besiedelten Korallenriffe.

Papageifische *(Scaridae)* verdanken ihren Namen der Tatsache, daß ihre Zähne vorn zu einem an den Schnabel der Papageien erinnernden Gebilde verwachsen und so verbreitert sind, daß sie eine durchgehende Zahnplatte zu bilden scheinen. Die Papageifische benutzen dieses Gebiß dazu, Stücke aus den Korallenstöcken herauszubrechen und die darin enthaltenen Polypen und Kleinstlebewesen – etwa Würmer – zu fressen. Auch die Kalkalgen, die einen so beachtlichen Anteil an den Korallenbauten haben, sind Bestandteil ihrer Nahrung.
Die Papageifische ziehen meist in Schwärmen durch die Korallengewässer und »grasen« die Riffe geradezu ab. Die Spuren ihrer Zähne lassen sich an den Korallenstöcken deutlich erkennen. Beim Abbeißen von Korallenbrocken erzeugen die Fische sogar ein im Wasser deutlich hörbares Geräusch. Die Verdauung der »Steine« bereitet ihnen wegen der plattenförmigen Schlundzähne, die das harte Korallenstück regelrecht zermahlen, keinerlei Schwierigkeiten. Der aus Korallensand bestehende Verdauungsrückstand, den die Tiere in großen »Staubwolken« ausscheiden, lagert sich am Meeresgrund ab und kann im Lauf der Zeit die Korallenlandschaft erheblich verändern.
Im Roten Meer lebt eine Reihe von Papageifischarten, die auf der Stirn einen auffallenden Buckel tragen. Wir nennen diese Tiere »Buckelköpfige Papageifische«; der Nasenhöcker dieser Tiere wird (so etwa bei *Chlorus gibbus*) mit zunehmendem Alter größer, während er beim Jungtier oft völlig fehlt.
Tagsüber wandern die Papageifische in Schwärmen durch ein Korallengebiet und suchen dort nach Nahrung. Nachts trennen sie sich jedoch und suchen sich einzeln zwischen den Korallenstöcken ein sicheres Versteck. Die Größe der Tiere ist je nach Art verschieden und schwankt zwischen wenigen Zentimetern und einem knappen Meter (z.B. bei *Chlorus gibbus*).

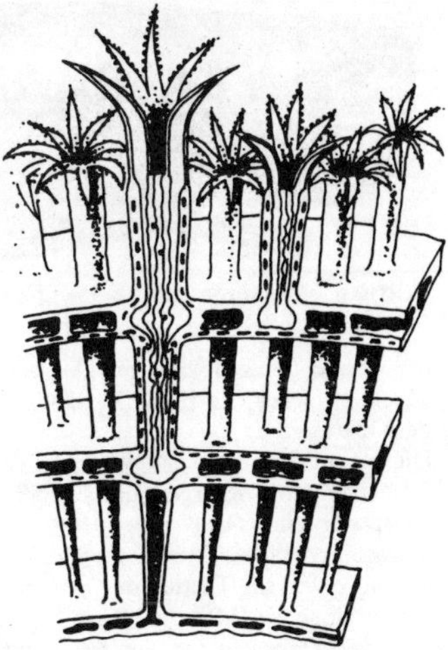
Orgelkoralle *(Tubipora musica)*

Pedicellarien, Greiforgane der zu den Stachelhäutern *(Echinodermata)* gehörenden Seesterne und Seeigel. Meist ähneln sie winzigen Zangen mit 2 oder 3 Zacken und tragen häufig Giftdrüsen. Diese Zangen dienen als Fangwerkzeuge, die Kleinlebewesen packen, töten und an die Ambulacralfüßchen weitergeben (die ihrerseits die Beute an den Mund weiterreichen), aber auch als Putzzangen; außerdem verhindern sie, daß sich die Larven von festsitzenden Tieren auf einem Seestern oder Seeigel ansiedeln.

Pinzettfische siehe Schmetterlingsfische

Polypen siehe Kraken

Pottwal *(Physeter macrocephalus)*, wie Delphin und Tümmler ein Zahnwal *(Odontoceti)*. Er hat also im Maul keine hornigen »Barten«, sondern richtige Zähne, mit denen allerdings nur der Unterkiefer bestückt ist. Diese 20 bis

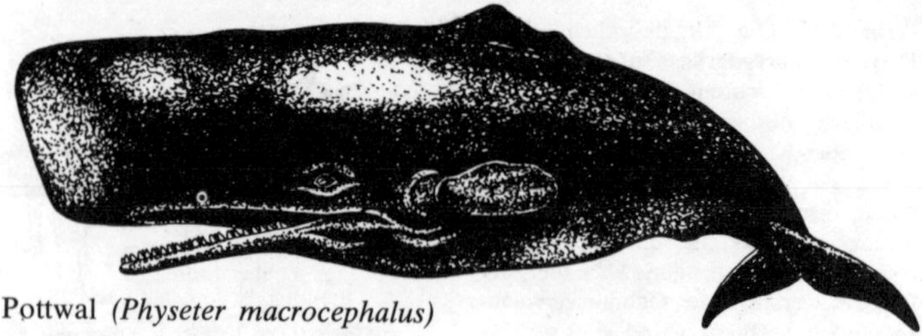

Pottwal *(Physeter macrocephalus)*

60 Zähne stecken bei geschlossenem Maul in scheidenartigen Vertiefungen des Oberkiefers.

Die männlichen Pottwale werden bis zu 20 Meter lang, während die Weibchen meist nur eine Größe von 10 bis 12 Metern erreichen. Der Kopf der Tiere nimmt etwa ein Drittel der gesamten Körperlänge ein. Manche Männchen erreichen ein Gewicht von über 50 Tonnen. Pottwale leben in allen wärmeren Meeresgebieten.

Man jagt den Pottwal wegen seines Fetts, vor allem aber wegen des ölig-wachsartigen Walrat oder Spermaceti, das sich in zwei riesigen Schädelhöhlungen bildet. Walrat ist von außerordentlicher Reinheit.

Der Pottwal ist einer der besten Schwimmer und Taucher; er kann ungefähr 90 Minuten unter Wasser bleiben. Diese für ein Säugetier erstaunliche Fähigkeit ist möglicherweise auf einen sehr trägen Kreislauf zurückzuführen, durch den der Pottwal seinen Sauerstoffverbrauch auf ein Minimum reduziert.

Precontinent II und III. Precontinent II war das zweite Experiment einer Versuchsreihe, mit der wir Möglichkeiten für ein »Leben unter Wasser« erkunden. Es fand 1963 bei Shab Rumi vor der Küste des Sudan im Roten Meer statt; zwei »Aquanauten« wohnten eine Woche lang in einer Mindesttiefe von 30 Metern unter dem Meeresspiegel. Im Laufe des

Die unterseeische Siedlung Precontinent II

daran anschließenden Experimentes Precontinent III, das 1965 bei Kap Ferret vor der französischen Mittelmeerküste durchgeführt wurde, blieben sechs Taucher drei Wochen lang in 100 Meter Tiefe.

Quallen, Medusen, Klasse *Scyphozoa* des Stammes Nesseltiere *(Cnidaria)*, sind gewöhnlich schirmförmig gebaut, zart durchscheinend und mit Tentakeln versehen. An diesen sitzen die Nesselkapseln, mit denen die Qualle ihre aus Kleinlebewesen bestehende Beute betäubt oder tötet. Bei manchen Quallenarten ist das Gift der Nesselkapsel so stark, daß es einen Menschen zumindest vorübergehend lähmen kann. Die meisten Quallen durchlaufen zunächst ein Stadium als festsitzende Polypen und werden erst dann freischwimmend; Medusenformen werden auch von den Hydrozoen gebildet, zu denen die Hydrokorallen (siehe dieses Stichwort) gehören, doch sind die Hydromedusen einfacher gebaut und fast immer sehr viel kleiner.

Riesenmuscheln *(Tridacnidae)*. Die Riesenmuschel *(Tridacna gigans)* ist mit einer Schalenlänge von über 1,3 Metern das größte Weichtier überhaupt. Sie ist wie alle Muscheln ein festsitzendes Tier; ihre Lebensbereiche sind die tropischen Meere; vorzugsweise im Bereich der Korallenriffe. Bei geöffneten Schalen kann man den blauen, fleischigen und von smaragdfarbenen Linien eingefaßten Mantel schimmern sehen. Nähert sich etwas dem Tier Fremdes, so schnappen die Schalen der Riesenmuschel mit großer Wucht zu. Schauermärchen, nach denen Taucher mit Armen oder Beinen in eine Riesenmuschel geraten können und dabei elendiglich umkommen, lassen sich allerdings durch keinerlei authentische Berichte beweisen. Die Riesenmuschel wird oft zu Unrecht unter die »mörderischen« Meeresungeheuer gerechnet. Der Schließmechanismus für die Schalen wird durch eine Art von primitivem »Elektrischen Auge« betätigt: In den Mantel sind glitzernde, an kleine Augen erinnernde Kegelchen eingelagert, die als eine Art von Sammellinsen das einfallende Licht auf Spalträume im Mantelgewebe des Tieres richten. Fällt durch die Bewegung eines Tieres ein Schatten auf die Riesenmuschel, so läßt sie ihre Schalen zuklappen. Diese »Photozellen« und das von ihnen gebündelte Licht ermöglichen auch das Gedeihen winziger Algen (siehe Zooxanthellen), die in einer symbiontischen Beziehung zur Riesenmuschel leben: Sie bauen deren Abfallprodukte ab und liefern durch ihre Assimilationsvorgänge dem Wirtstier Sauerstoff.
Die Riesenmuschel produziert gelegentlich Perlen bis zur Größe eines Golfballs, die jedoch keinen Wert besitzen.

Röhrenwürmer gehören zur Klasse der *Polychaeta* oder Vielborster innerhalb des Stammes *Annelida* (Ringelwürmer). Die zahlreichen Röhrenwurmarten sind mehr oder weniger festsitzende Tiere,

Röhrenwurm

die in Gängen und Röhren am Meeresboden leben. Die Röhrenwürmer der Unterordnung *Serpulimorpha* haben eine große, farbenprächtige, zartbefiederte Tentakelkrone. Diese »Federn« dienen dem Tier sowohl als Kiemen als auch zum Fang von winzigen Beutetieren. Bei Gefahr zieht der Röhrenwurm seine Tentakel in die Röhre ein. Hierher gehören die Seenelkenwürmer *(Spirographis)* aus dem Mittelmeer und dem Indopazifik und die Schlickröhrenwürmer *(Sabella)*, die auch bei Helgoland vorkommen.

Rotfeuerfisch *(Pterois volitans)*, eine giftige Art aus der Familie der Drachenköpfe oder Skorpionfische *(Scorpaenidae)* und deshalb verwandt mit dem als wertvoller Nutzfisch des Atlantik bekannten Rotbarsch *(Sebastes viviparus)*, der völlig ungiftig ist. Der Rotfeuerfisch lebt nur in tropischen Meeren. Er ist ein faszinierendes, bizarr schönes Tier mit großen, schleierartigen Brust- und Schwanzflossen in kräftigen Hellrot- bis Violettönen. Dieser prächtige Schmuck ist jedoch mit äußerst gefährlichen Stacheln gekrönt, deren Gift tödlich sein soll. Zumindest reicht es aus, einem unvorsichtigen Taucher schwere, sehr schmerzhafte Verletzungen zuzufügen. Die am Roten Meer lebenden Araber nennen den Rotfeuerfisch »Todesfisch«, während die Amerikaner das Tier weitaus weniger realitätsgerecht in die Allerweltskategorie ihrer »Schmetterlingsfische« einordnen. Der Rotfeuerfisch wird etwa 30 Zentimeter lang und nährt sich von Krebstierchen, Schalentieren und Fischen.

Saprophyten sind Pflanzen, die sich von verwesenden organischen Stoffen ernähren; hierher gehören insbesondere Bakterien und Pilze.

Schlammspringer *(Periophthalmus)*, etwa 20 bis 50 Zentimeter lange Grundelfische *(Gobiidae)* der afrikanischen, asiatischen und australischen Gewässer. Besonders bemerkenswert ist, daß sie sich erstaunlich lange außerhalb des Wassers in Sumpfniederungen, auf Felsen oder zwischen Mangrovenwurzeln aufhalten können. Sie atmen zwar als echte Fische durch Kiemen, können aber in der Kiemenhöhlung ständig Wasser mit sich führen und verfügen außerdem über eine Reihe physiologischer Besonderheiten, die es ihnen gestatten, trotz der glühenden Tropensonne an Land zu bleiben. Außerhalb des Wassers bewegt sich der Schlammspringer mit Hilfe seiner großen Brustflossen fort, wobei er erstaunlich weite Sprünge ausführen kann.

Schlangensterne *(Ophiuroidea)*, eine der 5 Klassen des Stammes der Stachelhäuter *(Echinodermata)*. Sie haben normalerweise 5 Arme, die sich scharf von der flachen Körperscheibe absetzen und sehr lang, dünn und außerordentlich beweglich sind. Oft hat die Körperscheibe des Tieres nur 2 oder 3 Zentimeter Durchmesser, während die Arme mehr als 30 Zentimeter lang werden. Es gibt über 1500 Arten Schlangensterne, viele sind äußerst farbenprächtig. Man findet die Tiere praktisch in allen Meeren und Meerestiefen, auf Felsuntergrund ebenso wie im Tang; viele graben sich in den Untergrund ein.

Schlammspringer *(Periophthalmus)*

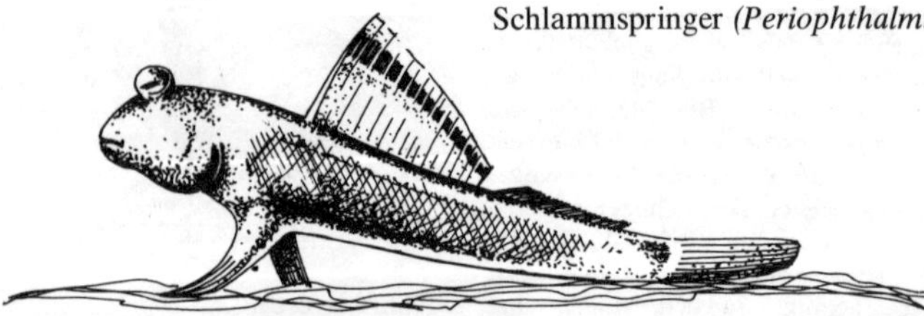

Wie die mit ihnen verwandten Seesterne besitzen auch die Schlangensterne eine erstaunliche Regenerationsfähigkeit. Sie können einen Arm oder mehrere verlieren oder abwerfen und regenerieren; auch die Körperscheibe ist bis zur Hälfte ersetzbar.

Schmetterlingsfische oder Borstenzähner *(Chaetodontidae)* sind mit ihrer hochgebaut scheibenförmigen Gestalt bei geringem Körperdurchmesser typische Korallenfische. Zu ihnen gehören die Kaiser-, Wimpel- und Pinzettfische. Viele ihrer Arten fallen durch ihr ungewöhnlich farbenprächtiges Äußeres auf; die Jungtiere haben oft gelblichorange Färbung, während bei den ausgewachsenen Tieren gedecktere Töne sowie gelegentlich Schwarz-Weiß-Streifung vorherrschen. Schmetterlingsfische werden bis 90 Zentimeter lang; ihre Körperhöhe einschließlich der Rückenflossen ist je nach Art verschieden. Die Arten treten in großen Schwärmen auf. Sie sind Allesfresser und ernähren sich von den kleineren Tieren des Riffs und von Pflanzenresten. Ihr Fleisch ist eßbar.

Schnapper *(Lutianidae)*, Familie meist tropischer Meeresfische; von den mehr als 250 Arten kommen nur einige auch in gemäßigten Breiten vor. Die Schnapper gelten allgemein als vorzügliche Speisefische. Sie werden 60 bis 90 Zentimeter lang und bis 5 Pfund schwer; einzelne Exemplare erreichen allerdings bis zu 16 Pfund Gewicht.
Die bekannteste Schnapper-Art ist der Rote Schnapper *(Lutianus campechanus)*, den man – auf dem Fischmarkt wie in »freier Wildbahn« im Indischen und Pazifischen Ozean – an seiner scharlachroten Färbung leicht erkennen kann. Dieses Tier wird fast einen Meter lang. Auch der Gelbschwanzschnapper *(Ocyurus chrysurus)* ist an seiner tief eingeschnittenen gelben Schwanzflosse, seinen gelben Flossen und einem gelben Seitenstreifen gut kenntlich. Er ist bei einer Durchschnittsgröße von 30 Zentimetern wesentlich kleiner als der Rote Schnapper, gilt aber wie dieser als delikater Speisefisch. Er lebt vorwiegend in Korallengewässern.

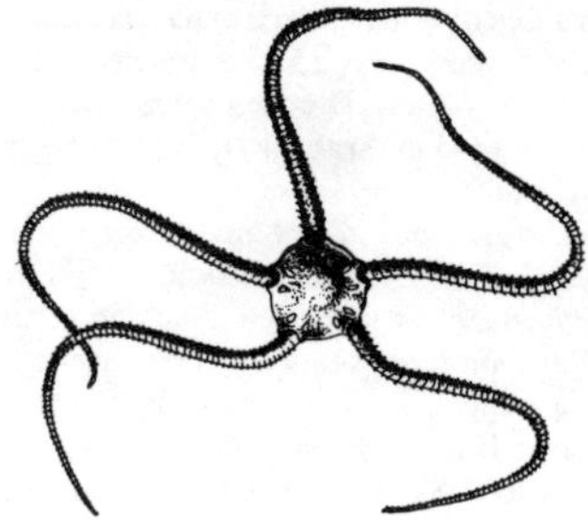

Schlangenstern

Schwämme *(Porifera, Spongia)*, der Tierstamm, der die einfachste Form der Vielzeller darstellt. Ihre Körper – fast immer Kolonien aus zahlreichen Individuen – sind »porös«, so daß durch zahlreiche Löcher und Kanäle Wasser ein- und ausfließen kann, dem das Tier Sauerstoff und Nahrungspartikel entnimmt.
Die Vermehrung der Schwämme ist ebenso primitiv wie ihre sonstige Lebensweise. Man kann die Tiere dadurch züchten, daß man von einem lebenden Schwamm einfach ein Stückchen abschneidet; der »Tochterschwamm« setzt sich dann an einer Unterlage fest und entwickelt sich zu voller Größe. Die natürliche Vermehrung geschieht bei den Schwämmen geschlechtlich, vor allem aber durch Knospung.
Man findet Schwämme in allen Meeren und Meerestiefen (aber auch im Süßwasser). Es gibt eine Vielzahl von Formen: Fächer, fingerartige Gebilde, Knollen oder Kugeln, in Blau-, Gelb- und Rottönen, und in allen Größen zwischen 1 Zentimeter und 2 Metern. Man unterscheidet etwa 5000 ausnahmslos festsitzende Schwammarten.

Schwarze Koralle *(Euplexaura antipathes)*, wie die Echte Koralle *(Corallium rubrum)* eine Rindenkoralle (Ordnung *Gorgonaria*) des Roten Meeres und des Indischen Ozeans, die zu den Acht-

strahligen Blumentieren *(Octocorallia)* gehört und bis 35 Zentimeter hohe Büsche bildet. Die schwarze, hornige Achse wird in Arabien zu Schmuck verarbeitet.
»Schwarze Korallen« nennt man aber auch die Dörnchen-Korallen *(Antipatharia)*, die zu den Sechsstrahlern *(Hexacorallia)* gehören. Die reichverzweigten, 2,5 Zentimeter bis 1 Meter hohen Büsche haben eine hornige, tiefschwarze Skelettsubstanz, die an den Küsten des Indischen Ozeans und des Fernen Ostens zu Armreifen und Amuletten verarbeitet wird.

Schwertwal *(Orcinus orca)*, gelegentlich auch Großer Mörder oder Killer genannt, gehört wie Tümmler und Delphine zur Familie *Delphinidae.* Er ist oben schwarz, an der Unterseite weiß gefärbt; außerdem hat das Tier hinter dem Auge einen länglichen weißen Fleck. Ein ausgewachsener Schwertwal kann mehr als 10 Meter lang und über eine Tonne schwer werden. Die beim Schwimmen über die Wasseroberfläche hinausragende Rückenflosse, das »Schwert«, wird bis zu 3 Meter hoch. Neben seiner üblichen, aus Fischen, Tintenfischen usw. bestehenden Nahrung frißt der Schwertwal auch Robben, Walrosse, Meeresvögel und andere Wale, auch solche der größten Arten. Die Mordwale jagen in Rudeln; beim Angriff auf große Beutetiere bedienen sie sich offenbar einer sehr geschickten Taktik, bei der sie gruppenweise zusammenarbeiten.

Seeanemonen sind Nesseltiere (Stamm *Cnidaria*) und bilden in der Klasse der Blumentiere *(Anthozoa)* und der Unterklasse der Sechsstrahler *(Hexacorallia)* die Ordnung *Actiniaria.* Seeanemonen leben nicht in Kolonien zusammen, und sie besitzen auch kein Außenskelett, sondern setzen sich mit einer sohlenartigen Fußscheibe auf Steinen, Muschelschalen oder ähnlichen Unterlagen fest. Im allgemeinen verbleiben sie an ihrem Standort, doch können sie auch kurze Strecken zurücklegen.
Man findet Seeanemonen nicht nur in tropischen Gewässern, sondern auch in gemäßigten Breiten und in Kaltwassergebieten.
Alle *Actiniaria* haben einen zylindrischen, aus Muskelgewebe bestehenden Körper, der von hohlen Tentakeln gekrönt ist. In deren Mitte befindet sich die Mundscheibe. Die mit Nesselkapseln versehenen Tentakel dienen dazu, Beutetiere zu fangen, durch Injektion von Gift zu lähmen und in die Mundöffnung zu befördern. Seeanemonen ernähren sich von Kleinlebewesen des Meeres, aber auch von kleinen Fischen und Krebsen.
Bei der geschlechtlichen Vermehrung werden entweder Ei- und Samenzellen ins Wasser ausgestoßen, oder der Nachwuchs gelangt bereits in Form von Larven, wenn nicht gar von winzigen Jungtieren, durch die Mundöffnung ins Freie. Manche Seeanemonen vermehren sich allerdings auch ungeschlechtlich durch Quer- oder Längsteilung.

Seefächer *(Gorgonia, Eunicella* und *Rhipidogorgia)* sind Achtstrahler *(Octocorallia)* aus der Verwandtschaft der Edelkoralle. Sie bilden wunderschön verästelte und vernetzte Fächer, die rosa, orange, gelb, lavendelblau oder purpurviolett sein und bei 1,5 Meter Breite fast 2 Meter Höhe erreichen können.

Seefedern *(Pennatularia)* sind Achtstrahlige Blumentiere *(Octocorallia)*, die nicht auf Felsboden oder Schalen festsitzen, sondern mit einem kräftigen »Stiel« im Sand stecken. Der Stiel ist der erste aus der Larve hervorgegangene Polyp, dem seitlich immer neue kleinere Polypen entsprossen. Eine hornige Mittelachse hält den Stock aufrecht.
Seefedern gibt es in den Farben Rot, Gelb, Orange und Violett und in allen Meeren, sie erreichen aber nur in tropischen Gewässern die stattliche Größe von 1,20 bis 1,50 Meter. Wenn man sich einen Eindruck von ihrer einmaligen Anmut und Schönheit verschaffen will, muß man sich schon die Mühe machen, sie in ihrer natürlichen Umgebung aufzusuchen, denn die »Seefedern«, die man den Touristen als Souvenirs verkauft,

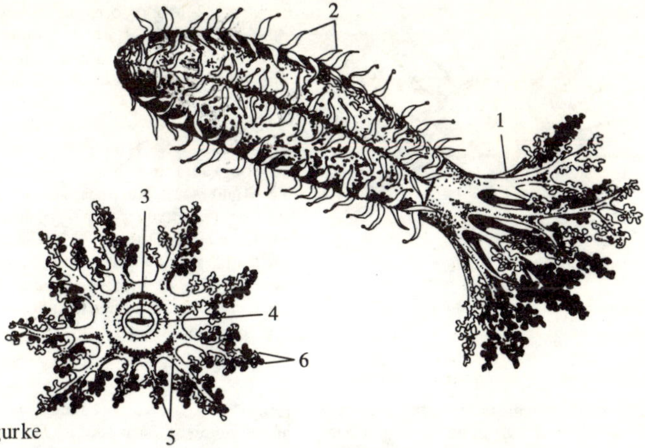

Seegurke
1 Tentakel 2 Ambulacralfüßchen 3 Mundöffnung 4 Ringlippe 5 große Tentakel 6 kleine Tentakel

sind nichts als getrocknete Skelette. Im Roten Meer gibt es in größeren Wassertiefen atemberaubend schöne und ausgedehnte »Wälder« aus Seefedern; in manchen Gebieten ist der Grund so dicht mit Federkorallen der Gattung *Virgularia* bedeckt, daß man den Eindruck einer Art unterseeischer Prärie aus weißen Halmen von etwa Meterlänge hat. Im Angelsächsischen tragen diese Virgularien den bildhaften Namen »blind man's canes« (Blindenstöcke).

Seegurken, Seewalzen *(Holothuroidea)*, Klasse der Stachelhäuter *(Echinodermata)*. Der Name »Seegurke« geht auf Plinius zurück, der schon vor neunzehnhundert Jahren eine Holothurie wegen ihrer frappierenden Ähnlichkeit mit einer Gurke entsprechend beschrieb. An dem einen Ende des langen, schlauchförmigen und weichen Körpers befindet sich ein Kranz von meist 10 (bis 30) Tentakeln, die Schlamm in die dazwischen liegende Mundöffnung schaufeln oder wie ein Schirm Kleinlebewesen auffangen. Was unverdaut bleibt, wird durch die am anderen Körperende liegende Kloake wieder ausgeschieden.
Manche Seegurken haben häufig einen »Aftermieter« im wahrsten Sinne des Wortes: Der Nadelfisch *(Carapus = Fierasfer)* zwängt sich mit Vorliebe durch die Kloakenöffnung und lebt dann im Innern der Seegurke, und zwar in deren »Wasserlunge«. Um den ungebetenen Gast loszuwerden, bedient sich die Seegurke einer äußerst erstaunlichen Fähigkeit: Sie wirft den Nadelfisch in einem Akt von Selbstverstümmelung hinaus, indem sie einen Großteil ihrer Eingeweide einfach ausstößt. Die Organe wachsen innerhalb von vier bis sechs Wochen wieder nach. Es ist durchaus möglich, daß dieser Vorgang auch Angreifer von außen »abspeisen« oder in die zähen Darmschnüre verwickeln und so außer Gefecht setzen soll.
Manche Seegurkenarten scheiden ein starkes Gift aus, das sogenannte Holothurin, von dem man sich medizinischen Nutzen verspricht. In China werden Seegurken seit langem unter dem Namen Trepang als Aphrodisiakum geschätzt.

Seeigel *(Echinoidea)*, Klasse der Stachelhäuter *(Echinodermata)*. Kennzeichnend sind die spitzen, gelegentlich auch grif-

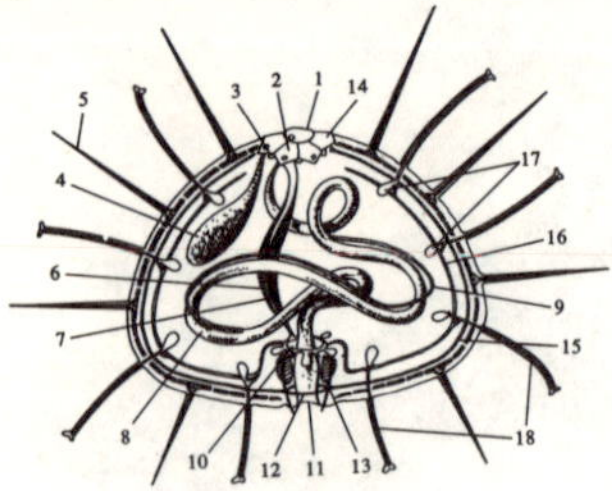

Seeigel

1 After 2 Madreporenplatte, siebartig durchlöchert als Eintrittsöffnung des Wassergefäßsystems (Pumpsystem für die Ambulacralfüßchen) 3 Radialplatte 4 Eierstock 5 Stachel 6 Röhre des Wassergefäßsystems 7 Axialorgan 8 Darm 9 Nebendarm 10 Ringkanal des Wassergefäßsystems 11 Mund 12 Nervenring 13 Kaugerüst (»Laterne des Aristoteles«) 14 Interradialplatten 15 Radialnerv 16 Radiärkanal des Wassergefäßsystems 17 Zusammenziehbares Bläschen für ein Ambulacralfüßchen 18 Ambulacralfüßchen

fel- oder keulenförmigen, bei manchen Arten über 30 Zentimeter langen Stacheln, zwischen denen die zum Teil giftigen Pedicellarien (s.d.) sitzen. Auch die Stacheln können Giftdrüsen besitzen. Seeigel gibt es in allen Meeren. Der Körper hat Kugel-, Herz-, Ei- oder Scheibenform; die Mundöffnung ist jeweils an der Unterseite und enthält ein sehr kompliziertes Kaugerüst, die sogenannte »Laterne des Aristoteles«. Manche Seeigelarten bewegen sich auf Ambulacralfüßchen, andere auf den Stachelspitzen fort. Die Tiere leben auf dem Meeresboden, oft in Vertiefungen, die sie sich graben; manche bohren sich Höhlen in den Kalk der Korallenriffe. Die Nahrung besteht aus Algen und Mikroorganismen.

Seemannshand siehe *Alcyonium*

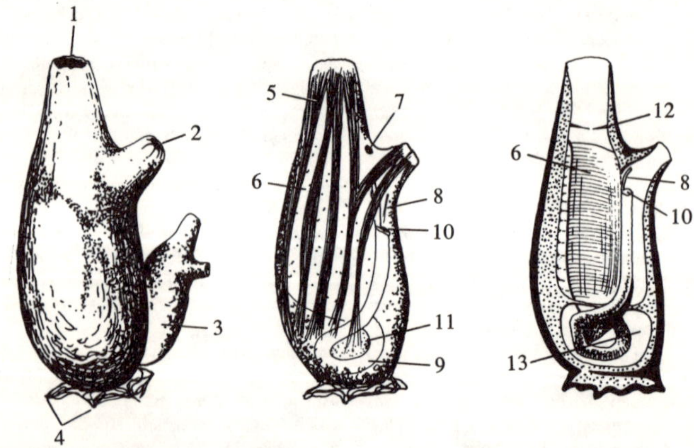

Die Seescheide *Ciona intestinalis.*

1 Einströmöffnung (für Atemwasser und Nahrung) 2 Ausströmöffnung (für Abbauprodukte und Geschlechtszellen) 3 Knospendes Jungtier 4 Stolonen (wurzelähnliche Ausläufer) 5 Muskeln 6 Kiemensack (zum Ausfiltern von Nahrung und zur Sauerstoffaufnahme) 7 Hauptganglion 8 Genitalkanal 9 Darm 10 After 11 Eierstock 12 Tentakelring 13 Magen

Seescheiden *(Ascidiaceae)*, festsitzende Manteltiere *(Tunicata)*, die zum Stamm der Rückgrattiere *(Chordata)* gehören, obwohl die erwachsenen Seescheiden gar kein »Rückgrat« (Chorda dorsalis) besitzen. Im Larvenstadium haben die Seescheiden jedoch einen zähen, biegsamen Rückenstrang (Notochord), der gewissermaßen eine Ur-Chorda darstellt. Trotz ihres primitiven Aussehens sind die Seescheiden relativ hochorganisierte Lebewesen mit Kiemen, einem Magen- und Verdauungstrakt und einem Herzen. Seescheiden sehen wie kleine Wassersäcke aus; sie sind gelb, lila, rot gefärbt oder farblos durchscheinend. Nur die Larven schwimmen kurze Zeit frei im Meer, setzen sich dann aber an einer festen Unterlage an. Durch eine Einströmöffnung fließt das Wasser in einen Kiemendarm; er nimmt Sauerstoff für die Atmung sowie die eingestrudelten Kleinlebewesen auf, von denen das Tier sich ernährt; das überschüssige Wasser und Abbauprodukte des Stoffwechsels werden durch eine Ausströmöffnung wieder ausgeschieden.
Bei der Vermehrung der Seescheiden kommt es zu einem »Generationswechsel«. Nachdem eine ganze Reihe von aufeinanderfolgenden Generationen ungeschlechtlich durch Sprossung entstanden ist, werden Ei- und Samenzellen gebildet (übrigens im gleichen Tier), und es erfolgt geschlechtliche Fortpflanzung. Kolonien entstehen dadurch, daß an Ausläufern (Stolonen) eines Muttertieres weitere Tiere knospen (»soziale Aszidien«). Andere Seescheidenstöcke entstehen, indem die Mäntel und die Ausströmöffnungen vieler Einzeltiere zu einem gemeinsamen Kloakenraum verschmelzen (»Synascidien«). Neben diesen kolonieweise zusammengeschlossenen Seescheiden gibt es auch einzeln lebende (»solitäre«) Formen.

Seesterne *(Asteroidea)*, Klasse der Stachelhäuter *(Echinodermata)*. Sie haben die Form eines meist fünfstrahligen Sterns. An den Armspitzen sitzen kurze Tentakel, an deren Wurzeln jeweils ein leuchtend rotes lichtempfindliches Sin-

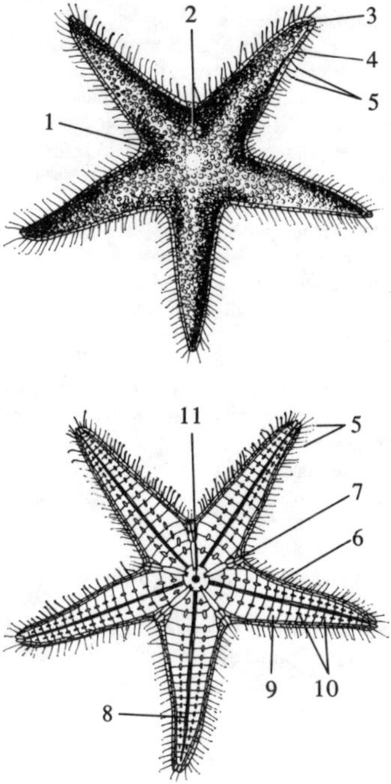

Der Seestern *Astropecten aurantiacus*

1 Öffnung des Ei- bzw. Samenleiters 2 Madreporenplatte 3 Augenflecken 4 Marginalplatten der Rückenseite 5 Stacheln 6 Marginalplatten der Bauchseite 7 Oralplatten (um den Mund stehend) 8 Öffnung eines Ambulacralfüßchen-Kanals 9 Ambulacralplatten 10 Ambulacralstacheln 11 Mund

nesorgan liegt. Die Unterseite der 5 oder mehr Arme ist mit Hunderten von Ambulacralfüßchen versehen, von denen jedes in einer Saugscheibe endet. Seesterne sind daher weitaus beweglicher, als man von ihrem Erscheinungsbild her annehmen möchte.
Die Mundöffnung befindet sich beim Seestern, wie beim Seeigel, an der Unterseite der Körperscheibe. Das Tier lebt

hauptsächlich von lebenden wie toten Weich- und Krustentieren und hat eine sehr merkwürdige Art der Nahrungsaufnahme: Der Seestern verschluckt seine Beute nicht, sondern stülpt gewissermaßen seinen Magen über das Opfer, das dann durch die Verdauungssäfte aufgelöst wird.
Die Arme des Seesterns entwickeln erstaunliche Kräfte. Er vermag mit ihnen eine festgeschlossene Muschel so weit aufzuziehen, daß er seinen Magen einführen und das Muschelfleisch verdauen kann.
Bemerkenswert ist die Regenerationsfähigkeit. Verliert der Seestern einen oder mehrere seiner Arme, ja selbst einen Teil seiner Körperscheibe, so wachsen die fehlenden Stücke in kurzer Zeit wieder nach.

Spirographis siehe Röhrenwürmer

Staatsquallen, Ordnung *Siphonophora* aus dem Stamm der Nesseltiere *(Cnidaria)* und der Klasse der *Hydrozoa.* Die Siphonophoren sind komplizierte Polypenkolonien, die sich nicht festsetzen, sondern beständig als zarte, durchsichtige, in allen Farben schillernde und nachts leuchtende Gebilde an der Wasseroberfläche treiben. Die Einzelpolypen sind dem Leben der Kolonie so untergeordnet, daß sie bestimmte Funktionen in ihr übernehmen: Es gibt schützende Deckpolypen, fadenartige Taster, Freß- und Nährpolypen, Fortpflanzungspolypen und Fangfäden, die bis zu 30 Meter lang werden können. Ein »Stolo« bildet die Achse der Kolonie und geht an dem einen Ende in eine gasgefüllte Schwimmglocke über, die das Gesamtgebilde im Wasser trägt. Staatsquallen ernähren sich von allen möglichen Meerestieren, die sie mit Hilfe der nesselnden Fangfäden ergreifen. Ihr Gift kann selbst dem Menschen gefährlich werden. Die Tiere vermehren sich durch Eier und durch Sprossung.

Stachelhäuter *(Echinodermata)*, ein Stamm des Tierreichs, zu dem die Seesterne *(Asteroidea)*, Schlangensterne *(Ophiuroidea)*, Seeigel *(Echinoidea)*, Seegurken oder Seewalzen *(Holothuroidea)* und Seelilien *(Crinoidea)* gehören. Die Stachelhäuter sind gekennzeichnet durch ihren fünfstrahlig symmetrischen Bau, wie ihn sehr typisch ein Seestern zeigt. Ebenso charakteristisch sind die Pedicellarien (siehe dieses Stichwort) und die Ambulacralfüßchen. Diese tentakelartigen Hautausstülpungen, die mit Saugnäpfen versehen sind, können durch Aus- und Einpumpen von Wasser angespannt und erschlafft werden und ermöglichen den Tieren oft erstaunliche »Marschgeschwindigkeiten«.
Die Fortpflanzung erfolgt durch einfaches Ausstoßen von Ei- und Samenzellen ins Wasser; die Befruchtung wird dem Zufall überlassen. Die Larven sind zweiseitig symmetrisch und formen sich in einem komplizierten Prozeß zur Fünfstrahligkeit um. Stachelhäuter findet man in großer Arten- und Individuenzahl in allen Weltmeeren.

Stachelmakrelen *(Carangidae)*, eine den Thunfischen und Makrelen verwandte Fischfamilie. Stachelmakrelen leben meist in Küstennähe der tropischen und gemäßigten Meere, finden sich aber auch in der offenen See. Es sind ungewöhnlich schöne Fische mit meist blauem oder blaßgrünem Rücken und gold- oder silberglänzenden Seiten, an denen jeweils eine klar gezeichnete Laterallinie bis zur tief eingeschnittenen Schwanzflosse verläuft.
Die typischste und in tropischen Gewässern am häufigsten vorkommende Art ist *Caranx hippos.* Der Fisch erinnert mit seinem hochgewölbten Körper, seinem mächtigen Schädel und dem stumpfnasigen Aussehen an einen Prellbock; bei den eingeborenen Fischern ist er als Speisefisch sehr geschätzt, obwohl er selten länger als 60 Zentimeter und schwerer als 35 Pfund wird. Die Kalifornische Gelbschwanzmakrele *(Seriola dorsalis)* ist ebenfalls ein Nutzfisch; sie erreicht ein Gewicht von mehr als 40 Pfund.
Häufig wird auch der Blaubarsch *(Pomatomus saltatrix)* zu den Stachelmakrelen

gerechnet; es kommt ihm aber der Rang einer eigenen Familie *(Pomatomidae)* zu. Er ähnelt mit seinem blauen Rücken und silbernen Seiten den Stachelmakrelen sehr; das Tier wiegt normalerweise 10 bis 12 Pfund, soll aber auch gelegentlich bis zu 25 Pfund schwer werden. Der Blaubarsch ist ein außerordentlich aggressiver und blutgieriger Raubfisch. Man findet ihn in tropischen und gemäßigten Breiten in allen Meeren, mit Ausnahme des östlichen und mittleren Pazifik.

Stylasteriden, mit den Milleporiden verwandte Hydrokorallen (s.d.). Sie verzweigen sich wie diese in buschartig verästelte Stöcke und besitzen ebenfalls Nesselkapseln.

Teufelsrochen siehe Manta

Thunfische *(Thunnus)*, Nutzfische aus der Makrelenfamilie *(Scombridae)*, Bewohner tropischer und gemäßigter Meere. Man unterscheidet mehrere Arten, so den Weißen Thunfisch oder Albacore *(Thunnus alalunga)*, den Bonito *(Katsuwonus pelamis)*, den Gelbflossen-Thunfisch *(Thunnus albacares)*. Größe und Gewicht sind je nach Art sehr unterschiedlich. Der Pelamide *(Sarda sarda)* wird beispielsweise etwa 1 Meter lang und 25 Pfund schwer, während der Blauflossige oder Gewöhnliche Thunfisch *(Thunnus tynnus)* ein Gewicht von 200 bis 500 Pfund, in Einzelfällen sogar bis 1000 Pfund, erreicht.
Die Thunfische ernähren sich von Fischen wie Heringen und Sardinen sowie von Tintenfischen und sind als Speisefische sehr geschätzt.

Tintenfische siehe Kraken

Troika, ein vom Centre d'Études Marines Avancéses entwickeltes Gerät für Nahaufnahmen des Meeresgrundes; es wird von der *Calypso* geschleppt. Die Troika besitzt eine Kamera und eine batteriegespeiste Blitzlichtausrüstung. Sobald das Schleppgerät Grund berührt, wird automatisch der Auslöser der Kamera betätigt. Das dazugehörende Blitzlichtgerät und seine Automatik hat Professor Harold Edgerton vom Massachusetts Institute of Technology entwickelt.

Weichkorallen siehe Alcyonium

Zackenbarsche, Fische aus der Familie der *Serranidae*, vor allem der Gattung *Epinephelus*. Zackenbarsche (angelsächsisch »Grouper«) halten sich gern in Grotten und Höhlungen vor allem von Korallenbildungen auf, allerdings meist dort, wo der Meeresboden sandig ist. Ihrem Körperbau nach zum Rauben und Jagen geschaffen, stürzen sie sich mit unglaublicher Kraft und Schnelligkeit auf ihre Beute.
Früher gab es an den Mittelmeerküsten zahlreiche Zackenbarsche; dort hat man sie jedoch wegen ihres hohen Wertes als Speisefische erbarmungslos verfolgt, so daß sie selten geworden sind. An den Küsten Afrikas, Nord- und Südamerikas gibt es Zackenbarsche jedoch noch in großer Zahl. In den tropischen Gewässern findet man etwa 20 Epinephelus-Arten. Der Name »Zackenbarsch« wird auch auf andere Gattungen angewandt, etwa den Blaufleckigen Zackenbarsch *(Cephalophilis argus)* oder auf die sogar als eigene Familie angesehenen amerikanischen Serraniden oder Judenfische *(Stereolepidae = Promicropsidae)*, zu denen auch der Kalifornische Grouper *(Stereolepis gigas)* gehört.
Einige Zackenbarsche erreichen ungeheure Größen und Gewichte. Der Queensland-Grouper *(Promicrops lanceolatus)* im Indischen und Pazifischen Ozean soll beispielsweise bis 10 Zentner schwer werden.

Zooxanthellen oder Zoochlorellen sind Geißelalgen *(Flagellata)*, die in einer Symbiose mit verschiedenen Meerestieren leben, so mit Steinkorallen, bestimmten Weichkorallen *(Alcyonaceae)* und Riesenmuscheln.

Bildnachweis

Die in diesem Buch veröffentlichten Fotos sind von Philippe Cousteau, Michel Deloire, André Laban, Yves Omer und Ludwig Sillner.
Einige der an der Oberfläche gemachten Aufnahmen stammen aus dem Privatbesitz der Mannschaft.

Die Zeichnungen im Anhang und Glossarium sind von Jean-Charles Roux.

Stichwortregister

Die mit * gekennzeichneten Seitenzahlen verweisen auf die Abbildungen

Abd el Kuri, Insel 35f.
Abington, Insel 112, 115
Abudefduf saxatilis 238, 248
Abu Latt, Insel 19
Abu Marina, Insel 121
Acanthaster 109*
Acanthocybium solandri 249
Acanthuridae 237, 245
Acropora 9, 50, 84, 106, 230* 243
— *hebes* 230*
— *pharaonis* 230*
Actiniaria 256
Actinotoxin 148
Aden, Golf von 87
Adlerrochen 96
Aetobattus marinari 96
Albacore 261
Albert I. von Monaco 24f.
Alcyonaceae 49*, 73, 243
Alcyonium 84, 191, 243
Alifuri, Insel 54
Alinat, Kommandant 24
Aliqueres centriquadratus 159*
Amadio 84
Amphiprion percula 31*, 147f., 238, 249
Anaphylaxie 148, 243
Annelida 49*, 76, 253
Anthozoa 256
Antipatharia 49*, 256
Aporosa 232
Aqualunge 9, 13, 223f., 224*
»Aquanautendorf« bei Shab Rumi 106, 123*
Argyroneta 212
Argyronète, U-Boot 212
Ascidiacea 10, 258*, 259
Assal-See 128
Assumption, Insel 77, 82
Asteroidea 259
Astropecten aurantarius 259
Atoll 45, 58, 76, 167f. 229
Aulostomidae 237

Bab el Mandeb, Straße von 34, 87
Balaenoptera musculus 246, 246*
Balistidae 245
Barrakudas 107, 125, 244
Barriereriffe 19, 89, 104f., 168
Barsky 16, 32f., 37, 46, 48, 51, 66, 86
Bassaget, Jean-Paul 124, 165, 198
Bassas da India, Insel 166f.
Blaubarsch 260
»Blaue Löcher«, Bahamas 116
Blumentiere, Achtstrahlige 73, 231, 243, 255f.
—, Sechsstrahlige 73, 230f. 256
Bonito 55
Bonnici, Christian 32, 42, 48, 69, 80, 82, 84, 98, 131, 166, 175f.
Borstenwürmer 230
Borstenzähner 31*, 237, 255
Brownsche Molekularbewegung 77, 244
Bryozoa = *Polyzoa* 92, 283
Butterflyfisch s. Schmetterlingsfisch

Caisson-Krankheit s. a. Tiefenrausch
Calcarea 230
»Calypso« 170*, 174*, 226
—, Anti-Hai-Käfig 42, 77, 91, 112, 120, 129
—, Ausrüstung 28f.
—, Bau 27f.
—, Beobachtungsstand 101*
—, Boote 30, 177*, 181*
—, Computer 17
—, Druckausgleichskammer 30, 187, 194, 227
—, Fahrten der 13f.
—, Fernsehsystem 30
—, Galeazzi-Turm 29f., 172, 189*, 193*, 226*, 227
—, Geologische Forschung 24
—, Geophysikalische Forschung 24
—, Haigabel 124, 225*
—, Heißluftballon 126
—, Kameras 30, 84
—, Lufttanks 187
—, Meeresbiologische Forschung 28
—, Navigationsgeräte 32
—, Ozeanographische Forschung 28
—, Plastikkuppel 142f., 143*, 180
—, Ruggieri-Scheinwerfer 116f.
—, Sauerstofftanks 17
—, Schiffsschraube, Bruch der 41*, 42f.
—, Segel-Wellenreiter 33
—, Spezialkompressor 30
—, Team 20f., 165
—, Tonbandaufnahmen 17
—, Tonbandgeräte 32
—, Unterwasserfahrzeuge (Tauchende Untertasse, Scooter) 13, 16, 29f., 33, 92, 154*, 155f., 164, 185
—, Unterwasserscheinwerfer 17
—, Unterwassertelefon 17, 32, 188*
—, Wasserrutsche 32
—, Zoom, Schiffshund 27
Campagnes Océanographiques Françaises, Stiftung 24
Carangidae 260
Caranx hippos 260
Carapax 241
Carapus 257
Carcharias taurus 247
Carcharodon carcharias 247
Caretta caretta 241
Caryophyllia 132
Catala, René 244
CEMA = *Centre d'Etudes Marines Avancées* 29, 40, 243
Centropyge 238
Cephalophilis argus 261
Cephalopoda 249
Cetacea 20, 245
Chaetodon ocellatus 239
— *ornatissimus* 151*
Chaetodontidae 31*, 151*, 237, 255
Chauvellin, Bernard 139, 165, 234
Chelmon rostratus 51, 238
Chelonia mydas 241
Cheloniidae 241f.
Chinaldin = Quinaldine 69
Chlorus gibbus 251
Chondrichthyes 247
Chordata 259
Chromis 31*, 64*, 249
— *cyanea* 249
Clownfisch 31*, 147f., 214*, 236, 244, 249
CNEXO = *Centre National pour l'Exploration des Océans* 25
Cnidae 232, 233*
Cnidaria 73, 232, 246, 248, 253
Cnidocil 232
Cnidocyst 233*
Coelenterata 232
Coenocyanthus 232
Coetlivi, Insel 132f.
Coll, Raymond 42f., 84, 87, 98f., 107, 144f., 166, 172f., 175ff., 187, 199f.
Corallinaceae 230, 249

Corallium rubrum 231, 255
Coryphaena hippurus 245
Cosmoledo, Insel 68, 71f.
Cousteau, Jacques-Yves 29*
—, Jean-Michel 161, 183
—, Philippe 26*, 29*, 79*, 87, 95f., 111, 115f., 125, 126, 128, 137, 158
Cryptodira 241
Ctenophora 232

Dahl Ghab, Insel 122, 125, 129
Darwin, Charles 168, 239
Decapoda 249
Dekompression s. Druckausgleich
Delmotte, Bernard 32f., 43, 48, 62, 69, 95f., 131, 138, 142, 197
Deloire, Michel 29*, 43, 48, 66, 69, 82, 84, 100, 106f., 115f., 127, 141, 187, 190, 198ff., 206
Delphine 65, 245
Delphinidae 65, 245, 256
Delphinus delphis 245
Dendrophyllia 232
Dermochelys coriacea 241
Diégo-Suarez 63, 133, 161f.
Diodontidae 237, 248
Dörnchenkorallen 49*
Doktorfische 10, 51, 61*, 108, 214*, 245
Drach, Pierre 9ff., 23
Drachenköpfe 254
Druckausgleichskammer der »Calypso« 30
s. a. »Calypso,« Galezzi-Turm
Drückerfische 10, 63, 106, 145f.
Dschebel Teïr, Insel 91
Dschebel Zukur, Insel 90
Dschibuti 34, 126
Dschidda 99
Dumas, Frédéric 9, 11f., 21, 23, 27, 35, 60, 62, 68, 82, 84, 110, 131, 144

Echinodermata 251, 254, 257, 259
Echinoidea 257
Echte Koralle 255
Edgerton, Richard 23
Einhornfisch 214*
Epinephelus 261
Eretmochelys imbricata 242
Etingili, Insel 54
Eunicella 256
Euplexaura antipathes 255f.
Europa-Insel 171ff., 184*, 195, 197f.

Fächerkorallen 54, 56, 76, 82, 106, 137, 193*, 211, 214*, 246
Fage, Louis 24
Falco, Albert, gen. Bebert 21, 33, 36, 40, 42, 48, 56, 59, 68, 69, 80, 82, 84, 87, 91f., 98, 106f., 110, 145, 157, 165, 172f., 175f., 185, 187, 188*, 199
Farasanen-Inseln 19, 89, 97
Faruk Ibrahim 46ff.
Federkorallen 246 s. a. Seefedern
Federsterne 246, 247
Feuerkorallen 20, 53*, 230, 248
Fierasfer 257
Flagellata 261
Fledermausfische 9f., 207*
Flügelschnecken 168, 246
Forcipiger longirostris 51, 69, 238
Fossilien 134
Foulon, Serge 128
Fregate 247
Fregattvögel 247
Fungia 84, 231*, 232
Fungiacea 232
Funidu, Insel 72

Gagnan, Émile 9
Gaha Faro 52
Galeocerda cuvieri 247
Galeorhinus zyopterus 248
Gehirnkoralle 232
Geißelalgen 261
Gesteinsproben aus einer Tiefseehöhle 195f.
Geweihkorallen 9, 22* 54, 84, 106, 230*, 247

Geyser-Bank 160f.
Gierman, Gunther 24
Glorioso-Inseln 136f., 160, 166
Gobiidae 254
Goldschwanz 249
Gorgonaria 73, 255
Gorgonia 256
Goubet, Golf im Roten Meer 34f.
Goubet Zoukra 115
Goupil, Pierre 172f., 175f., 199, 206
Gracia Patricia, Fürstin von Monaco 27
Großes Barriere-Riff 168
Grouper, Kalifornischer 292
Grundeln 66, 107, 254
Grunzer 237
Guilbert, Pierre 146
Guyot 91

Haemulon 237
Haie 11, 42f., 91f., 100, 120f., 123f., 129, 153, 247
—, Dornhai 248
—, Glatthai 248
—, Hammerhai 247
—, Makrelenhai 247
—, Menschenhai 247
—, Sandhai 96
—, Tigerhai 247
—, Walhai 87, 247
Haigabel 124, 261*
Halfterfische 56, 92, 100, 248
Hass, Hans 52, 61
Hassan Didi 52, 54, 58
Hauptfeldwebelfisch 238, 248
Hedschas, Küste von 19
Helium-Einsatz 186
Heniochus acuminatus 238
Herzigel 77, 248
Heteroconger 60, 62, 82
Hexacorallia 73f., 231, 256
Hohltiere 232
Holacanthus 238
Holothuroidea 79, 257
Hummer 36, 37
Hydrocorallidae 248
Hydroidpolypen 230
Hydrokorallen 83, 248
Hydrozoa 53*, 74, 191, 246, 248, 260

Igelfische 133, 237, 248
Indischer Ozean 38, 51
Intergovernmental Oceanic Conference, UNESCO 24

Jemen, Küste des 19
Jobert 198
Judenfische 261

Kaiserfische 57*, 66*, 102, 108, 238
s. a. Schmetterlingsfische
Kalifornischer Grouper 261
Kalkalgen 49*, 50, 230, 249
Kalksteingrotten 116
Kameen 257
Katsuwonus pelamis 261
Kebir, Insel 115
Key Largo 169
Khamsin 87, 120
Kientzy, Canoë 21, 29*, 33, 111, 112, 113, 116, 125, 129, 155, 158
Knochenfische 249
Knorpelfische 257
Kofferfische 237
Kommensalismus 244
Kopra, Fleisch der Kokosnüsse 248
Korallen 73, 76, 83, 229ff.
—, Alter 230
—, Bau 102, 230
—, Bildung
— im Indischen Ozean 89
— im Roten Meer 89
—, Farbe 233
—, Form 230*, 231, 233
—, Fortpflanzung 233f.
—, Sterben 39, 96, 198f.
—, Umweltbedingungen 229
—, Verbreitung 229f.
—, Wachstum 106
—, Zahl 229

Korallenfische 102, 126, 212, 235f.
—, Namengebung 236f.
—, Zahl 235
Korallenbarsch, Blauer 152
Korallenbarsche 238, 244
Korallen-»Friedhöfe« 52, 96, 166f., 199
—, Geröll 234
—, Gräber 95
—, Labyrinth 88*
—, Riffe 10, 74, 83, 122, 140, 211
—, Steinbruch 47
Krabben 55
Kraken 249
Krebse 107
Kugelfische 162*, 248
Kuhfische 237

Laban, André 16, 18, 23, 37, 60, 77, 78, 84, 126, 157f., 161*, 175, 197, 198
Labridae 249
Lactophris bicuspis 237
—, *quadricornis* 237
Lammidae 247
Lari-Atoll 45
Léandri, Maurice 40, 84, 118, 176, 178
Le Bosco, René 84, 164
Lederkorallen 66*, 114*, 193, 243
Leenhardt, Oliver 24, 34, 51, 84
Legros, Lionel 172
Lepidochelys kempi 242
— *olivacea* 242
Levens-Bank 164
Lippfische 63, 72, 106, 108, 137, 138, 249
Lithotamnium 185, 249
Lochkorallen 231*, 232
Lophophelia 232
Lorenz, Konrad 102, 239
Lutianidae 255
Lutianus campechanus 255
Lys, Insel 132

Madagaskar 132, 150
Madrepora 49*, 232f.
Madreporaria 230*, 232, 243, 247
—, *cladocora* 84
Maeandra 232
Maf Zuber, Insel 94
Mahé, Insel 66
Makrelen 100, 107, 108, 137f. 249
—, Große Gold- 245
—, Kalifornische Gelbschwanz- 260
—, Königs- 250
—, Stachel- 260
Malediven 43, 47, 52, 54, 58, 60, 72
Manta birostris 35, 59, 250
Manteltiere 259
Marden, Louis 80
Maritano, Louis 164
Markieren von Haien 123
Mar Mar, Insel 95, 99
Massaua 115, 118
Maulwurfkrebse 107
Medusen s. Quallen
Meeresforschung, Nationales Komitee für 244
Meeresgrund, Malediven 58f.
Meeresschildkröten 79, 125, 136, 171*, 172, 185, 196*, 198, 199f., 202, 204, 207, 208, 241f.
—, Halsberger 241
—, Halswender 241
—, Bastardschildkröten 242
—, Karettschildkröten 241
—, Lederschildkröten 200
—, Suppenschildkröten 205*, 208*, 209, 241
Mekka, Hafen von 99
Menay, Insel 68
Microspathodon chrysurus 249
Millepora nodosa 248
Milleporidae 74, 230, 246, 250
Millet, Dr. 121, 133, 134, 137, 162, 172, 197
Mönchsfisch 238
Mollusca 76, 147*, 249
Mombasa 86
Monfreid, Henri 99, 100

Moostierchen 92, 191, 250
MS-222 62, 80, 142
Muränen 15, 78, 79, 82, 104*, 250
Muraenidae s. Muränen
Musée Océanographique, Monaco 14, 24, 25, 69, 123, 142
Mystacoceti 246

Nadelfische 257
Naguy, Marcellin 48
Nematoblast 233*
Nematocyst 232, 233*
Nesselkapsel 233*
Nesseltiere 73, 74, 232f., 246, 248, 253, 260

Octocorallia 73, 231, 243, 250, 256
Octopoda 249
Octopus 249
Ocypodidae 94
Ocyurus chrysurus 255
Odontoceti 251
Odum, E. P. und H. T. 74
Ökologisches Gleichgewicht 102f., 146
Omer, Yves 69, 77, 78, 82, 85*, 86, 95, 96
Ophiuroidea 254, 260
Orcinus orca 256
Orgelkorallen 250, 251*
Ostraciontidae 237
Oulele, Insel 60, 61
Ozeanographische Station 25

Pantodontidae 237
Papageifische 59, 72, 98, 100, 102, 125, 235, 236, 251
Pelamide 261
Pemba, Insel 86
Pennatularia 256
Perim 87, 125
Periophthalmus 152, 254, 254*
— *koelreuteri* 66
Perlmuscheln 126
Pfauenkaiserfisch 31*
Physalia 197
Physeter macrocephalus 251, 252*
Pilzkoralle 84, 231*
Pinzettfische 69, 238
Platax 201*
Plé, Jean Philippe 51
Pleurodira 241
Polychaeta 76, 253
Polypen (Hohltiere) 230
Polypen (Kraken) 249
Polyzoa 12, 250
Pomacanthus 238
— *imperator* 66, 238
Pomacentridae 238, 244, 248
Pomatomidae 261
Pomatomus saltatrix 260
Porifera 255
Porosa 231*, 232
Port-Cros 214
Port Sudan 104, 106, 125
Portier, Paul 148, 243
Powell-Inseln 54, 55, 186
Precontinent II 13, 24, 104, 106, 112, 146, 252*
Precontinent III 252f.
Promicropsidae 261
Pterois volitans 72, 74, 237, 254
Pterophyllum 238

Quallen 20, 253
Quinaldine 82

»Radiofisch« 248
Renoir, Auguste 165
—, Jacques 165
Rhincodon typus 247
Rhipidogorgia 256
Rhodophyta 249
Richet, Charles 148, 243
Riesenmuscheln 54, 76, 82, 147*, 230, 253
Rindenkoralle 73, 255
Ringelwürmer 49*, 76, 82, 253
Rippenquallen 232
Röhrenaale 60f., 62, 82
Röhrenwürmer 50, 76, 82, 230, 253, 253*
Rotalgen 230

Rotbarsch 254
Rotes Meer 9ff., 18
Rotfeuerfisch 10, 72, 74*, 102, 237, 254
Roux, Jacques 48, 50
Rückgrattiere 259
Ruiz, Pablo 124

Sabella 254
Sabellidae 82, 230
Sainte-Marie, Insel 150, 152
Saout, Kapitän 118, 178
Saprophyten 254
Saumriffe 89
Scaridae s. Papageifische
Scarus pseudacorus 236
— *taeniopterus* 236
Schiffswracks 90, 116f., 125
— »Weißhaariges Wrack« 145*
Schildkröten s. Meeresschildkröten
Schildpatt 242
Schlammspringer 66, 68, 152, 254, 254*
Schlangensterne 76, 254, 255*
Schlickröhrenwürmer 254
Schmetterlingsfische 9, 10, 69, 82, 100, 108, 137, 138, 237f., 255
—, Augenfleck- 239
Schnapper 106, 255
—, Gelber 51
—, Gelbschwanz- 255
—, Roter 255
Schnepfenfisch 50
Schwämme 50, 255
—, Graue 53*
—, Kalk- 230
—, Rote 97*
Schwarze Korallen 9, 18, 19*, 99, 112, 126, 193, 255f.
Scleractinia 230, 232, 243, 247
Scomberomorus cavallo 250
Scombridae 249
Scorpaenidae 254
Sebastes viviparus 254
Seeanemonen 20, 74, 76, 82, 147, 148, 149, 214, 238, 244, 256
Seeblasen 197
Seefächer 256
Seefedern 12, 83, 211, 256
Seegurken 79, 86, 257, 257*
Seeigel 77, 152, 257, 258*
Seelilien 260
Seemannshand 73, 191
Seenelkenwürmer 254
Seescheiden 258, 259
Seeschwalben 125
Seesterne 76, 86, 109*, 259, 259*
Seewalzen s. Seegurken
Segelboot, maledivisches 44*
Seil Makawa, Insel 32f.
Selachii 247f., s. a. Haie
Septen 234
Seriola dorsalis 260
Serpulidae 230
Serpulimorpha 254
Serranidae 166*, 261
Seychellen 65, 66, 68
Shab Arab 34, 126
Shab Rumi 104, 106, 108, 123*
Shab Rumi, Aquanautendorf 106
Shaker, Insel 16
Si-Ane, Kap 125
Sieben Seen, Madagaskar 135, 136, 158*
Sienkewitsch, Lew 24
Sillner, Ludwig 34, 36, 48, 68, 69, 70
Siphonophora 260
Sirot, Philippe 165, 197, 198
Skorpionfische 254
Socrota, Insel 36, 37
SP-300 50, 70, 155
Spatangoidea 248
Sphyraena barracuda 244
Sphyraenidae 244
Sphyrna zygaena 247
Spiculae 243
Spongia 255
Spongodes merletti 243
Squalus acanthias 248
Staatsquallen 20, 260
Stachelhäuter 251, 254, 257, 260

Stechrochen 199
Steinfisch 72
Steinkorallen 49*, 74, 83, 84, 98, 106, 138, 191, 211, 230*, 231*, 232, 247
Sterben der Meere 39, 166f., 211f.
Stereolepidae 261
Stereolepsis gigas 261
Steven, Jacques 171, 186
Stolonen 290
Stolonifera 250
Strombidae 168, 246
Stylasteriden 74, 230, 248, 261
Suakin-Archipel 104, 121, 122
Süßlippe 96*
Suezkanal 111
Sumian, Dominique 69, 70, 77, 78, 79*, 82, 83, 94*, 95, 164, 215*
Symbiose 244
Synanceja verrucosa 72
Synascydien 290

Taenioconger hassi 61
Tailliez, Philippe 27, 131
Tamatave, Insel 152
Tauchen 220f., s. a. »Calypso«
—, Aqualunge 14, 17, 259f., 260*
—, —, Helium- 220f., 227, 262
—, Taucheranzug 23*, 29, 261*
—, Taucherausrüstung 259f.
Tentakel 99, 181*, 266
Testudines 241
Tetraodontidae 162*, 248
Teufelsrochen s. Manta
Thunfisch 55f., 92, 261
—, Gelbflossen- 261
—, Weißer 261
Thunnus alalunga 261
— *albacarus 261*
— *tynnus* 261
Tiefenrausch 12, 186
Tiefwasser 186ff.
Tintenfische 249
Tölpel 95
Trepang 257
Tridacna gigas 76, 230, 253
Tridacnidae 253, s. a. Riesenmuschel
Trompetenfisch 237
Tubipora musica 250, 251*
Tümmler 245
Tulear, Insel 182, 183
Tunicata 259
Tursiops 245
— *truncatus* 245

Unterwasser-Reservat Key Largo, Florida 214
—, Port-Cros, Hyèren 214

Vaissière, Raymond 24
Vielborster 76, 253
Virgularia 257

Wahoo 249
Wale 87, 246, 246*, 251f.
—, Barten- 246
—, Finn- 246, 246*
—, Killer- s. Schwertwal
—, Mord- s. Schwertwal
—, Pott- 20, 39, 65, 251, 252*
—, Schwert- 20, 65, 256
Wallriffe 89
Weichkorallen s. a. Lederkorallen 106
Weichtiere 68, 76, 147*, 151
Wimpelfisch 238
Winkerkrabben 94, 95
Wirbelstürme 170*, 171f., 174*, 178

Xariphania 61

Zackenbarsch, Blaufleckiger 261
—, Riesen- 125
Zackenbarsche 63, 77, 79, 103, 106, 117, 118, 125, 131f., 138, 140, 141, 144, 166*, 261
Zanclidae 248
Zooxanthellen 74, 232, 261
Zuéna, Paul 116, 117, 118